データで読み解く!

マネーと経済 これからの5年

国債市場の動乱をどう乗り越えるか
予想されるRational Investor Paradox

吉田繁治

ビジネス社

マネーと経済
これからの5年

はじめに

政府が掲げているインフレ目標2％が実現に向かうとき、国債の金利がどれくらい上がるのか、長期でも0％台という低いままを続けることができるのか。おなじことを言っているのですが、国債の価格はどれくらい下がるのか。価格を維持できるのか。これこそが、日本経済の今後5年を決める最大の問題です。インフレになると、普通なら期待インフレ率に比例して金利は上昇するからです。

国債が売買され、国債価格と金利を決めている債券市場は個人が700万人参加する株式市場と違い、290社の金融機関の間での店頭取引であるため、知る人は少ないでしょう。しかし、ここで決まる金利と国債価格の変化が経済に与える影響は、株の10倍くらい大きいでしょう。これを知ってほしいためにも、本書を書こうと思ったのです。

この約20年間、わが国の経済は、税収より30兆〜50兆円（平均で40兆円）も多い政府部門の支出によって支えられてきました。政府の赤字は、国債の発行です。毎年、市場の引き受けの天井に張りついて発行されてきた国債は、豊富だった国民の貯蓄によってファイナンスされてきました。

政府部門の国民経済への関与額は、一般会計として92・6兆円（2013年度）、特別会計で

185・4兆円（同年：重複計算を除く純計）です。合計で278兆円です。

このなかに国民の生活に関係が深い、①年金給付53・8兆円、②医療費35・1兆円、③介護費と他の社会福祉20・6兆円、合計で109・5兆円（世帯所得の33％）に膨らんできた社会保障費が含まれています。世帯の所得と支出のほぼ3分の1を占めるものが、国家が管理している社会保障費です。共働きで年収700万円の平均的な3人世帯では、そのうち210万円分は国が関与した社会保障費です。こう言えば大きさが分かるでしょう。

25年前の1988年、普通国債は現在の5分の1の157兆円でした（4ページ図）。GDPの30％という少なさです。普通国債は、独立行政法人が発行する財投債と財務省の国庫短期証券を除く国債です。このときの国債の利払い費は10・4兆円でした。

2013年の普通国債の残高は、1988年の4・8倍の750兆円です。ところが利払い費は当時よりも少ない9・9兆円です。国債は4・8倍に増えたのに、既発国債の平均金利が1・3％であるため、驚くべきことに利払い費は1988年よりも少ないのです。このときの国債の金利とおなじ6・5％だったとすれば、利払い費は税収を超える49兆円（現在の5倍）に膨らみます。これは、とても支払えない額です。

国債の金利が歴史的には普通の5％台だったら、国債残もこんなに大きく増えずに、金利を払うことができる200兆円付近に抑制されたでしょう。金利が3％でも利払い可能額の限界があるから、300兆円が国債残の上限になります。ところが1998年の金融危機以降、政府・日銀はゼロ金利

図　**普通国債の残高・利払い費・国債金利**(財務省)

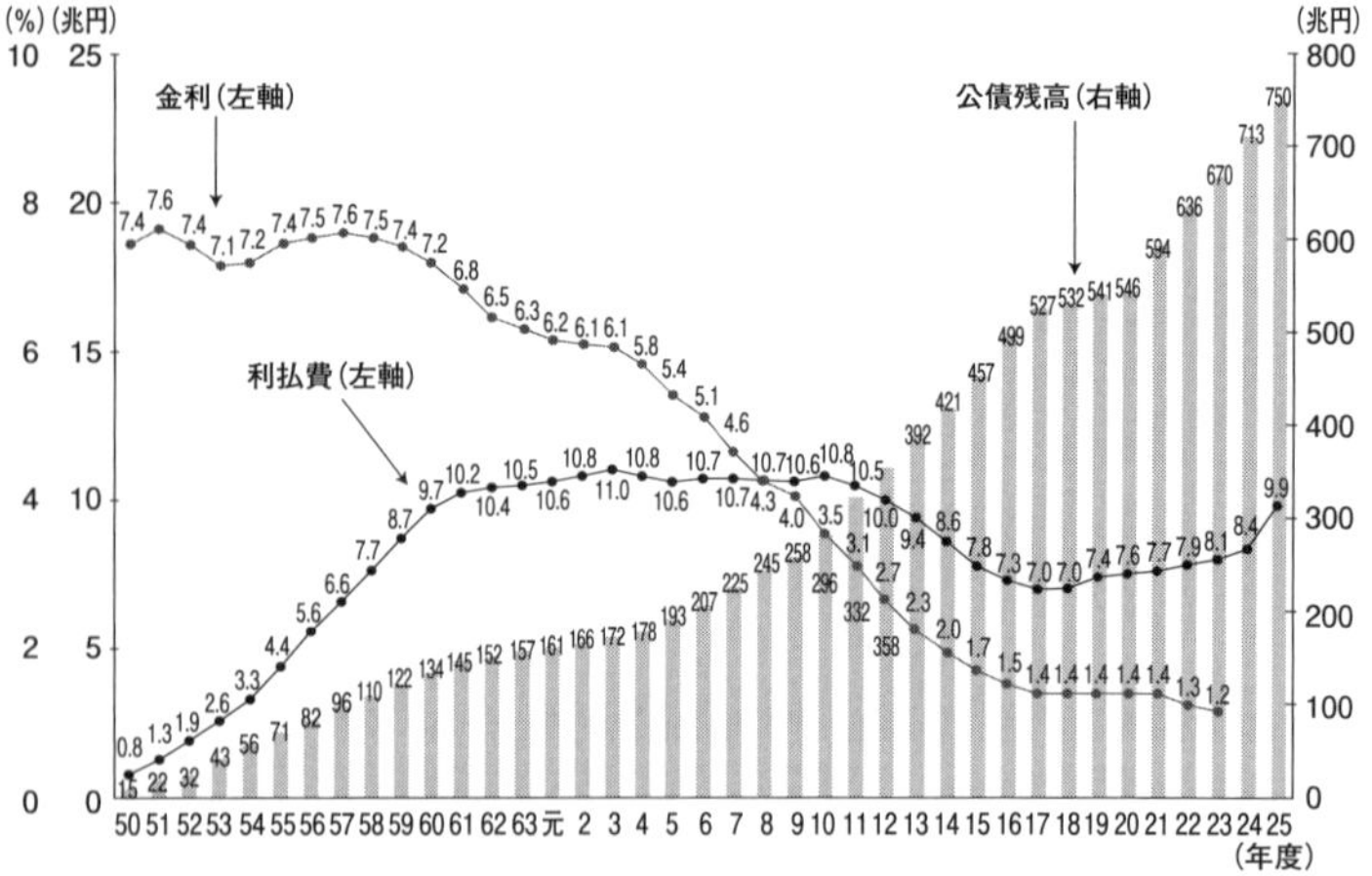

策を敷きました。国債の金利も、日銀の市場介入によって3%台、2%台、1%台と下げてきたため、利払いの面からの国債の限界値が見えないかのようになっています。図に見るように2%台、1%台と下がってきた超低金利によって、普通国債だけで750兆円、普通国債・財投債・国庫短期証券・地方債の合計が1121兆円になり得たのです。

1%や0%台の低金利で積み上がってきた国債は、金利が2ポイント上がったとき、2つの結果を生みます。

・国債を持つ金融機関に、自己資本を消してしまうキャピタル・ロスが生じます。

・政府にとっては、利払い費が30兆円に向かって増えていくことです。

つまり既発国債が低金利であったために、わずかな金利上昇が国債価格のリスクになったのです。政府のインフレ目標2％の政策とともに、0％台の国債の金利がどう向かうのか。これこそが日本経済の今後数年における、最大の問題です。

2013年4月4日にインフレ目標を2％とする異次元緩和が発表され、日銀が国債の大量買いを実行した日に、市場の金利はかつてない乱高下をしました。経済マスコミ、日銀、政府およびエコノミストはこの異常な金利の動きについての解釈に困り、結局、単に市場の混乱としています。

市場の想定より多い国債を日銀が買うことに金融機関側の準備ができておらず、国債の売買に錯乱が起こった。このため下がった金利が上がり、上がった金利が下がるという、不安定で方向性のない動きになったというのです。

本書を書く動機はここからも生まれました。13年4月と5月の金利はけっして錯乱的な売買によるものではないのです。インフレでは必然である金利上昇という将来を見すえた合理的な動きだからです。金利が上がると、低い金利の既発国債を持つ金融機関に大きなキャピタル・ロスが生じます。損を避けるには金利が大きく上がる前に、皆が売る前に、売っておかねばならないからです。わが国は国債残が大きいため皆が売るようになると、日銀が買い受けても、金利は瞬《また》く間に上昇に向かうからです。

2013年4月と5月に日銀は保有国債残を結果として23兆円純増させ、148兆円に増やす介入をしています。原因は、金融機関からの売りが日銀が予定していた買い（推計14兆円）より9兆円大きかったからです。例えば3大メガバンクは合計で110兆円（保有シェアで15％）の国債を持っていたのに、2ヶ月で20兆円（三菱UFJ8兆円：三井住友6兆円：みずほ6兆円）も売り越すという、かつてない規模の売りを一斉に行っています。なぜ、こんなに売り越したのでしょうか？

理由ははっきりしています。経済がインフレに向かう過程では、市場の期待金利が上昇します。金利の1％上昇に対し、平均の期間が7年の既発国債の価格は6％下がります。これが予測できるため、金融機関は保有している超低金利（短期債では0・1％付近）の国債の下落リスクが大きいと考えて、大量売りをかけたのです。売りが買いより多いとき、国債価格が下落し金利が上昇します。

本書では、株式市場のほぼ10倍の資金が動く国債市場の今後の動きを定量的に予測し、異次元緩和がもたらすインフレによって金利が上がり、逆に財政が破産に向かう可能性が高まったことを示します。そして後半以降では財政破産を避けるための、本筋の対策も考えて示します。

本文には、括弧書きの数値を類書よりはるかに多く入れています。煩雑になるかとも思ったのですが、資料性を増すためです。1ドルは100円として、円イメージの参考値を入れました。データの参考にした文献や資料もその都度で括弧書きして示しています。

本書でいう物価上昇率またはインフレ率は特に断らない限り、消費者物価を含んだGDPデフレーターです。GDPデフレーターは投資財と商品を含む物価です。デフレ傾向のときは、消費者物価指数より1％くらい低くなることも多くあります。デフレーターは、名目を実質に変換するとき用いられるものです。実質GDP＝名目GDP×（1－GDPデフレーター）。消費者物価指数（CPI）には投資財は含まず、世帯が購入する商品とサービスの600品目です。商品価格は3万店のものを調査の対象にしています。

インターネットで経済や金融のリアルタイムの動きを解析し予測するメールマガジン（ビジネス知識源：有料版、無料版）を発行しています。お陰様で有料版のビジネス部門で創刊以来購読第1位を続けることができています。この機会にご覧いただければ、幸甚に存じます。

http://www.mag2.com/m/P0000018.html

２０１３年　ことのほか　暑い夏

吉田繁治
e-mail : yoshida@cool-knowledge.com

第1章

GDPの2・4倍、1121兆円の政府負債、そして国債の発行と需要

第4章

政府の国債と、中央銀行の通貨の本質

第５章

インフレ・ターゲット２%の政策

第６章

異次元緩和の実行がもたらした国債市場の不安定と、混乱の意味を解く

第7章

これから2年、異次元緩和のなかで国債市場はどう向かうか

第8章

財政破産を避けるために必要な日銀の政策修正

第9章

異次元緩和の修正と、本筋の成長政策

第1章

ＧＤＰの２・４倍、１１２１兆円の政府負債、そして国債の発行と需要

(1) 国債の発行、および金利と価格

政府負債は税収（約42兆円）の25年分と巨大です。そんなに多くても、満期10年の長期債で0・8％という超低金利の国債が銀行、保険会社、年金基金に安全な債券として買われて、増加保有が続いています。10年の長期債で金利が0・8％とは、今後10年、0・8％の金利を前提にした国債ということです。間違いではないかと思うくらい低い金利です。

国債は安全な債券とされます。その意味は、金利が上がらないから価格の下落がないというものです。戦争のときも経験したことのない、GDPの2・4年分の政府負債（1121兆円：2013年3月日銀資金循環表）が1％以下の超低金利（長期金利0・8％：13年6月）でファイナンスされ続けていることは、驚異です。なお政府部門（国＋地方）の負債の内訳は証券940兆円（国債・財投債）、短期借入金161兆円、その他負債21兆円です。

金利の低さは、買い手である金融機関が国債にリスクを感じていないことを示します。リスクが高いと認識された債券は金利が高くなり、価格が下がるからです。株は価格が下がり、元本が減るリスクがあります。しかし国債は途中で価格が下がっても、満期には額面金額が100％償還され、満期まで持つなら元本の名目金額が減るリスクはありません。しかも政府の意思で、日銀も買い支えることができる。それでもこんなに負債が大きくなって、いつまで大丈夫なのか？

図1−1 国債のイメージ　現在、国債券面はなく通帳

10年先まで、平穏なはずはないだろう。それは分かる。増加が続けば、近いうち限界は来る。しかし「当面」は来ない。当面が終わる時期は誰にも分からない。市場の期待金利が上がり金利につれて国債が下がる兆《きざし》が見えるなら、即刻、他に先がけ売ればいい。それまでは保有する……以上が、大部分の、金融機関の国債担当ファンド・マネジャーの心理でしょう。彼らが買い、彼らが売っているからです。

金利0・8%の10年債を1000万円、ご自分が持っていると想像してください。10年後の元利合計は1000万円×（1＋0・8%×10年）＝1080万円です。向こう10年、財政が破産スレスレを続けてもデフォルト（債務の不履行）はなく1000万円の償還は確実です。

しかし一方で、政府は2%のインフレを絶対に達成すると言っています。2%のインフレが10年なら、1000円の商品が10年後には1000×（1・02の10乗）＝1218円になります。

このため国債の元利で受け取った1080万円の10年後の価値は、〔1080万円÷物価1・218倍＝〕887万円でしかない。113万円（11・3％）も減ります。これが利回り0・8％（13年7月）の10年債の意味です。これでいいのか？　国債を950兆円も買ってきた金融機関が漠たる未来の中にいだきつつある最大の不安がこれでしょう。

政府負債は、名目GDP（475兆円：13年3月）の2・4倍を超《こ》え、1121兆円に達しています。少ない年でも40兆円（財政赤字はGDPの9％）は増え、第2次世界大戦のときの戦費国債を超える規模に達しました。2013年度の国債の増加は45・5兆円です。

第2次世界大戦後に日本は、ハイパー・インフレを起こしました。戦勝国だった英国も、戦後の国債はGDPの2倍でした。その後の英国は、①英ポンドの切り下げと、②1年に5～15％のインフレを起こして、相対的に国債残を減らしました。平均で10％のインフレが7年続けば物価は2倍になり、国債残の金額は同じでも、名目GDPと税収に対しては半分の重みに減ります。

国債をファイナンスする原資である世帯の純金融資産は、1207兆円（うち預金は848兆円：13年3月：日銀資金循環表）です。ファイナンスとは、買って資金を提供することです。5000万の世帯の総金融資産は1571兆円です。住宅ローンなどの負債が364兆円あるので、純金融資産は1207兆円となります（日銀資金循環表：13年3月）。このうち証券（主なものは株式）が228兆円あります。ですから金融機関の仲介で、国債の購入原資になりえるのは979兆円です。

政府負債（1121兆円）のうち、国債は950兆円です。2013年度末に家計の純貯蓄を超えます。その後も財政赤字は40兆〜50兆円の水準で続きます。増える国債を買う原資は、この国のどこにあるのか。

実は2010年以降、40兆円の国債に対し、それを買う貯蓄の原資は20兆円も不足しています。このため日銀がマネーを増発して買っているのが現状です。

【世帯の貯蓄率は2%台に下がった】

日本は2010年代から、国債をファイナンスする原資の問題に直面しています(後述)。

2010年代に入って、日本の家計の純金融資産のうち現金性の預金は、1年に10兆円くらいしか増えていません。世帯の貯蓄率は、20年前の90年代は6〜15%でした。平均で10%はあったのです。しかし00年代には、①世帯の所得が減ったため、②年金生活者の増加のため、貯蓄率(国民経済計算ベース)は2%台に下がり、貯金をしない米国とおなじになっています。2010年代も、貯蓄率は2%台でしょう(世帯の貯蓄率=貯蓄額÷可処分所得)。

【国債は支出を節約しても40兆円増える】

一方で国債は1年に40兆円は増えています。補正予算での経済対策が大きな年は50兆円も増えます。新規の国債は、もう(今後永久に……)、家計の貯蓄増ではファイナンスできません。

1100兆円規模という政府負債の大きさと、950兆円もの残高がある国債の追加発行(年40兆円規模）は、われわれが仕事をして生活をする経済を左右する最大の問題です。

株価の経済への影響を100の重みとするなら、国債の金利および価格の影響は、株価の10倍の1000はあるでしょう。それくらい大きい。もっとも正確な金額を集計したと思われる日銀の「資金循環表」（後述）では、政府部門の総負債は1121兆円（13年3月末）です。

2013年3月末の家計の純金融資産は、家計の保有株が50％は上がったため1207兆円です。家計の金融資産（総金融資産1571兆円：負債は364兆円）の資産部分の内訳を言えば、①現金・預金が848兆円、②証券（株）が228兆円、③家計の資産として見ることができる生命保険・年金基金が433兆円、④その他が62兆円（13年3月）です。

本書ではマクロ経済のため兆を多く使います。1兆円という金額は、普通、想像しにくい。しかし1兆円も、人口1億人に対し1人当たりなら1万円です。わが国の人口は、1億2779万人（2011年12月）で、大学を卒業した年齢に当たる23歳以上の人口が、約1億人です。兆円という単位がイメージできにくいときは、23歳以上の人口1億人で割れば、1人当たり1万円、〔1兆円＝1万円〕に相当すると置き換えてください。これによって数字が生き生きとした姿を伝えてくれるはずです。1100兆円の政府負債なら、社会人1人当たり1100万円の借金というイメージです。

にもかかわらず、平穏に見える債券市場

1100兆円台という政府負債の割には、市場での国債の買い受けの問題は大きくなっていないように見えます。長期金利は0・8％台（13年6月）と低くても順調にさばけ、若干の波乱はあってもほぼ平穏な状態が続いています。ところが行く先が嵐か、青空か、という懸念は残ったままです。

図1—2 国債が売買される店頭市場(2012年12月)

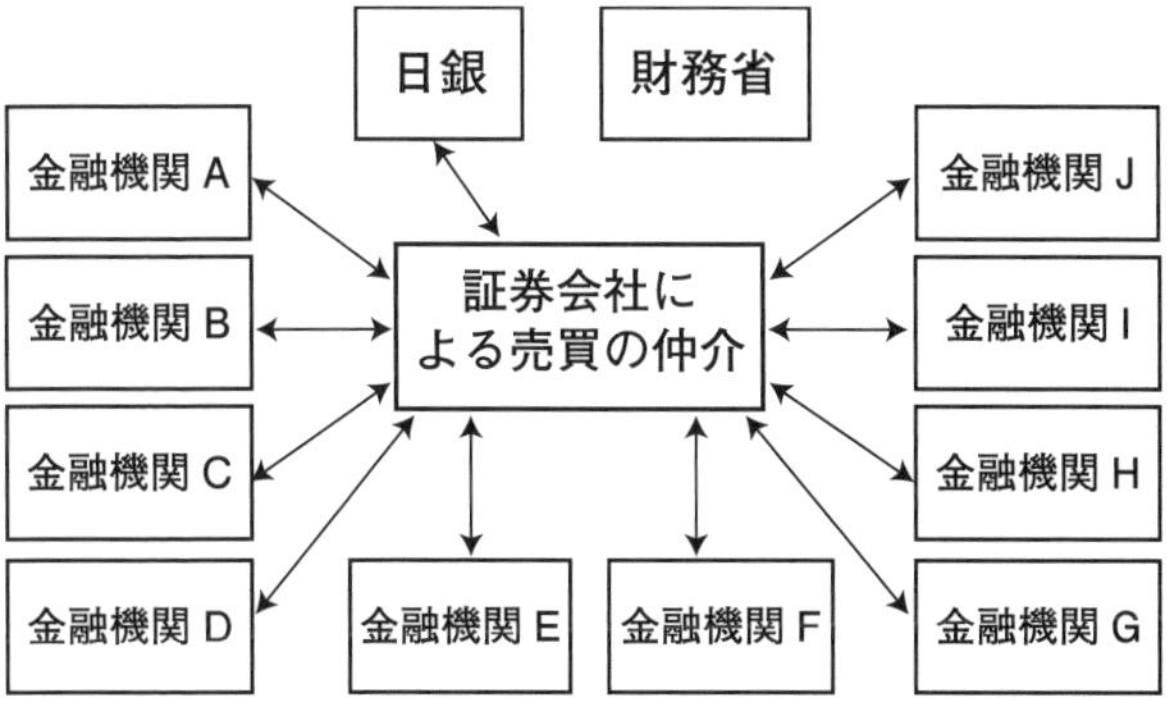

加盟金融機関は 290 社

わが国の債券市場は米国と違い、社債が少ないのです。ほぼ国債だけの市場です。また株式市場のようには知られていません。一般の人が国債を買うことはほとんどないからです。国債は金融機関２９０社（銀行、保険、基金、政府系金融）の店頭で取引され、売買高は1日30兆円（月間６００兆円）くらいです。この売買額は株式市場の10倍くらい大きいのです。２９０社の金融機関の店頭で今日、長短の国債をいくらで売買するかによって、国民経済でもっとも肝心な金利が決まっています（図1-2）。

買いが多く、価格が上がれば、利回り（金利）は下がり、売りが多いと、価格は下がり、利回り（金利）は上がります。

ここで変化する国債の利回りが、わが国のあらゆる金融、および経済取引のベースになる金利です。日銀は国債の売買に介入（買いオペ、売りオペ）して金利を誘導できますが、金利と国債価格を決めるのは国内と国外の主要金融機関２９０

社が参加する国債の売買市場です。

国債の価格変化は、売買された国債だけではなく、金融機関が保有する950兆円の国債全部におよびます。今日売買される30兆円（営業日1日平均）の国債の利回りで、950兆円の国債の価格と金利が決まるのです。

現在、950兆円の長短国債の平均残存期間（デュレーション）は7年で、長期金利は0・8％くらいです。仮に市場の期待金利が1ポイント上がり、1・8％になると国債価格全体はどうなるか。

〔(1＋0・8％×残存期間7年)÷(1＋期待金利1・8％×残存期間7年)＝1・056÷1・126＝93・8％〕……6・2％の下落です。これによって全部の国債が〔950兆円×6・2％＝58・9兆円も価格が下がります。保有する金融機関は今日売らなくても、合計で58・2兆円の含み損を蒙《こうむ》ります。

10年債で0・8％、3ヶ月債で0・08％は超がつく低金利です。銀行預金の1年定期も金利は0・1％～0・3％で、事実上ゼロ金利。日本の金利はこれ以下がないものです。超低金利の国債の買い受け手が減り、期待金利の上昇から国債が暴落するのが嵐なら、それはあるのか、ないのか。

国の財政信用が壊れることから、国債の金利が上昇するとき、最初は穏やかな上昇であることが多い。3ヶ月で大きく上がり、6ヶ月で手がつけられない金利になっています。金利上昇の期間は意外に短い。あっという間です。理由は国債の持ち手が下落損を避けるため、先を争って売る時期がくるからです。

価格下落の原因が財政信用の低下なら、日銀が買い支えても、国債価格の下落は止まりません。この理由は、政府も日銀も信用の元は同根の政府信用だからです。日銀には、政府と別勘定となる資産がないからです。なお国債の理論的な長期金利は、〔期待実質ＧＤＰ成長率＋期待物価上昇率＋予想財政リスク率〕です。

〔期待実質ＧＤＰ成長率（仮に1％）＋期待物価上昇率（仮に2％）＝〕3％なら、まだいいのです。これに予想財政リスク率が3％加わると、長期国債（10年債）の金利は6％に向かいます。これはもう、ひどい。わが国ではほぼ5％台の長期国債金利になると、確実な財政破産です。この予想財政リスク率は債券の回収を保証する保険ＣＤＳ（クレジット・デフォルト・スワップ）の料率でもあります。

嵐があるなら、何が原因になって、いつ頃か。

本書では、多くの人が懸念しているこの問いに答えようと思います。危機を分析したあと、対策も考えます。

【異次元緩和で生じる国債市場の波乱】

２０１３年4月からの政府インフレ目標2％にともなう、日銀の「異次元緩和」は――

①ねらい通り名目ＧＤＰの増加（目標は＋3％）を生むと認識されるようになれば、時差はありますが、市場の期待金利を3％に向かい上昇させていきます。

期待金利は〔実質ＧＤＰ成長率（仮に1％）＋期待物価上昇率（2％）＋国債のリスク・プレミアム（仮

に0・5%）＝」3・5%へと次第に収束していくからです。

②金融市場の期待金利が3・5%に上がると、国債の売買のとき、長期国債の利回りも3・5%に向かっていきます。これは国債価格が長期金利0・8%のときの価格より約15%下がることです。長短の国債残が950兆円もあるため、15%の価格下落が起こると〔950×15%＝〕142・5兆円の国債価格の下落がキャピタル・ロスになって、国債を持つ金融機関を襲います。

金利が上がると国債の価値が下落し、下落分が含みの不良債権（キャピタル・ロス）になるのです。金利が上がることが国債のリスク証券化です。売らないで満期まで持ち続けて元本の100%償還はあっても、保有の期間、上がった金利に対し金利差の損をし続けます。

(2)国債市場での金利の調整は価格で行われる

ここで若干の疑問がわくはずです。額面に対して金利0・8%で固定された10年物国債の金利が、どうやって3・5%に上がるのか?

答えは、「国債市場で価格が下がることで、0・8%の金利を3・5%とおなじにする」です。国債の発行元の政府が0・8%の金利を3・5%に書き換えるのではありません。額面金額に対する表面金利はおなじです。発行済国債での政府の利払い額は、国債価格がいくらになっても満期までおなじです。

100万円だった価格が市場で85万円に下がることで、額面の100万円ではなく85万円に対する向こう7年間の金利を3・5％にするのです。

残存期間が10年のものなら市場の期待金利が3・5％に上がると、価格が80万円に下がります。これは満期償還がある債券（社債、地方債、他の債券）に共通する市場価格の金利変化です。国債の金利の動きにつれ、社債、地方債もおなじ動きをします。国債がもっとも信用ある債券とされるので、金利はその国でいちばん低くなるからです。

【計算】

額面100万円で、発行時の金利0・8％の10年物国債を持っているとします。異次元緩和の効果が現れ、物価上昇（2％）を含む名目経済成長率（名目GDP成長率）が、一時的ではなく、「しばらくは3％はある」と市場のほとんどの人に認識されるように変わったとします。

（注）期待成長率といい、人々が現在の傾向をもとに、将来の経済に対して抱くイメージの平均です。期待金利は、物価上昇を含む名目GDPの期待成長率と、ほぼおなじところに収束していきます。

0・8％金利の、100万円の10年もの国債を持っていても、10年間、金利は0・8％（1年に8000円）に固定されたままです。10年後に100万円の元本は戻ってきますが、物価上昇が2％、実質経済成長が1％あるので0・8％国債を持ち続けると〔名目経済成長率3％－国債利回り0・8％＝2・2％〕、つまり毎年2・2万円の損です。向こう10年の合計では、実質22万円も損をします。

つまり発行額面100万円の国債は、金利が上がると100万円の価値がなくなるのです。額面の100万円で買った人は損をし、売った人は儲けます。

あらゆる市場では、片方だけが損をする取引は成立しません。「等価交換」の原理が働きます。売るAさんと買うBさんが「等価」と思うところで価格が決まる。債券市場では、以下のような算式で両者の価格調整が行われます。

（注）損失の確定がイヤなら保有し続ければいい。しかし保有を続ければ、3・5%に上がった金利の中で少しずつ損をするので、最終結果はおなじです（7章で、具体的に金額で示します）。

国債価格（市場での時価）
＝（1＋表面金利×残存年数）÷（1＋市場の期待金利×残存年数）

この債券公式で計算された国債価格が下がることにより、発行時の表面金利0・8%を3・5%に上げてくれます。10年債が3年経過し、残存期間《デュレーション》が7年になっているとします。額面は100万円で、表面金利0・8%とします。

（注）この7年は長期と短期の国債残950兆円の実際の平均残存期間です。

（1＋表面金利0・8%×残存年数7年）÷（1＋期待金利3・5%×残存年数7年）＝（1＋0・

056）÷（1＋0・245）＝1・056÷1・245＝0・848≒85％の価格

つまり7年後の満期に100万円の額面金額が全部償還される国債も、金利が3・5％に上がったときに売れば、85万円です。価格は15％も下がってしまいます。

残存期間が10年なら、結果は1・08÷1・35＝0・8……20％下がって、80万円です。国債を含む債券は残存期間（デュレーション）が長いと、その分、価格リスクが大きくなります。このため長期債は金利が高くなるのです。一方、残存期間が短いと価格リスクは小さい。このため短期債（満期1年以内）は金利が低くなります。金利は将来リスクをカバーするものでもあります。後述しますが、〔長期金利＝期待実質GDP成長率＋期待物価上昇率＋リスク・プレミアム〕です。経済学の方程式は数学的な等式ではなく、これに近いところが理論値という意味です。「期待」は心理的なものでアナログなところがあります。

では3・5％に金利が上がった後、100万円額面のものを85万円で買った国債の元本（100万円）と金利の合計は、7年後の満期にどうなっているか、以下で計算します。

・受取金利合計＝額面100万円×0・8％×7年＝5万6000円
・7年後の償還金＝100万円 ↓ 元利合計＝105万6000円

証券会社から85万円で買った日本国債が、7年後の元利で105万6000円になったということです。儲かったような印象があるのは、われわれが0％台の金利に慣れてしまったからです。歴史的には金利は3～7％で平均4％付近でした。金利とは国債金利です。国債金利がベースになって、例えば〔長期国債金利（2％）＋リスク・プレミアム（1％）＝〕長期金利3％などとして他の金利が決められます。

85万円で買った国債が7年経って元利で105万6000円ということは、いくらの利回りだったか検算します。買ったときの3・5％の利回りになっていなければならない。

105万6000円÷85万円≒1・242……7年間の利回りは24・2％です。

24・2％÷7年≒3・46％≒3・5％……途中で2回の四捨五入しているので、ぴたりと3・5％の利回りになっていませんが、ほぼ3・5％です。

（注）単利で計算。本当は複利ですが、金利が数％以下で10年以内なら、単利も複利も大差ありません。

平均残存期間7年の国債価格は、市場の期待金利が1ポイント（％）高くなると、時価が6〜7％下がる割合です。2ポイント上昇で12％、事例の3ポイント上昇により18％下がります。

逆に期待金利が1ポイント（％）下がることに対し、市場の時価は6％は上がります。

ここで考えてください。金利0・8％の10年もの国債の金利は将来、1・8％になることは想定できるかもしれません。いや、向こう10年の間にはほぼ必ず金利は1・8％どころではなく3％になることもあるでしょう。物価が上昇すれば、それにつれて期待金利が高くなるからです。

ところが金利0・8％が今より大きなデフレで、理論値では1％下がっても、現実の金利がマイナス0・2％になることは絶対にない。マイナスの金利では預金はされず債券は買われないからです。皆、マイナス金利の預金なら引き出して、マイナス金利の債券を売って現金にします。預金がなくなってしまうからです。重要なことを言います。

2013年6月現在の長期金利（10年物国債の利回り）0・8%は、
・将来、上がる可能性はあっても、
・それ以下に、下がる可能性は低い。

金利が1%以下と低すぎるときは、日本の国債の平均7年の満期内（2020年）に、金利がそれ以下に下がって0・5%や0・3%が続く可能性より、向こう7年の間に1・5%、2%、3%になる可能性のほうがはるかに高いということです。

つまり平均残存期間7年、金利が0・8%になっている950兆円の既発国債の市場価格は上がるより、下がる可能性が高いというリスクがあります。これが1%以下の超低金利であることの罠《わな》です。

【低金利によるリスクが加わった国債】

国債金利が2%や3%のときはなかった「低金利リスク」が、金利1%以下では大きくなります。具体的に言えば、利回り0・8%の長期債は、市場の期待金利が上がることによるキャピタル・ロスは想定できても、金利がさらに低い0・5%や0・3%で長期化することによるキャピタル・ゲインは期待しにくいのです。

こうした国債価格のリスクがインフレ・ターゲット2%を掲げ、13年4月から異次元緩和を実行している債券市場で大きくなったのではないか。このためにインフレの兆候がまだ明確ではない13年5月から、国債金利が上がっているのではないかということです。

期待金利と国債価格

現状の長期・短期の国債（950兆円）の、償還満期までの平均残存期間（デュレーション）は7年です。期待金利1ポイント（%）当たりで、6・2%の価格騰落があります。国債の利回り（イールド）は、これ以下はないくらい低い（10年債0・8%：3ヶ月債0・08%付近）。

債券や預金では0%以下のマイナス金利は不可能です。持てば元本が減るマイナスの金利なら、全員が売ってしまい、市場で買い手が消えるため、価格は売れるまで暴落し、結果として金利が高騰するからです。

現在の超低金利（長期債0・8%付近：短期債0・08%）以下に金利が下がって、国債価格が上昇するという期待は難しくなってきたのです。

【2006年から2012年まで国債価格は上昇してきた】

ところが、長期金利が2%（06年央）から0・8%レベル（12年末）に下落してきた2012年末までの6年間、既発長期国債（デュレーション7年）の市場価格は8%も高くなっていました。受け取る金利は1%台でとても低かった。しかし国債の価格は上がったので、キャピタル・ゲイン

（時価または売買から生じる価格差）が金利以上に大きかったわけです。

2％の金利の国債を1000億円もっていれば、期待金利が0・8％に下がると80億円（8％）もの価格の上昇がありました。このようにして2010年ころまで、銀行が企業融資や他の債券で得る利益より、国債の利益がはるかに大きかったのです。2006年の長期金利は2％でしたが、2012年は0・8％付近に下がったからです。

6年間、金利が下がる過程だった2012年末までの国債保有は、国債を増加買いして保有する金融機関にとって、

①政府証券だから、回収リスクはなく、

②実質の利回り（金利＋価格上昇のキャピタル・ゲイン）が高く、

③リスクの大きな融資や株では得ることのできない大きな利益をもたらし続けてきた優良な証券でした。まさに、「安全な高い利回りの資産」でした。

2％の利回りが1％以下に下がり、一見では利益が減ったよう見えるのですが、保有を続ける金融機関にとって利益は大きかったのです。

このため銀行や保険会社は企業への貸し付けを減らし、株は売って、国債を買うことが経営上合理的な行動でした。銀行や保険は政府への忠誠・忠義・義理・義侠、あるいは愛国心の感情で国債を買ってきたのではありません。デフレ傾向により金利が下がる過程では価格が上がるので、国債を買う

のが合理的で理性的な債券選択だったのです。

(3)超低金利の国債は、下落リスクが大きくなった

ところが、10年債でも0・8%や0・6%の金利に下がってしまったあと（2012年末以降）、それ以下の0・5%や0・3%の期待金利に低下することによるキャピタル・ゲインは、ほとんど期待できません。金利が下がることができる絶対幅が小さいので、キャピタル・ゲインがあってもごくわずかしかないからです。

例えば0・8%の、満期10年の長期債の期待金利が0・5%へと、割合では30%と大きく下がったときでも、その国債価格は〔1・08÷1・06＝〕1・019であり、1・9%上がるだけです。

逆に市場の期待金利が0・9%あるいは1・2%と上がるリスクが高くなります。このため1%以下の低い金利で保有している国債は将来、マイナスのキャピタル・ゲインの可能性が高くなってしまったのです。

【債券の購入は、金利の期待】

金利0・8%の10年債を買うことは、ファンド・マネジャーが、今後10年間の金利を0・8%かそれ以下だと想定していることとおなじです。2013年7月現在、インフレ気味になっているのに、

２０２３年まで市場の金利が０・８％付近かそれ以下と想定できる人はいるでしょうか？

向こう10年ではインフレによる期待金利の上昇を想定せねばならない。金利上昇を予想するなら、国債の将来価格は下がるということを、含まねばならない。日銀がマネーを刷って政府に貸すことができるから、デフォルト（満期が来た国債の不履行、延期、利払いの停止）はないだろう。しかしインフレ目標２％により、インフレになれば上がる金利によって、国債価格の下落の可能性は高くなっている。これが国債の買い手の金融機関側からの見方でしょう。

【国債市場がつける国債金利が、一挙に、不安定になった】

事実、安倍首相の指名で黒田総裁が就任したあとの国債市場（２０１３年４月以降）では一時、長期金利が０・３％台に下がったものの、直後に急騰して１％になる一瞬もあったのです。これは市場の期待金利がとても不安定になってきたことを示すものです。

日銀が国債を大量に買うなかで、逆に市場関係者の将来に向かって予想する期待金利が上がるということは、過去にはなかったことです（13年４月、５月は合計20兆円の買い切り）。

「期待金利」とは現在の金利の動き、物価と経済成長の動きから、市場関係者が将来に向かって集合的に予想する金利です。

期待金利が国債の利回りであり、期待金利が上がると、国債価格は下がります。

期待金利が下がると、国債価格は上がります。しかし発行金利が１％や０・８％以下と低い国債は、期待金利がごく少し（例えば1ポイント）上がっても5〜6％のキャピタル・ロスを生むため、価格リスクが高まります。本当は、長期で3％くらいの国債金利でなければならないのです。

国債の残高の大きさと、期待金利の上昇の問題

既発国債の残高がGDPの1倍未満だった時期（1990年代まで）なら、期待金利が2％や3％に上がる結果としての価格の下落（10％や20％）は、金融機関が吸収できたでしょう。一時は下がっても、また上がることも期待できました。

ところが国債残が毎年40兆円のペースで増え続け、財投債と国庫短期証券を入れれば、950兆円に膨らみ、国債だけでも名目GDPの2倍に達した現在、まるで異なります。950兆円の既発国債の下落（期待金利の上昇）が、国債の持ち手の金融機関に通常の利益では吸収できないキャピタル・ロス（100兆円や200兆円）を生んでしまうからです。

筆者は政府のインフレ目標2％の中で、異次元緩和として4月から開始された、一ヶ月7兆円から10兆円の国債を買い切るマネー増発策を世界（特に米国FRB）と市場の動きを無視して継続すると、高まるインフレ期待から市場の期待金利が上昇に向かうと見ています。

この意味で、日銀の黒田総裁は「毎月、7〜10兆円の国債を買い切って、マネタリー・ベースを2

倍にする」と言うべきではなかった。言えば、そのとおり実行せねばならず、国債市場が不安定になって金利が上がるとき、国債の買い切りを増やすと、今度は日銀の政策への信認が失われたうえで金利が上がるという不都合が重なるからです。

期待金利が上れば、前記のように国債価格が下がります。金融機関は損失を回避するという合理的な行動から、さらに大きく国債を売ってその結果いっそう金利が高騰し、国債価格はスパイラルに下がっていくということまでも想定せねばなりません。

ここまでくると、対策は無効になっていきます。

あとは大きなインフレと金利の高騰、そして物価が上がるインフレでも世帯の所得は上がらないスタグフレーションです。これを避けるためには、どうしなければならないかも提案します。

時間があまりない。

２０１３年の秋、あるいは遅くとも年末までに、政府は政策転換をせねばならないと感じています。

物価が下がるデフレに対して、日銀が通貨を増発し、マネー・サプライ（M３：１１５２兆円：13年5月）を４％以上増やして、インフレ期待に転じるという政策は正しい。

しかし日本経済の問題は、政府債務がＧＤＰの２・４倍（１１２１兆円）と大きすぎることです。

加えて、国債金利が低すぎることです。財務省と日銀がうまく金融を運営し、金利が低いことが国債の大きな増加を続けることを可能にしました。このために異常に低い金利の国債が９５０兆円（うち普通国債750兆円＋財投債等200兆円）になってしまったのです。

国債の利払い額がどうなってきたか、ご存知でしょうか。知れば誰でも驚きます。1990年は10・5兆円でした。そのときの普通国債の残高は160兆円（現在の約5分の1）でした。長期金利が6・2％と高かったからです。

その後23年、2013年も国債の利払い費は9・9兆円です（財務省）。普通国債の残高が750兆円（2013年）に増えても、金利率が5分の1以下なので利払い費は30年間、増えていません。金利の低さが国債の発行を野放図にしたともいえます。金利が3％と普通の水準なら、利払いは2・5倍（25兆円）に増えます。国債の増発に抑制がかかったでしょう。過ぎたことは取り戻せません。われわれは重すぎる国債残高の経済を生きねばならないのです。

現在は国債の残高が950兆円と大きく、長期金利は0・8％なので、小さい期待金利の上昇でも、国債価格が下がることで生じるキャピタル・ロスが90年代の不良債権のように金融機関の資本を壊します。このため金利が上がる気配があると、金融機関が得意な「横並び」で売りに殺到することも生じます。先を争う売りが生じると、国債残が巨大であるため、日銀の買い支えも無効になっていきます。

異次元緩和は2013年の秋か冬までに大幅な修正が必要

異次元緩和は、政府債務がGDPの1倍以下のときは、諸手《もろて》を挙《あ》げて賛成すべき、正しい策です。マネー増発によって期待インフレを高める策を最初に言ったのは、米国のノーベル賞経済学者で

NYタイムズ紙にエスプリのきいた記事を投稿するポール・クルーグマンでした。彼は、日本の政府債務がGDPの2・4倍（1121兆円）と巨大化していることを、理由は不明ですが、無視しているように思えます。内閣官房顧問になっている浜田宏一氏と、日銀の副総裁に就任した岩田規久男氏もクルーグマンとおなじことを言っています。

中央銀行が国債を大量に買い、マネーを増発してインフレ期待を高め、物価が上がるインフレにする政策は、政府の負債残がGDPの1倍あるいはそれ以下のとき、国民経済にとって正しい。既発国債の価格の下落が8・5％あっても、国債残が475兆円（名目GDPの1倍）ならキャピタル・ロスは40兆円だからです。他方、政府債務がGDPの2倍以上のときは、インフレがもたらす期待金利の上昇が既発国債の価格を大きく下げ、債券市場では価格の下がる国債の売りが売りを呼ぶため正しくない。これは断言します。

世界の先進国でGDP比の政府負債が最大であることによる消費者物価のインフレは、まだ見られません。国債の売買で決まる金利はとても低く（3ヶ月債0・08％：10年債0・82％）、物価もまだ下がっています（13年4月総合：マイナス0・7％）。なおGDP（国内総生産）は日本国内で商品とサービスが生産される1年間の金額と理解してください。物価を現在のまま集計した名目では475兆円であり（米国1400兆円、中国500兆円についで3位）、1億2700万人の1人当たりでは370万円（世界で17位）です。

政府の債務額には、何をどう入れるかによって4種の金額があります。国の普通国債（750兆円）と地方債（146兆円）及び関連の負債を入れた942兆円。これに長期債務を入れた977兆円。政府短期証券（192兆円）等を入れた1107兆円、世界と共通のSNA基準での社会保障基金や独法等の債務を入れた1097兆円です。本書では政府債務は1121兆円（日銀資金循環表：13年3月）として、2013年末予想の国債残としては950兆円とし、キリのいい数値にして書きます（2013年度末：『日本の財政関係資料』）。

(4)2000年代以降の国債の増加原因は社会保障費

図1-3は1980年から2013年3月まで、23年間の国債残高の増加と政府の他の債務を示すグラフです。

図の右側の2012年は4半期毎です。政府の債務が増える速度は、引き延ばした戦時経済のように圧倒的です。使ったのは戦費ではない。①90年代までは、経済対策としての公共投資、②00年代は高齢化で増えた社会保障費です。

16年前の1996年には500兆円くらいでGDPの1倍だった政府債務は、2013年3月には1121兆円と、名目GDP（475兆円：13年3月）に対し2・4倍に増えています。

政府債務のGDP比を先進国で比較すれば日本の2・4倍に対し、イタリア1・3倍、米国1・1倍、英国1・1倍、フランス1・1倍、ドイツ0・86倍、カナダ0・86倍です。

日本が不名誉にも断然の1位です。大きなインフレで、名目GDPが水ぶくれして政府債務が相対

図1−3 【政府債務と国債】日銀 資金循環表(2013年3月25日)

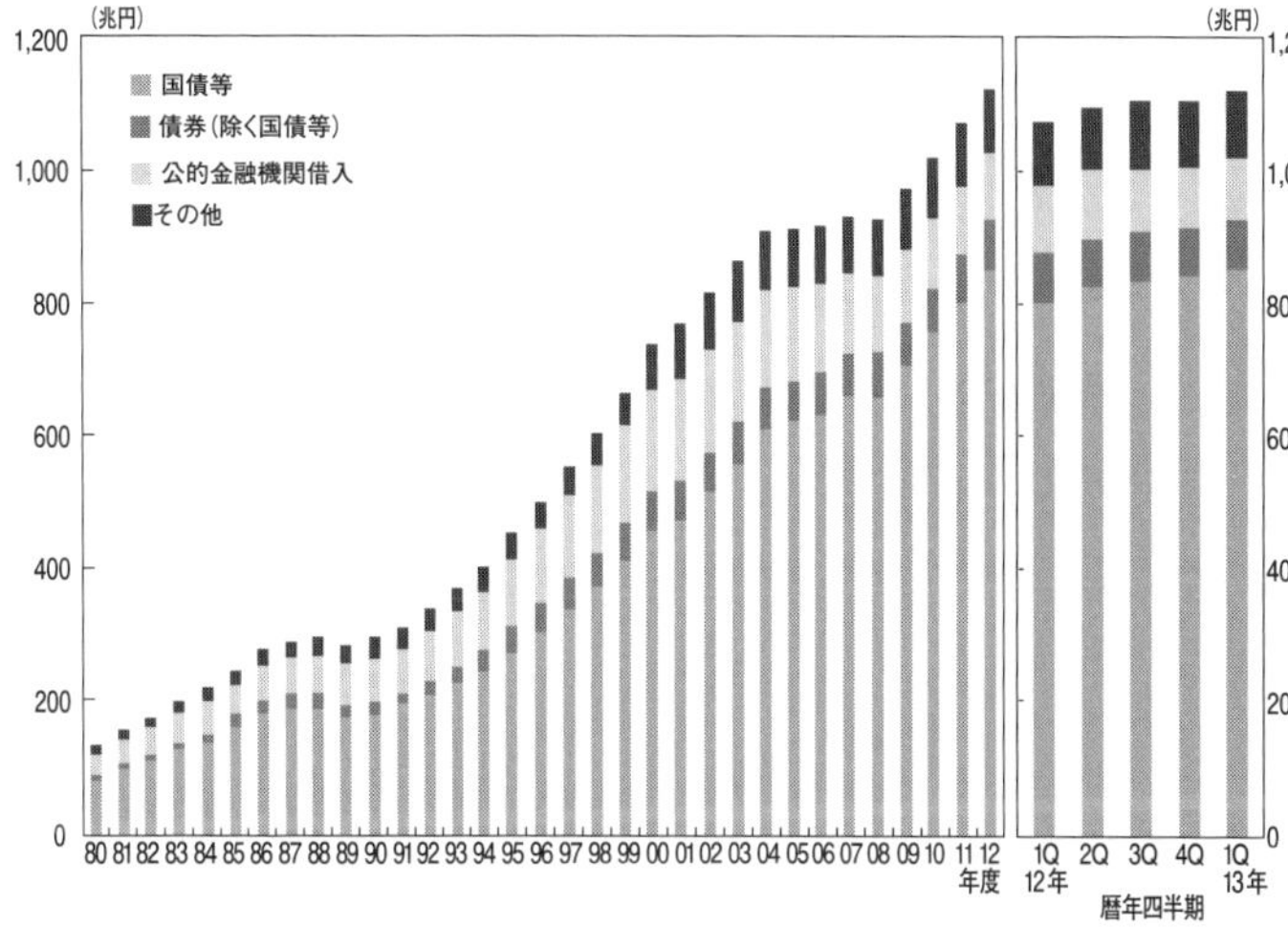

的に減らない限り、今後とも現在50歳の人が命ある間は1位を続けるでしょう。改めて思えば、過去20年の政府債務の増加は、すごかったのです。

もっと前のことを言えば、１９７５年には政府債務は15兆円しかなかった。38年後の２０１３年度末には１１００兆円です（財務省予想）。毎年11％増の指数関数で増えてきました。２０１０年代の増額額は、1年に40兆〜50兆円です。この残高は、一般会計の国税（43兆円）の25年分です。つまり国の収入の25年分です。

企業や世帯なら、収入の25年分を借りることができる前に（年収の6〜10倍くらいで）、破産します。国家は中央銀行がマネーを無から増発できるため、破産しません。ハイパーなインフレになっても、第二次世界大戦後のように国家は破産しません。

高いインフレ率と金利の高騰で国債が暴落すれば、国家の代わりに国債を持つ金融機関が破産し、ファイナンスの資金源を預金で提供した世帯が被害を受けます。つまり国債の場合、借り手（国家）ではなく貸し手が破産します。ここが国民に被害をもたらす国家の負債の特殊な性格です。

満期を迎えた分の借り換え債（115兆円：ロールオーバー）を含むと、毎年約170兆円の新規債が発行されます。名目GDPの475兆円（13年3月）は世帯、企業、政府の商品とサービスの購入総額です。1日平均で1・3兆円分の商品量のイメージです。これに対し、金融機関が新規国債を買う金額が1日当たり4700億円です（365日平均）。よくまぁ、ファイナンスされてきたと感心します。

00年代の資金循環では、世帯と企業が収支（収入－支出）で余剰がありました。それが官民の金融機関（銀行、ゆうちょ銀行、生保・簡保、年金基金等）に預けられ、金融機関が債券市場で発行される国債を過不足なく買ってきました。

政府部門の支出の増加がありながら、GDPが増えないため企業と世帯の所得にかかる税収が減ったことが財政赤字の原因であり、その赤字が国債の累増を生みました。

政府債務の増加の主因は90年代までは公共投資だったが、00年代から社会保障費になった

わが国の資産バブル崩壊（土地でマイナス1500兆円：株価でマイナス300兆円）の開始年だった1990年からの政府の財政支出が増加した原因は図1-4に示されています。

平成2年が1990年です。平成25年が2013年です。バブル崩壊後の10年間、国債の増加原因は、景気対策として全国で行われた公共投資（箱物、道路等）でした。10年間の公共投資は400兆円（毎年40兆円）という大きなものだったからです。

【財政赤字の主因の変化】

2013年現在、公共投資はほぼ半減されて24兆円です。00年代に地方の景気が大きく後退した理由は、小泉改革以降の10年で政府が150兆円の公共投資を減らしたからです。3大都市圏とは違い、地方経済は土木・建築の公共投資に依存していたためです。

図1-4に見える2000年以降は、①高齢化のための医療費と年金支払いの増加を主因に、社会保障費が増えたこと、および②地方自治体への交付金の増加したことが国債増の原因になりました。

バブル経済での所得税収の多さにより、政府財政が均衡していた1990年のあと、2013年までの23年間で、合計で312兆円（年間平均13・6兆円）の政府歳出が増えています。

一方で、企業と世帯の所得からの所得税が減ったために、税収の減少が147兆円（毎年平均6・4兆円）でした。このため、政府財政の赤字から、571兆円の国債残が増えました（毎年25兆円平均の増加）。

08年9月のリーマンショック（世界金融危機）のあとは、税収の急減があり、一方で経済対策費は増加し、財政赤字が10〜15兆円くらい増えました。さらに2011年3・11の東日本大震災の復興費も加わって40兆円から50兆円／年の国債の純増です。

【2009年からは社会保障費の増加が財政赤字の主因2030年代まで毎年3兆円は増加】

図1-4で2009（平成21）年からの財政赤字の原因、つまり国債増発の原因を再度確認します。

2009年度以降、政府の一般会計から支出する社会保障関係費が17兆円付近へと、その前より6兆円から8兆円も増えています。原因は、2008年から団塊の世代が次々に60歳を超えてきたことです。

定年の60歳を超えると、ほぼ30％の人が退職します。70％は再雇用されますが、平均賃金は60歳以前の半分に下がります。65歳になると、会社役員や自営業を除くおよそ全員が退職し、夫婦2人の世帯年収が250万円付近の年金生活に入ります。退職金を受け取ったあとの65歳以上の世帯では、金融資産の70％を占める預貯金は夫婦で2200万円平均（総務省：家計調査）で、年間60万円を取り崩して生活費に充てます。

世帯主が65歳になって、完全退職し年金を受け取り始める世帯は2013年以降の5年間、毎年100万世帯も増えます。このため国全体の預貯金（現金性の金融資産）は増えなくなります。

以上のことから、今後は世帯の預貯金の増加が、毎年40兆円は増える国債のファイナンスの原資になることはないのです。世帯の預貯金の増加が、増発国債のファイナンスの原資になっていたのは、15年前の90年代までです。00年代は設備投資を抑えた企業の預金増加（年平均20兆円）が世帯の貯蓄だけは不足する国債をファイナンスしていました。10年代の、特に2012年からは預貯金や生命保険

図1−4 国債増加の要因別分析
（財務省 日本の財政関係資料2013年度予算案 国会補足資料）

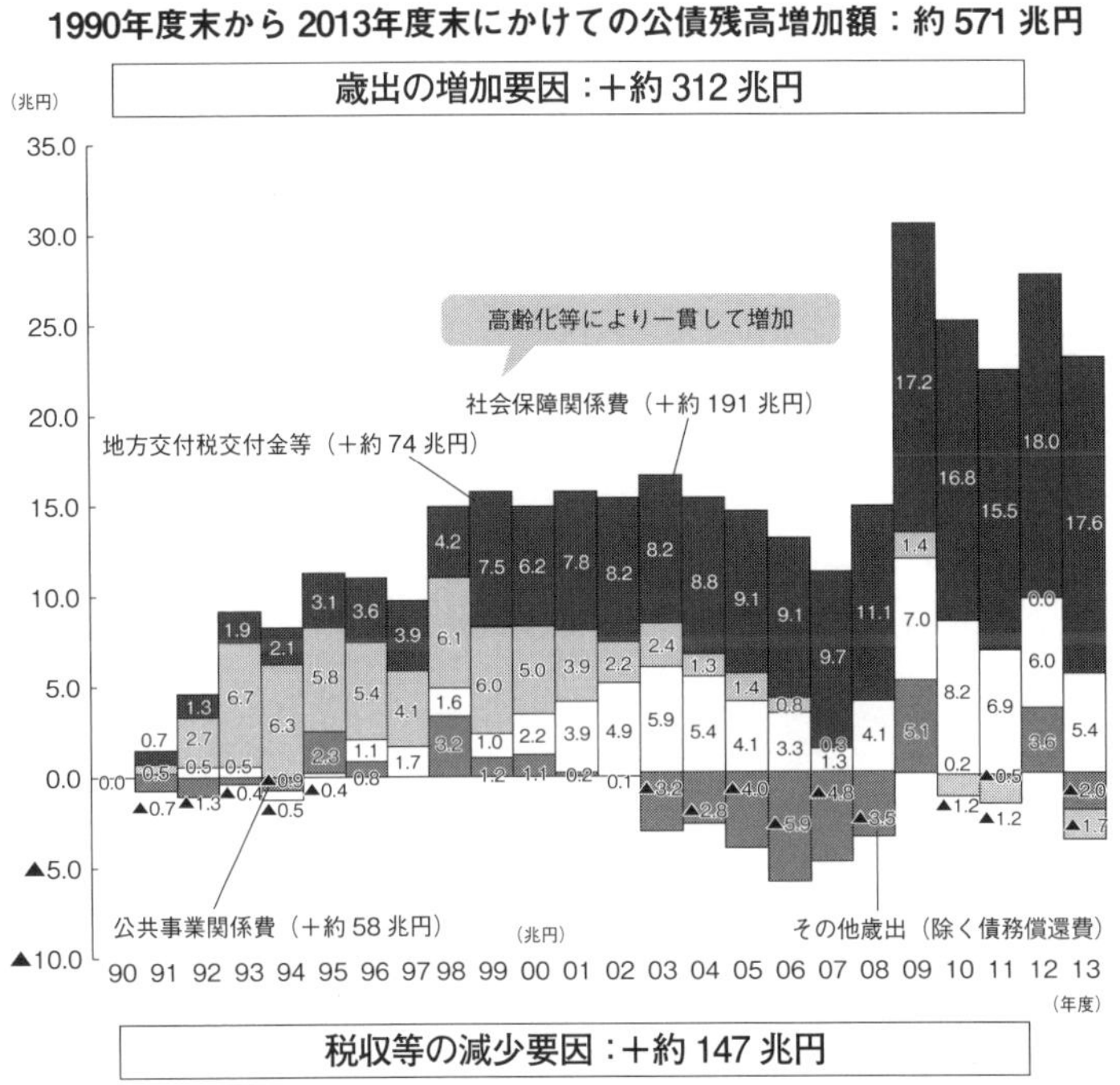

の増加をあまり期待できません。

このため、増加国債のファイナンスの主力は日銀の引き受けに向かいます。金額ではほぼ20兆円が国民の貯蓄増では不足するため、日銀がマネーを増発して、印刷マネーでファイナンスすることにならざるを得ないのです。

一方で、社会保障費でもっとも大きな年金の支給（国民年金で70万円：厚生年金で200万円前後：合計53・8兆円）が増えていきます。また60歳以上になると、医療費（合計35・1兆円：13年3月）が、病院にかからない人も含めた平均で1人当たり60万円／年に増えます。

このため2030年ころまで、1

年に3兆円の社会保障費が増え続けます。しかし、この、17年後の2030年は誰にとっても未来（いまだ来たらず）という霞《かすみ》の彼方です。20年の時間も過ぎれば、記憶の中の一瞬です。しかし未来の時間は長い。これが人生の救いでしょう。

図1-5に金額イメージが示された109・5兆円の社会保障費は今後、1年にほぼ3兆円ずつ増えていきます。これがわれわれの時代である2010年代です。13年3月期は年金支給53・8兆円、医療費支給35・1兆円、介護その他の社会福祉20・6兆円で109・5兆円という社会保障の給付額に対し、保険料は60・6兆円です。48・9兆円が不足しています。

この不足分は図1-5右のように、政府（国＋地方）の税収から補填されています。政府の歳出の全体でいえば、この109・5兆円という社会保障の支給への不足分約49兆円が毎年の国債の発行分に該当しています。全人口1人当たりで約100万円の社会保障費という大きさです。

政府財政が赤字になった主因と国債ファイナンスの傾向は、ほぼ10年単位で変わっていますので、ここで整理します。

①1990年代の10年は400兆円の公共事業での財政赤字

90年からの資産バブル崩壊（土地で1500兆円、株で200兆円）から来た不況対策として、政府が毎年平均40兆円の公共事業を行った。国債残は、400兆円増えた。

図1−5 社会保障費と保険料(2013年3月期予算 財務省)

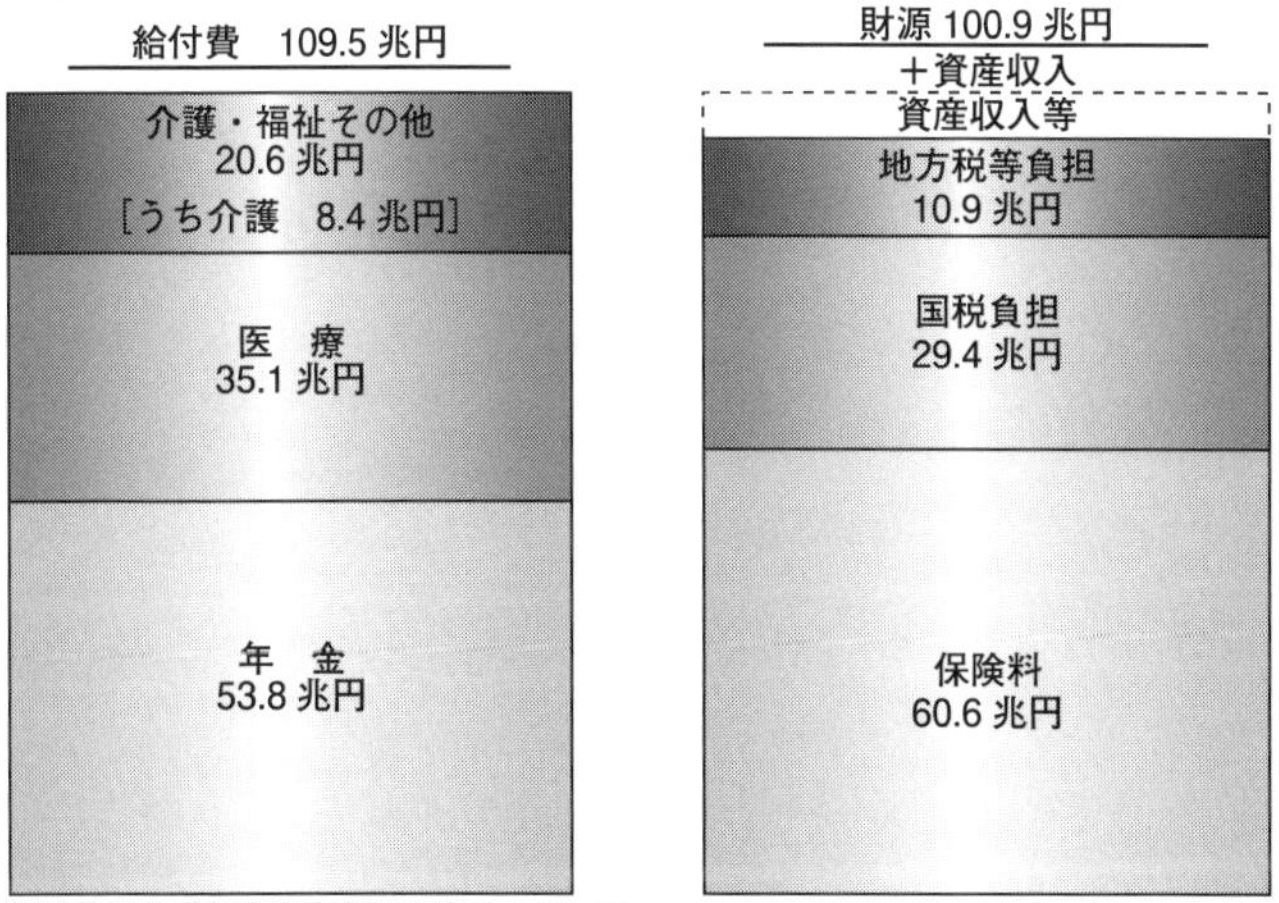

※数値は基礎年金国庫負担２分の１ペース。

保険料では社会保障費109.5兆円のうち、60.6兆円しかまかなっていない

②２０００年代の10年は社会保障費と地方交付税の増加

00年代は、社会保障費が増加した。小泉改革で公共事業を減らした代わりに、地方交付税(国が代理で受け取って地方に再配分する税)が増えた。このため一般会計の国債発行は、毎年30兆〜40兆円くらいの平均で増えてきた。

③２０１０年代の10年は高齢化による年金、医療費、介護費等の社会保障費の増加

２００８年に60歳を超え、２０１３年には65歳を超えた団塊の世代に対する社会保障費(年金・医療費)給付と、70歳以上の世代の介護費が増える。

２０１０年代は財政赤字の主因が社会保障費になる。00年代の小泉改革で10〜15兆円減らし、政府支出を一段下げた公共投資のようには、社会保障は減らせない。むしろ高齢化

要因で、109兆円（13年3月期）の支出が毎年3兆円（3％）は増える。保険料収入（年金、医療、介護保険）は60兆円（支出の55％）に過ぎず、12年度でも49兆円は政府負担になっている。

この政府負担は①年金、医療、介護費への給付を減らすか、②増税するかを行わず現在の傾向のままなら、財政赤字が毎年3兆円は増える要因になる。

政府が増税と社会保障費の削減を行おうとしても不人気な政策なので、政党がそれを政策化することは難しい。これも対策不実行とおなじになる。

参考のために示せば公務員（国＋地方）、準公務員（独立行政法人）の総数は538万人（うち嘱託が65万人）で、その総人件費（報酬＋福利厚生費＋退職金＋年金）は40兆円で1名当たり740万円に相当します。公務員の人数は統計を出しても、総人件費は政府は出したがらないデータです。

政府支出増加の主因は団塊世代1000万人〔5年間〕の社会保障費の増加

2012年から先頭が1947年生まれの団塊の世代（このあと5年間で1000万人）が65歳を超え、年金の受給世代になりました。2017年から70歳を超えると、本人の責任ではないのですが、1人当たりの平均医療費も80万円／年（世帯ではその2倍）に増えます。

年金支給と保健医療費の毎年の増加を主因に、年間支給では総額が109・5兆円（13年3月）に増えた社会保障費により財政赤字が増えるため、国債は増発される傾向に向かわざるを得ません。

社会保障費の増加は、団塊の世代の人々がほぼ生涯を終える2035年ころまで必然的に続きます。

医療費は64歳までは1人15万円／年くらいと少ない。65歳ころから急に65万円に増え、70代80万円、80代100万円、90歳以上は115万円です。なお2012年の政府医療費は37・8兆円（国民1人当たり30万円）で、毎年3％程度増えています。生涯医療費（2300万円）の50％は、退職後に65歳以上で使います。これと別に、介護費や生活保護等の社会保障費が20・6兆円です。

公的な年金の支給は53・8兆円です。合計で社会保障費は109・5兆円です（名目GDP比23％：2013年3月）。経済全体のうち、ほぼ4分の1が社会保障費です。

2010年では社会保障の政府からの支給103・5兆円に対して、年金、医療、介護費などの社会保険料（個人と企業が負担：負担は所得額に比例）は57・8兆円と過少です。不足分の45・7兆円（総支給額の44％）は政府税収と国債発行によって補塡されています。なおこのうち医療費では、4・7兆円が個人のその都度の支払いです（医療費の30％〈70歳未満〉：70歳以上は10％）。

【歳入の不足】

図1-6は、国の一般会計の歳出の規模（2013年度予算で92・6兆円）と税収を含む歳入（同47・1兆円）、そして不足分の国債発行額42・9兆円を示すものです。

一般会計の国税の金額が1990年の60・6兆円を頂点に、23年後の2013年度予算は47・1兆円へと13・5兆円（22％）も減っています。

一般会計の国債依存度は46％であり、当然、世界で不名誉な第1位です。GDP比での政府赤字をOECD加盟国で比較すれば、日本9・0％、米国7・5％、英国6・9％、ドイツ0・4％、フランス3・4％、イタリア2・9％、カナダ3・0％です。世界は2008年からのリーマン危機、2010年からの南欧債の危機によって、共通に財政赤字を増やしています。そのなかで米国、日本、英国が突出しています。2013年後半からフランスの〝南欧化〟がユーロ債の問題になります。

わが国の問題は、GDP比で9％と世界でいちばん大きな財政赤字が、
①今後とも、世界最速の高齢化により増えていき、
②名目GDPの増加がない限り、国民経済による国債ファイナンスの不能の時期を迎えることです。

世帯所得の金額も少しは増える感じになる名目GDPの増加（約3％）がないとき、増税と社会保障費の削減を行うのは政治的に不可能です。物価上昇をともなう名目にせよ、世帯の所得額の増加がない時期の増税は困難です。

財政を破産させないために必要なのは、名目GDPの増加（年3％基準）です。このため異次元緩和では物価上昇目標2％（達成は2015年）を掲げました。

しかし、そのために使うのは国債であり、国債残が950兆円を超えてしまっていて、しかも超低金利であるというリスクがあります。このため正しい政策が正しくなくなってしまう可能性が高いのです。

これが本書で述べる、異次元緩和のパラドックスです。非難ではありません。対策も言います。従

図1−6 政府一般会計の、歳出、歳入、および国債発行
（財務省2013年4月 日本の財政関係資料）

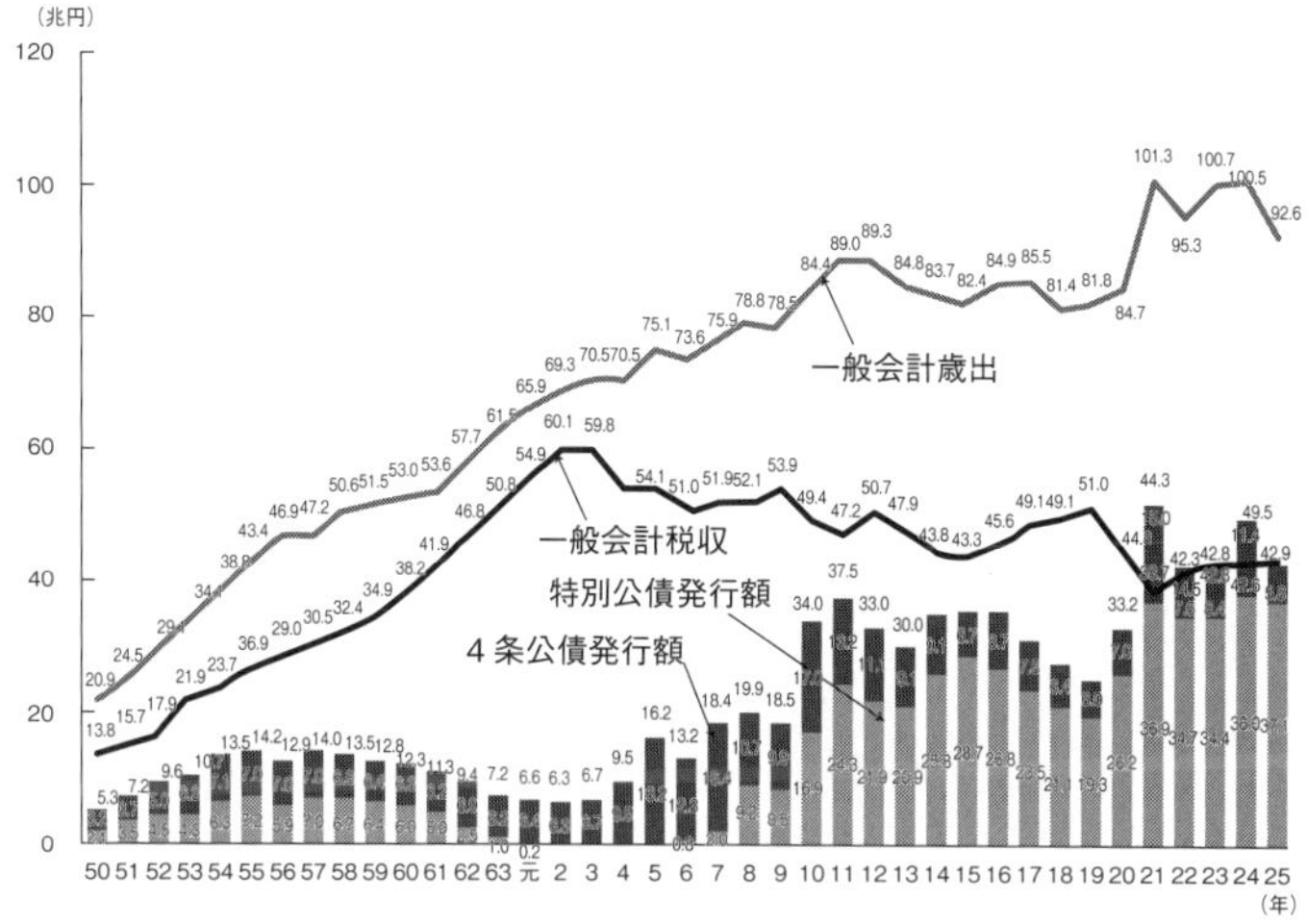

ってクリティックという意味での批判です。

ここでは毎年大量に発行されざるを得ない国債が何によってファイナンスされてきたかを調べます。

これを示すのが次の図1-7の「部門別の資金過不足」です。国民経済の部門を家計（5000万世帯）、民間非金融法人（260万社）、一般政府（国、地方、独法）と海外の4部門に分け、どの部門の資金余剰がどの部門の資金不足をファイナンスしたかを示します。

銀行が国債を1兆円増加買いするとき、裏付けとして家計や企業の預金と他からの負債勘定が合計で1兆円は増えなければなりません。

金融機関は、資金を仲介する機能です。世帯や企業が債券市場で直接に国債を買うことはまれです。しかし、預金を預かる金融機関が国債を買ってきたので、もともとの資金源泉から見ると世帯や企業の預金が政府の国債に使われたことになっているのです。これを示すのが次項で示す部門別の資金過不足です。

(5)大量の国債のファイナンスの構造

図1-7は1枚のグラフにすぎませんが、国債がどうファイナンスされるかを読むために肝心な情報を提供するものです。

国債がどうファイナンスされるかが、2010年代のわが国経済と企業経営、仕事、金融資産、そして生活におよぶ最大の問題です。このため今後のわが国経済の最大問題も示すと言っていいのです。

資金は余剰部門から不足部門に向かって、貸し付けられます。ある部門が余剰なら他の部門が不足になり、国と国の貿易の赤字・黒字と同じように全体ではプラスマイナスゼロです。

国債が市場で順調に売れるかどうかは、余剰部門の資金が金融機関の仲介で国債購入の増加になるかどうかで決まります。

【1980年から1998年までの18年間】

図1-7の1980年から1998年（わが国の金融危機：縦線部）まで、5000万世帯の家計の資金余剰（年間平均40兆円）が銀行預金、生命保険、年金基金の増加になっています。この平均40兆円で、

図1−7 【部門別の資金過不足の推移 1980～2012年
（日銀資金循環統計より）

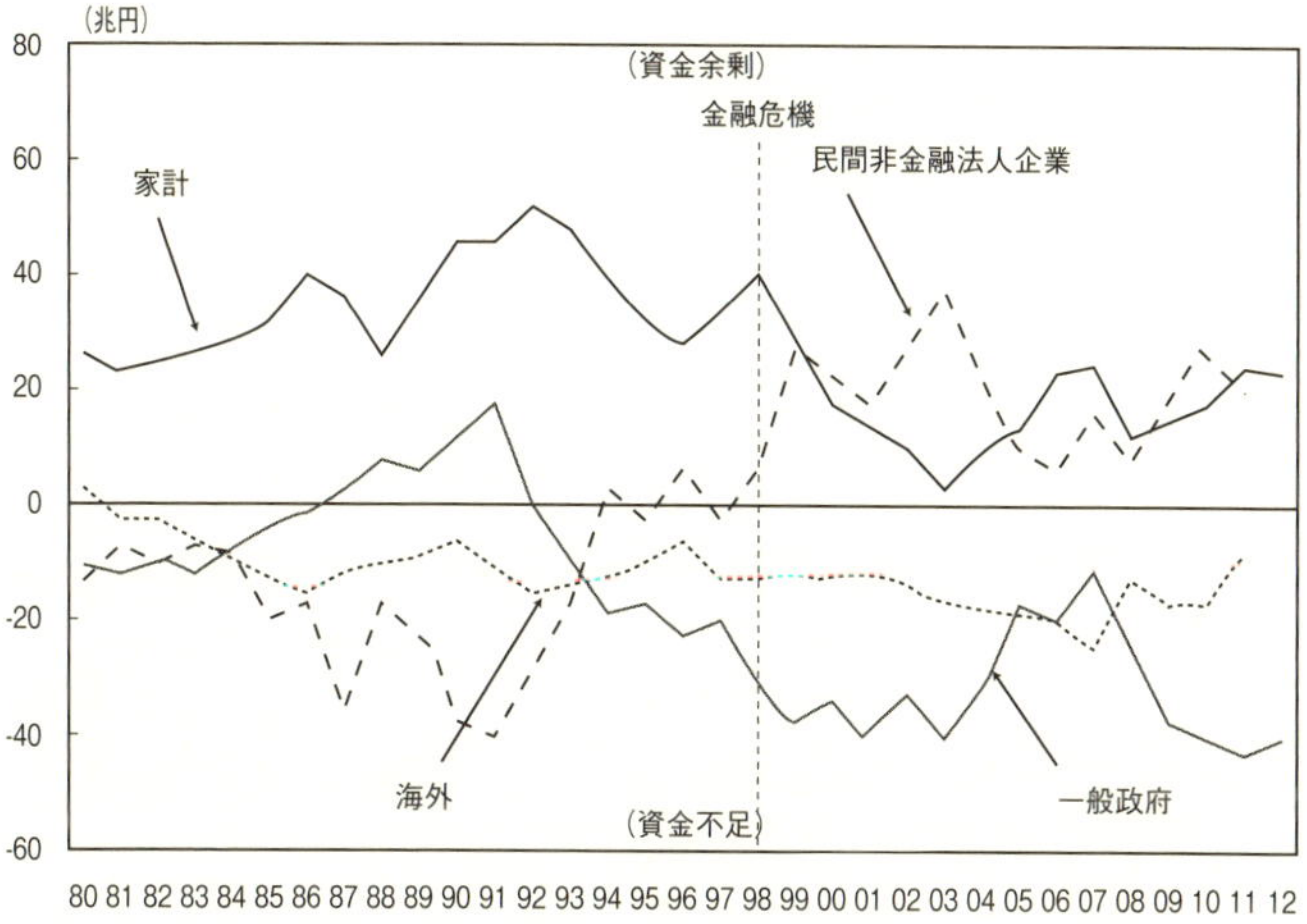

企業の投資資金（借入）、政府の財政赤字（国債発行）、海外投資がファイナンスされていました。

「日本は世帯の金融資産が多いから、それで国債が買われている」とマスコミで今も言われますが、実はこれは15年も前、1998年に終わっています。

1998年以降、世帯の所得が減ったことと高齢化のため、世帯貯蓄の増加額は図1-7に見るように半分以下に減って、1年に10~20兆円に過ぎません。

2010年代も、世帯の現金性の貯蓄増加が1年に20兆円を超えることはありません。人口の年齢構成という不可逆の要因があるからです。65歳以上の世帯は約200万円の年金では足りず、1年に60万円くらいの預金を取り崩して生活費に充てますので、今後、世帯の現金性預金が増えることはありません。

【1999年から2012年までの13年間】

この期間の特徴は世帯の貯蓄増が1年10兆円台へ

図1−8　世帯の金融資産の傾向(日銀資金循環表より 2013年3月まで)

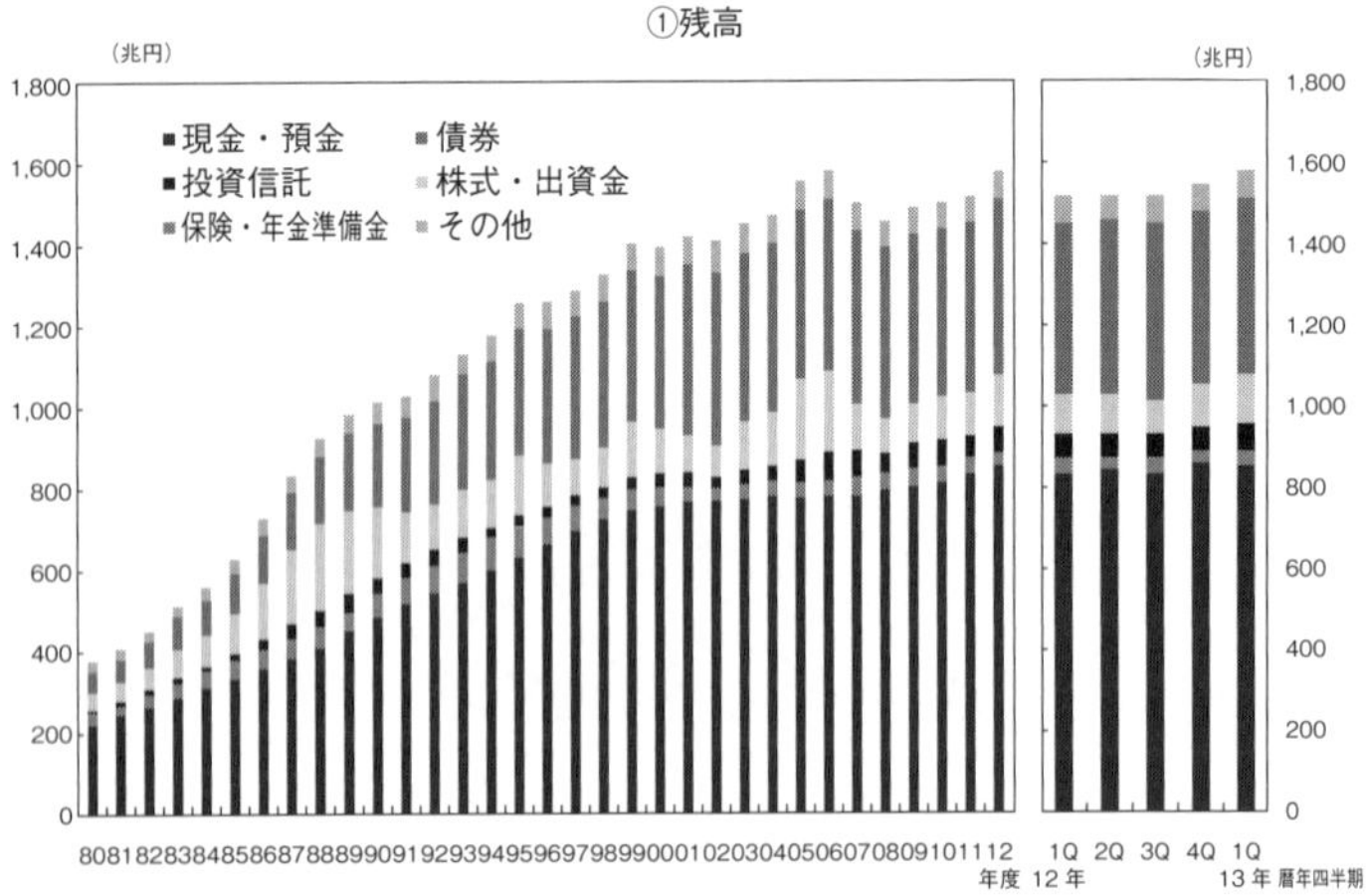

と、急激に減っていったことです。他方、1998年までは設備投資をして資金を家計部門から金融機関を通じて借りていた非金融の法人部門が、金融危機以降は設備投資を大きく減らし、過大だった借金を返済したので資金余剰部門に転じます。

そして家計よりも、資金の余剰(預金額の増加)が大きくなったのです。法人部門が資金余剰に変わったため、政府の年40兆円レベルの国債がファイナンスされ、同時に海外投資も1年に20兆円くらい増えてきたと言えます。

90年代は、団塊シニアの世代が40歳代、50歳代で働いている時代でした。このため世帯の貯蓄増加が1年に30兆円〜40兆円(1世帯平均で60〜80万円/年)あり、預金が郵便貯金と銀行に増えて、その預金が国債をファイナンスする資金源になっていたのです。ところが図1−7に見るように、世帯の貯蓄の00年以降の増加は平均すれば90年代の半分以下である20兆円/年レベルです。

【企業の預金の増加】

貯蓄を半分に減らした世帯の代わりを果たしたのが00年以降、バランス・シートの回復のため設備投資を抑えた企業の預金の増加です。非金融法人の増加預金が家計の貯蓄額の減少を補いました。つまり企業預金の増加によって、国債がファイナンスされる資金源（約40兆円／年）が生まれてきたのです。

企業は普通、資金を借りて、投資すべき部門です。この企業部門が98年の金融危機の後、国内の設備投資を設備が劣化した減価償却費の範囲以内に抑え、負債を減らしながら、預金を毎年20兆円平均で増やしてきたのです。民間260万社の預貯金は225兆円に増えました。これが銀行を通じ、政府の国債を増加買いする資金源になったのです。銀行は増えた預金を何かで運用せねばならないからです。

2000年代からの日本企業の設備投資は、もっぱら海外でした。このため海外部門は大きくなっていますが（直接投資90兆円：12年末）、これは国内のGDP計算には入りません。例えば日本の企業の中国での生産と輸出は日本ではなく、中国のGDP（国内総生産）です。

家計の金融資産（13年3月残高1571兆円）の1980年から2013年3月まで33年間の増加を示

しておきます（図1-8）。図1-7と併せて見てください。その傾向は前述したように、1998年以降は20兆円くらいしか増えなくなり、07年や08年は減少していることです。

国の経済では、企業が家計の豊富な貯蓄増を使って設備投資する時期が成長するときです。日本にとっては1998年の金融危機以降、土地バブル崩壊で必要になったバランス・シートの修復で、企業が借金を減らし、銀行は回収に入ります。企業部門は、新たに借りて投資する額より多く過去の借り入れを償還しました。企業部門の資金余剰分が銀行に貯まり、その資金余剰の行き先は国債でした。この資金循環の構造を15年続け、GDPは成長しなくなっています。

【2011年の資金移動】

近い時期を言えば、2011年では民間非金融法人が14・9兆円、世帯が22・2兆円の資金余剰でした。合計で37・1兆円です。他方で政府部門は41・9兆円、海外部門は9・6兆円の資金不足でした。合計で51・5兆円の不足です。

この11年のみでなく00年代には世帯の資金余剰は、政府部門の資金不足である1年に40兆円規模（これが国債発行）のほぼ半分しかまかなえなくなっています。これを企業部門の資金余剰（預金の増加）で補ってきたのです。

しかし2011年度は政府部門と海外の資金不足51・5兆円に対し、世帯と企業部門の余剰が14・4兆円不足します。どうなったのか？　日銀を含む金融部門がこの14・4兆円を拠出したのです。これによって国債がファイナンスされました。

【2012年の資金移動】

2012年は非金融法人（260万社）の資金余剰が20兆円（1社平均770万円）、世帯が26兆円（1世帯平均52万円）の資金余剰でした。合計は46兆円です。

他方、資金不足は政府部門の38・1兆円、海外部門の4・6兆円、合計で42・7兆円でした。非金融法人と世帯部門からは、政府と海外部門へ42・7兆円の資金移動が行われています。2012年は繰り越される資金余剰が3・3兆円で、これは金融機関に戻ったものです。

00年以降、非金融法人の資金余剰が国債の50％以上をファイナンスしている

非金融の法人（260万社）は、皆さんが勤める会社です。会社が利益での設備投資を抑え、貯蓄（預金）として増やした分が1年平均で20〜30兆円（1社平均770〜1150万円）はありました。これが、前述のように銀行預金の増加になりましたが、銀行は増加した企業預金のほとんどを国債の買いに振り向けています。

わが国の金融危機（1998年）のあと、企業は資産バブルの崩壊と売り上げ減少のために壊れたバランス・シート（資産と負債を示す貸借対照表）を回復しようとしました。このため企業は新たな借入金や増資を使う増加設備投資は行わず、既存設備や機械が老朽化する減価償却費以内での設備投資しか

していないのです（年間60～70兆円：1社平均2300～2700万円／年）。なお投資とは1年以上使うことができるものの購入です。土地、建物、設備、機械、ソフトウェア、什器などがそれです。

企業の営業キャッシュフローが銀行への預金の増加になった額（20～30兆円）に相当する分も、政府は国債を銀行や生命保険に売って使ってきました。

00年代に設備投資を抑えてきた結果、企業の現預金の残高は225兆円に増えています（5・8％増：2013年3月日銀資金循環表）。借入金は326兆円です。なお企業の海外直接投資は89兆円です。海外への設備投資は増やしても、国内投資は抑えてきたのです。

企業が設備投資を設備の劣化分（減価償却費）以内に抑え続けてきたことが、わが国がこの20年余の経済成長（GDPの増加率）が低い最大の原因です。GDPは民間企業の設備投資が減価償却費を上回るようでないと成長しないからです。今後、GDPの成長戦略をとるとき、もっとも肝心なことがこれです。

経産省が実施した生産用の機械・設備の調査では工場が使う機械のうち、導入後20年以上が29％、15年以上が41％、10年以上が57％と過半になっていると知り、驚愕します（図1-9）。わが国の工場や企業では新しい設備がなく、機械が古ぼけています。これはかつての英国や米国のような感じです。

企業が設備投資を抑えた1998年からの15年間で、新しい生産性の高い設備・機械があるのは中国や韓国になってしまったのです。設備を最新のものに更新し増やさないと、日本の生産力は落ちていきます。輸出での中国、韓国、台湾との競争負けも起こってしまいます。これこそが日本経済の将来のために、もっとも憂うべきことです。どうすればいいのか？

【ここまで来た日本経済を成長させる方法はまだ残っている】

企業が国内に設備投資を大きく増やすことを誘導する①投資減税、②法人税減税、③官の規制の撤廃を行うことです。企業は国内投資が海外に比べ、総合的に考えて有利になれば、国内に投資します。海外に行くのが好きだから、海外に投資しているのではない。国内投資が税法、電気代、設備経費、生産性の面で不利だからです。不利なままでは、いつまでたっても国内投資は増えません。政府ができることで国内投資を増やす方法はあります。

一例を言えば、国内の償却資産へ投資した金額の100％を当年度の経費として認める投資減税です。普通は建物なら30年もかかって順次（資産別の減価償却率で）、経費にしていきます。一括償却の税法に変えることで、企業は設備投資を大きく増やします。償却資産ではないとされる土地も、新規取得は50％を税法上、経費にできるようにします。

財務省は驚いて反対するでしょうが、財務省が反対するくらい果敢なことを実行しないと、日本のGDP成長と人的な生産性増加（年＋3％が必要）のための、設備投資（民間設備投資60兆円が80兆円に増えること）は起こりません。

図1−9　機械・設備のビンテージ(老朽度)(経産省調査 2013年5月)

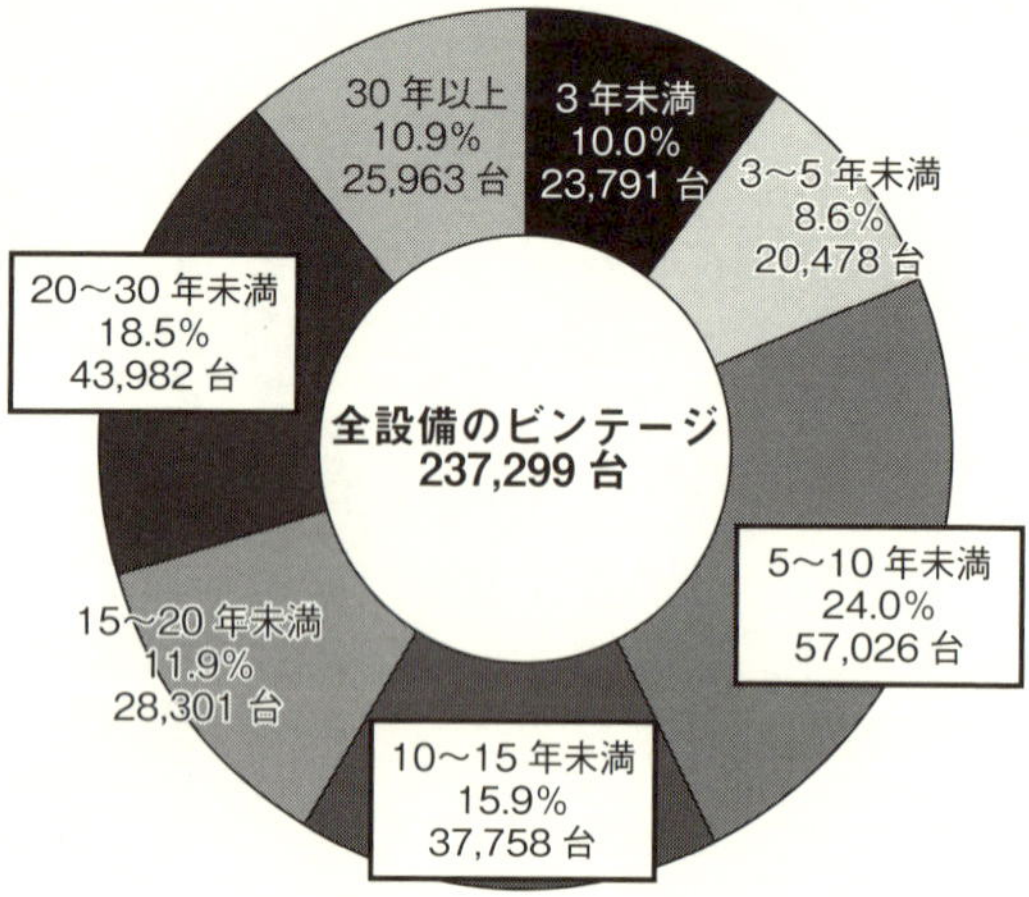

従来の常識を超えた果敢な税法改正で、260万社の企業のうち資金余剰が大きな30万社が、225兆円の余剰預金から数年で100兆円以上を使い、土地を大きく買うでしょう。地価も上がります。5分の1や10分の1に時価が下がった土地は、価格が上がる傾向でないと、購入は増えません。

個人も法人をつくって土地を買い建物を建て、古い住宅を建て替えます。投資する企業と不動産を買う個人は、法人税や所得税が事実上ゼロになります。これでいい。これだから投資が増えます。

財務省はあれやこれや言いながら結局は企業と個人への増税を図り、経済活動に北風を吹かすのではなく、暖かさを振りまく太陽になって企業と個人に外套を脱がせ、貯蓄を使うことが将来に向かって有利になる減税策をとらねばならないのです。

企業の設備投資と個人の住宅購入が増えないと、今後もＧＤＰの成長はありません。ＧＤＰの成長がなく（あっても低く一時的なら）、国債残の増加（年4％）がGDPの成長より高いことが続きます。
こうなると時期は別にしても、近々100％の確率で、国債は価格下落があるリスク資産と見なされるようになります。そして金融の異次元緩和の結果として高騰した金利とともに、政府財政は破産に向かいます。財務省も企業に対して、投資にからむ減税を「異次元」で実行する必要があると分かるはずです。

2014年度の税制改正のために経産省が投資分の減価償却費を一括計上できるようにする研究を始めたとの報道もあります（日経新聞：13年6月24日付）。これがいつものように財務省による修正で、換骨奪胎されないよう希望します。

企業の新しい設備投資がないと、実質GDPは（絶対に）成長には向かわない

企業が機械や設備が劣化する減価償却費以内に投資額を抑える国では、経済（GDP）は、絶対に成長しません。経済が成長しないと、個人所得（雇用者報酬245兆円：2011年）も増えることができません。個人の所得が増えねば、商品の購買（企業の売上）は増えません。

5000万人くらいが対象になる個人事業者以外の雇用者報酬は、2002年258兆円、03年252兆円、04年254兆円、06年255兆円、07年255兆円、08年254兆円、09年243兆円、10年253兆円、11年245兆円で、この10年、減少傾向です（内閣府：国民所得計算）。

国民経済の貯蓄を、1990年以降のように政府が国債で吸収してしまい、公共事業（医療費、介護

費、生活保障、そして年金）と公共投資（公共設備）に使ってもＧＤＰは成長しません。ここにわが国経済のもっとも基本的な課題があります。

わが国の高度成長期（１９７０年代まで）は世帯の貯蓄率が20％から30％と高く、それを企業が使っていたためＧＤＰの約30％が民間の設備投資額でした。この頃は２％くらいの物価上昇を引いた実質ＧＤＰの成長率は５～７％と高かったのです。

比較すれば、00年代の中国がＧＤＰ比40％以上の設備投資です。

わが国も経済と所得の成長期には、皆が20代、30代で若かった。そこまで時間を戻すことはできません。

企業の設備投資は経済成長のためには、年間70兆～80円以上に増えねばならないでしょう（２０１３年3月時点ではこれが61兆円です）。

国民経済における図1-7に示された純貯蓄の増加分（企業の＋20～30兆円：世帯の＋10～20兆円）を、政府が国債で使う経済が１９９０年以降23年間続いたのです。金利の面で言えば、国民の貯蓄を260万社の企業が使う競合がないため、政府の国債のファイナンスは２％や１％未満の低い金利で可能でした。しかしこれでは経済の成長、つまり人々の所得の増加がありません。

政府事業では国民経済の人的な生産性は高くなることができません。公共事業と公共投資は当年度の不足する需要を一時的に満たすものではあっても、働く人の生産性（1人当たり付加価値額）を上げ、ＧＤＰを成長させるものではないからです。

国民経済の純貯蓄を企業が設備投資に使うことがなかったため、政府は10年債で2％や1％未満の低い金利であっても国債が発行できたのです。

国債のファイナンスという面では、企業の設備投資の減少（つまり経済成長のなさ）と、余剰になった貯蓄が日銀のマネー緩和策で低い金利であったことは好都合でした。1％台や1％未満という低い金利だったため、普通国債（財投債を含まないとき普通国債と言う）を750兆円発行しても、利払いの額は10兆円以下と少なかった。このため政府は財政を拡張し、その赤字分の国債を発行して、債務の総残高をGDPの2・4倍（1121兆円：13年3月）に達するまで増やすことができたのです。

政府債務が名目GDPの何倍まで可能か、基準はありません。政府債務がGDPの等倍付近でも、ギリシャのように、金利が信用リスクの高まりで高騰し、長期国債が額面の30％にも下落する財政危機や破産はあります。GDPの2・4倍でも信用リスクはまだ高まらず、10年債の金利が1％以下なのに金融機関は国債を好んで買って保有を続ける、日本のような国もあります。

国債の信用リスクが高まるかどうかは、GDPに対する国債の残高からではありません。政府負債がGDPの1倍（458兆円）に達した1992年、宮沢喜一首相ははやくも財政破産の可能性を言っていました。可能性が低いから、あえて言っていたのか。政府負債がGDPの1・5倍を超え、2・4倍に達してもまだ金利は低く、国債価格は高く破産はないように見えます。

しかし永久にではない。限界は来ます。それはいつか？　結論と対策は急ぎますまい。関連する事項の予測を含めた検討が必要だからです。数値と論理で読者の方々と一緒に考えます。

数千億円や兆円単位という巨大な利益を狙う米国系の大手ヘッジファンドの中に、日本国債先物の大量売りや空売り、プット・オプション（契約価格で限月までに売る権利を買う）を仕掛けることを目論んでいるところが出てきたことは知っています。

ヘッジファンドに国債の先物売り、売りオプション、あるいは空売りによる巨大利益の材料を与えることは本書の目的ではない。国民の過半の人に悲惨な生活を強いて、世帯の金融資産を半分に減らす政府財政の破産を防ぐことが本書の目的です。

国債や株の相場が下がったときに利益が出る先物売りは3月、6月、9月、12月という3ヶ月後の限月（契約日）までに相場が下がれば、その下げの分が利益になります。売りオプションや空売りもおなじです。もし英米系ヘッジファンドが日本国債の先物売り・売りオプション・空売りを仕掛けて、実際に相場が下がり、100兆円の利益が出たと仮定すると、100兆円の利益に見合う損失は売りの相手になった日本の金融機関がこうむります。〔Aさんの先物売りでの利益＝Bさんの損失〕です。1990年からの日本の株価のバブル崩壊（株価の下落は頂点からはマイナス300兆円）のとき、米国系投資銀行とヘッジファンドが仕掛け、巨大利益をあげたこととおなじです。株の下落で損をしたのは日本人でした。

第2章

わが国の資金循環、つまりお金の流れの全容

(1)2013年3月までのわが国資金循環

図2-1は日銀が集計している最新の資金循環表です。これで元は家計や企業のものであるマネーが金融機関の仲介によってどこにどれだけ流れ、金額の限界がどれくらいか、分かります。全体を総覧できる貴重なデータが世間であまり検討されていないのは残念ですが、本書では政府負債のファイナンスという観点から見ていきます。

（注）この資金循環表はもっとも正確な総額計算と思われます。ただし他のデータとは若干の数値が違うところもあります。重要なのは10兆円以上の数値です。兆円の1桁は許容誤差です。

【全金融資産は3352兆円　世帯は1571兆円】

①5000万世帯の家計（事業を行っている自営業を含む）の金融資産1571兆円、
②260万の民間非金融法人の金融資産842兆円、
③政府部門（国、地方、年金基金等）の503兆円です。
④それと海外投資家（ヘッジファンド、投資銀行、機関投資家が主）が日本に投資した金融資産436兆円です。

図2−1 資金循環表(日銀統計局13年6月19日 2013年3月末時点)

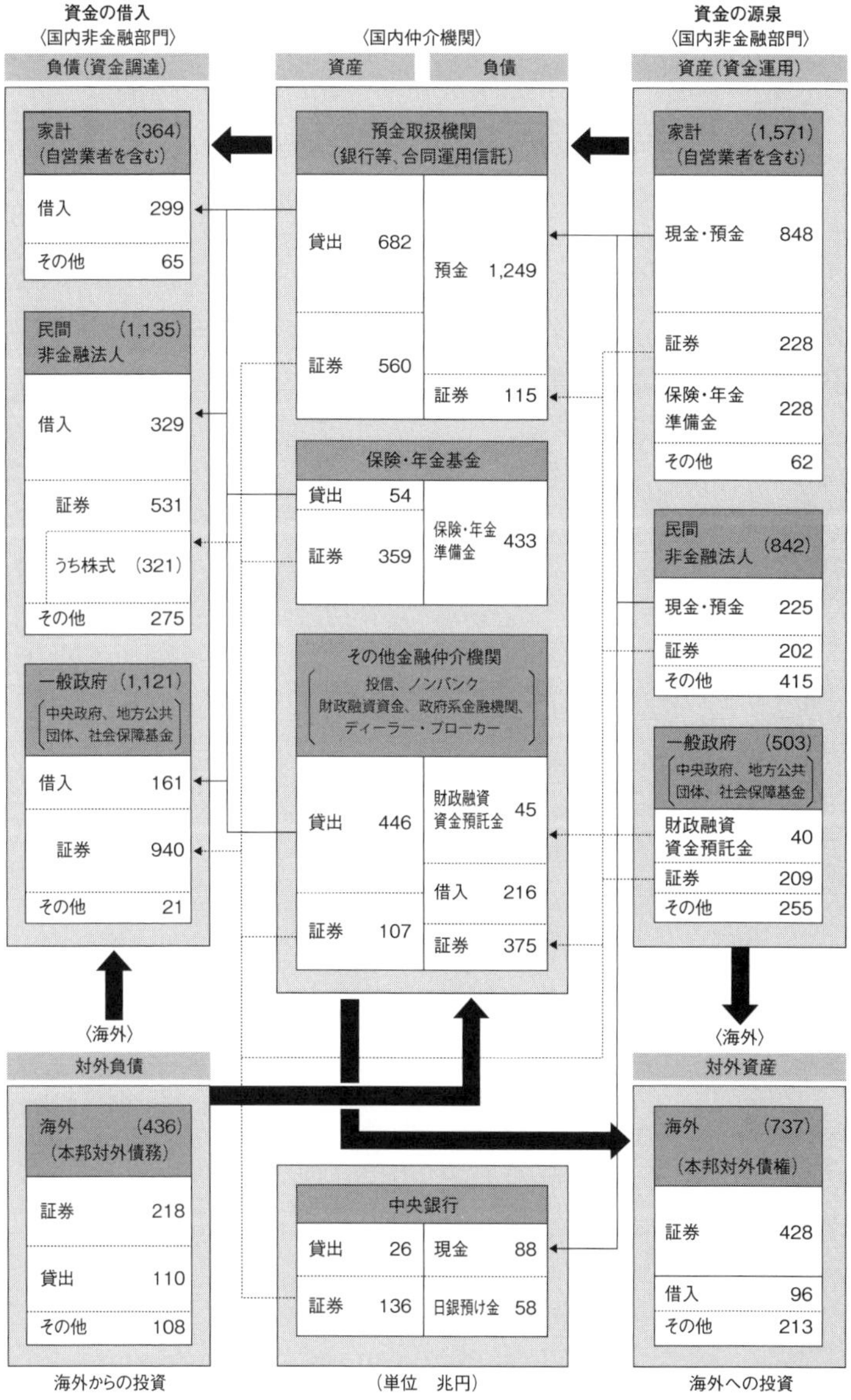
資金の借入
〈国内非金融部門〉
負債(資金調達)
家計 (364)
(自営業者を含む)
借入 299
その他 65
民間 (1,135)
非金融法人
借入 329
証券 531
うち株式 (321)
その他 275
一般政府 (1,121)
中央政府、地方公共団体、社会保障基金
借入 161
証券 940
その他 21
〈国内仲介機関〉
資産
負債
預金取扱機関
(銀行等、合同運用信託)
貸出 682
証券 560
預金 1,249
証券 115
保険・年金基金
貸出 54
証券 359
保険・年金準備金 433
その他金融仲介機関
投信、ノンバンク
財政融資資金、政府系金融機関、
ディーラー・ブローカー
貸出 446
証券 107
財政融資資金預託金 45
借入 216
証券 375
資金の源泉
〈国内非金融部門〉
資産(資金運用)
家計 (1,571)
(自営業者を含む)
現金・預金 848
証券 228
保険・年金準備金 228
その他 62
民間
非金融法人 (842)
現金・預金 225
証券 202
その他 415
一般政府 (503)
中央政府、地方公共団体、社会保障基金
財政融資資金預託金 40
証券 209
その他 255
〈海外〉
対外負債
海外 (436)
(本邦対外債務)
証券 218
貸出 110
その他 108
海外からの投資
中央銀行
貸出 26
証券 136
現金 88
日銀預け金 58
(単位 兆円)
〈海外〉
対外資産
海外 (737)
(本邦対外債権)
証券 428
借入 96
その他 213
海外への投資

【全金融資産は3352兆円　世帯は1571兆円】

これら4者（家計、企業、政府、海外）の金融資産額合計の3352兆円が、全部の資金の元です。家計、企業、政府は国民経済の部門です。この3部門の金融資産が金融機関の仲介を経て政府、企業、家計に貸し出しや証券として貸し付けられて、そのマネーで商品・サービス・資産が売買される経済活動が行われています。

5000万世帯は1571兆円を持ち、住宅ローンや他の買い物のローンが364兆円です。ローン負債を引いた純金融資産は〔1571－364＝〕1207兆円です。平均では2400万円の純金融資産（預金、証券、年金・保険など）です。米国ほどではなくても、金融資産の格差は所得よりもはるかに大きくなっています。

参考のために上位から示すと、①純金融資産5億円以上が6・1万世帯（構成比0・12％）、②1億～5億円が84・2万世帯（1・7％）、③5000万～1億円が271万世帯（5・4％）、④3000万～5000万円が659万世帯（13％）、⑤3000万円未満が3940万世帯（79％）です。3000万円で、20：80にわかれます（07年：野村総研）。集計された家計の金融資産総額での平均3000万円は、人々の実感より多いはずです。生命保険と年金基金が入っていることと、法人ではない個人事業600万人（開業医、弁護士、会計士、他の個人事業）が入っているためです。

【民間非金融法人の債務1135兆円、金融資産842兆円】

260万社の民間非金融法人（平均社員数30名）は負債が1135兆円（企業平均で6・9億円）、金融資産842兆円（同5・3億円）、純負債は293兆円（同1・8億円）です。1社の単純平均では常用社員数19名、負債が4・4億円、金融資産3・2億円、預金を引いた純負債1・1億円がわが国企業の平均イメージです。

法人数260万社は中小企業庁の集計（06年）。常用雇用（4270万人）のうち66％（2830万人）の人が中小企業で、大企業の雇用は34％（1450万人）です。中小企業は常用雇用数300人以下（卸、サービスは100人以下、小売、飲食は50人以下）、または資本金で3億円以下（卸は1億円以下、小売、飲食、サービスは5000万円以下）を言います。この範囲を超えると大企業と呼ばれます。

約20年間、設備投資を抑えてきたため、1社平均の純負債は1・1億円と少なくなっています。財務状況は、借金と設備投資を減らしたことで改善しました。しかしこれでは日本経済は成長できません。GDPを維持しているだけです。国の実質GDPの成長とは、その国の商品とサービスの生産数量の増加です。増加のためには企業設備の増加が必要です。政府部門が借り、企業部門が借りなかったのが1990年以降です。この23年間の世帯の増加金融資産は政府部門が借りたのです。

【政府部門債務1121兆円　管理する金融資産503兆円】

政府部門は債務1121兆円（うち国債は約950兆円）です。形式的には503兆円の金融資産を持つとされています。ただし政府部門の金融資産は、例えば年金基金や社会保障基金のように政府が管理はしていますが、政府の所有と言えないものが多いのです。本当はこれらは社会保険を払っている世帯が所有権を持つものです。

その基金は世帯が払ってきた保険料の積み立て金です。給料から年金保険を払っても国家への拠出ではありません。政府は預かって運用し管理しているだけです。管理と所有権は区分すべきものです。政府の純負債を論理的に誤った政府系学者のように〔負債1121兆円－資産503兆円＝〕618兆円と見る立場を筆者はとりません。政府の純負債は実は618兆円と少なく、GDPの1・3倍だから、日本に次いでGDP比の国債が多いイタリア（GDP比1・3倍）と比較しても、その額に問題がないと主張する人もいるのです。

【対外資産737兆円　対外債務436兆円】

日本は対外純債務の米国とは逆にドイツ、スイス、中国のように、海外（主は米国）に純資産を所有しています。対外資産が737兆円です。これは昨年の円安（ドル高）という要因で、円換算では80兆円も膨らみました。

対外資産の所有は民間企業の直接投資、金融機関のドル債、そして日銀と政府のドル債です。他方、対外負債は海外（ヘッジファンド、投資銀行、機関投資家等）から日本へ投資されたもので、これが436兆円です。対外純資産は、〔737－436＝〕301兆円（中国を超えて世界最大）あります。対外純資産の点では日本は、世界一豊かでしょう（成熟した債権国の段階）。問題はここ20年の、経済成長の低さです。

純資産と純負債のまとめ

以上の全体を純資産、純負債でまとめれば、以下になります。後で述べることとあわせた理解のため、イメージをつかんでください。

①家計

家計は1207兆円の純金融資産を保有している。ただしこの純金融資産は、2000年代から65歳で退職した世帯が多くなり、1年に10兆円程度しか増えなくなっている。

②企業

企業部門は純負債が293兆円である。00年代は企業部門が利益を使う設備投資を抑えたことが、企業の純金融資産の増加（1年に20兆～30兆円レベル）を生んだ。これが預金増となって、金融機関が国債を増加買いする新規の資金（20兆～30兆円）になってきた。

00年代は90年代には1年に30兆円以上はあった世帯の預金増が減ったが、代わりに設備投資を減らした企業部門にその分の資金余剰が生まれた。このことが国債が順調にさばけて、金利が高騰しなかった理由である。その代わり、企業は国内での設備投資を抑えている。このため日本のGDPは増加しなくなっている。

③政府

政府部門は負債が1121兆円に増えた。家計の純金融資産が1207兆円だから、すでに政府部門は家計の純金融資産全部を借りて、ほぼ使い切った勘定になる。

ただし政府が管理している、多くは世帯に帰属させるべき預託金、証券、社会保障基金等が５０３兆円ある。この分で政府の増加負債がまかなわれている。

政府負債のなかで国債は約９５０兆円である。政府は世帯と企業の資金余剰を吸収し、財政赤字を拡大させてきた。政府部門の負債は今後も1年に40兆円くらい増える。

新規の国債40兆円がどうファイナンスされるのか。ここに日本経済の将来がかかっている。なおインフレ目標で言う２％のインフレ（達成は２０１５年）になって、市場の期待金利が上がると、借り換え債１１５兆円（２０１３年度）を含んで、毎年発行する１６０兆～１７０兆円分の国債の支払い金利が上昇していく。

④海外

日本の政府、金融機関、企業、世帯は、海外に〔対外資産７３７兆円－対外負債４３６兆円＝３０１兆円の対外純資産を持っている（12年12月時点）。


参考のために挙げておけば、他の国では、①中国・香港が２１３兆円の純資産、②ドイツ１２１兆円、③スイス84兆円、④ロシア10兆円の対外純資産です。純負債は、①米国３８２兆円、②英国74兆円、③イタリア43兆円、④フランス32兆円、⑤カナダ25兆円です。いずれも２０１２年末の為替レートでの計算です（財務省、ＩＭＦ：主要国の対外純資産）。日本（３０１兆円）と中国・香港（２１３兆円）が対外純資産の２大巨頭です。

他方、純債務の巨頭は相変わらず米国（３８２兆円）です。

日本の対外資産の内容は、2012年末の財務省データしかありません。①証券投資305兆円、②政府の外貨準備109兆円、③工場等の直接投資89兆円、④その他投資157兆円です。

この対外資産の相手国別を財務省は明らかにしませんが、推計では対外資産737兆円（13年3月末）の約60％の440兆円はドル建ての証券でしょう。多いのは米国債で金額は330兆円（3・3兆ドル）と推計します。日本の官民が持つドル国債は米国FRBに預託された保護預かり（custody）の勘定で、日本にはありません。

【米国政府との見えない約束】

日本が持つドル国債は売却して利用できる資産であるかどうか。ここにわが国対外資産の問題があります。日米の政府間でドル基軸通貨体制を守るため「米国政府の承諾がないと売らない」という約束があるとしか思えないからです。対外純資産は政府や民間が目立って大きくそれを売って利用することができません。

確かに日本の対外純資産として、日米の帳簿には存在しています。しかし、日本のために利用ができない。日銀が無理をして円を刷らずとも、3兆ドル（300兆円）以上も眠ったままになっているドル国債を売って、日本にマネーを増加供給すればいいと思うのですが、わが国の政府にはこの選択肢が事実上ないのでしょう。

敗戦後ずっと日本は米国の軍事面だけではなく、金融でも被支配国です。「語られざる歴史」で、米国の外交交渉を含む公文書は50年経つと公開されるものがあります。現在、次第に明らかになっています。わが国の「使えない資金3兆ドル」として今後も重要なので付記しておきます。

(2)2012年11月からの政府のドル買い・円売り

推計30兆円の米国財政支援のドル債買いと、円安のための円売り

安倍政権は中国が買わなくなった米国の新発債を3000億ドル（30兆円）くらい買い（日銀が刷った円をその分売って）、2012年11月以降の、「円安・ドル高」の流れをつくっていると推測します。

米国の新発債の発行は、毎年1兆ドル（100兆円）と、金額で日本の2倍です。昨年秋から、米国債の残高が16・4兆ドル（1640兆円）の法定限度を超えるという「財政の崖」の問題が起こりました。米国が新発債（1兆ドル）の市場での売却に難渋していたのが、2012年9月ころからでした。

従来、5000億ドル分は米国内でファイナンスしますが、残り半分の5000億ドルは海外からのファイナンスに依存しています。買ってきたのは経常収支が黒字を続けていた中国、日本、中東です。00年代中期まで買ってきた欧州は2010年以降、南欧の国債危機で域内の金融機関が大変で、むしろドル債を売らねばならない状況です。

米国債を買う点で最大プレーヤーになった中国の貿易黒字は、08年9月のリーマンショック後の米

国と欧州への輸出の急減により、２００９年から半減しています。米国と欧州に大きな景気後退が起こり、商品需要が減ったからです。

ＩＭＦのデータで中国の経常収支の黒字を見ると、〔07年３５００億ドル↓08年４２００億ドル↓09年２４００億ドル↓10年２４００億ドル↓11年２１００億ドル↓13年予想２４００億ドル〕です（IMF：World Economic Outlook Databases ２０１３年４月版）。

２００８年を頂点に、中国の経常収支の黒字が半減しています。これは日本を追い抜き、米国債の最大の買い手になっていた中国が米国債を増やすような買いができなくなったことを示します。その結果、中国・香港によるドル国債の買いは急減し、売り越す月も出てきました。

【米国債買い30兆円】

米国債の購入構造に空いた中国の穴を埋めたのが、アベノミクスの一環としての「円安誘導」を目的にした日銀と日本政府によるドル国債買い（推計30兆円）でしょう。米国はドル国債の売りで、日本は円安で、両国の利害が一致したのです。

日銀がドル債を買うことは、円国債を買うこととまったくおなじ、円の増発です。政府からの依頼を受けた日銀が大きくドル買いを実行すると、「円安・ドル高」に向かいます。２０１２年11月からの一本調子での円安・ドル高は、こうした日銀のドル国債買いがないと不可能です。

普通の通貨相場の変動なら、円やドル価格は半年もの長期間、一本調子の動きにはならず、上下に大きく波動しながら動くからです。

政府も日銀もこのドル国債買いは、けっして言いません。データをつきあわせて、「あのときは日銀のドル債買い・円売りだった」と推理するしかないのです。

２０１２年11月からの安倍政権のドル債買いを証拠立てできるのは、２０１２年末の「本邦対外資産負債残高」（財務省）です。この財務省のデータを見ると、円安要因での対外資産の増加分（49兆円）を除いて、取引要因で対外資産31兆円が増加（純増）しています。国債や社債は満期償還がある（年間推計40兆円）ので、官民の買いが70兆円レベルでないと、31兆円の純増にはならない。70兆円の買いのなかに、政府・日銀による「30兆円のドル債買い・円売り」の為替介入が入っていると見ています。なお政府は外為相場に介入したとは絶対に言いません。為替操作国とされることは、国際的に大きな非難を招くからです。

（財務省本邦対外資産→http://www.mof.go.jp/international_policy/reference/iip/2012_g2.pdf）

１円の円安に必要な「ドル買い・円売り」は１・５兆円

過去の日本政府の介入（２０１１年10月末の円安誘導のための８・５兆円：野田政権）もそうでしたが、政府が約１・５兆円を使い「ドル買い・円売り」に介入・誘導すれば、民間（ヘッジファンドや金融機関）のドル買い・円売りが追随しますから、約1円の円安に向かいます。

10円の円安（1ドル＝90円）なら、政府・日銀によるドル買いの呼び水になる必要資金は15兆円です。20円の円安（1ドル＝１００円）に向かわせるなら、外為市場で30兆円のドル国債の買い（円は30兆円の売り超）が必要と概算できます。

わが国の財務省がドル債を買うときは、日銀に対し「国庫短期証券（ＴＢ）：満期期間60日」を差し出して買わせ、調達した円でドル債を買うという方法をとります。２０１３年５月10日の国庫短期証券の残高はドル債買いだけが目的ではありませんが、１１５兆円とこれも巨大です。

昨年11月から13年５月23日（株価１１４０円安）までの円安・ドル高は20円くらいでした。30兆円のドル買い・円売りの超過があり、主導者はアベノミクスで必要な円安を推進した政府と日銀でした。日米の政府の必要が「円安を目的にした30兆円のドル国債買い」で一致したからです。

２０１２年秋までの円高（１ドル＝78〜80円）が、あれよあれよと85円、90円、95円、１００円の円安に向かったのは、日本政府と実行代理人（ダミー）も含む円売り・ドル買い誘導からです。突然で一方向の、しかも長期の動きは政府が巨額資金で介入し、相場を誘導しない限り起こり得ないものです。なお介入の売買の際、違法に証券会社等をダミーに使うのは常識でもあります（インサイダーで違法）。国策を推進する理由でも、違法も適法です。

昨年比で20〜25％の円安が２０１３会計年度（14年３月期）まで続くと、輸出企業の利益が50〜80％増になることから、ＰＥＲつまり株価時価総額〔＝次期税引き後純利益予想×ＰＥＲ（15〜20倍）〕を元にした予想で海外からは価格が安かった日本株買いの超過（６ヶ月で10兆円）が起こって、株価は上昇したのです。

（注）以上は、国際収支等の各種データからの数値的・論理的な推計からきています。

円安がアベノミクスの第1弾だった

【1・5兆円の介入に対し、1円動く外為相場】

先進国間（G8）では政府が為替相場に介入し自国通貨を安くして、輸出を有利にする金融策を「為替操作」として禁じています。このため安倍次期政権も2012年11月から円安を図るとは言えませんでした。しかし円はするすると下がり、ドルは上がりました。政府・日銀が次期政権の「言われざる円安策、つまり30兆円のドル債買い・円売り」を月間10兆円くらいの規模で実行したからです。

1・5兆円の政府・日銀によるドル買い・円売りで、1円分くらい為替が円安に誘導されます。

財務省は野田内閣のとき、2011年10月31日に7兆円の大きなドル買い・円売り介入を実行しています。2011年10月中旬の1ドル75円という史上もっとも高い円高のため、輸出する企業は悲鳴をあげていたからです。7兆円の大規模介入で5時間後に円は4円（5％）下落し、1ドルが79円になりました。その後1ドル75円は二度となかった。高くても1ドル78円でした。平均は1ドル80円です。

以上の経験から、「1円の円安には1・5兆円のドル買い・円売り介入」と財務省は知っているはずです。われわれもこれを記憶しておくと、円・ドル相場の動きから資金の動きを推量できます。

【上場企業と円安の利益】

東証一部上場企業（1722社：時価総額374兆円：13年6月24日）の中には、売上の50％以上が輸出である大手製造業が多くあります。上場企業全体は3408社で総売上は約680兆円です。この下に富士山の裾野のように膨大な中小企業群である部品産業や下請けがあります。わが国260万の法人企業の総売上は1500兆円くらいです。上場企業が45％を占めています。売上シェアでは、上場企業は大きい。ほぼ経済の半分を占めているのが、上場企業と見ていいでしょう。

1ドルが80円のとき（2012年）の輸出売上が5000億円（62・5億ドル）だったと仮定します。1ドルが95円付近の円安・ドル高になると、輸出額はどうなるか。ドル価格では62・5億ドルで同じです。円に換えると5937億円へと、937億円（19％）も増えます。国内への支払いは円ですから、おなじです。円の賃金も円安だからという理由では上がらない。つまり国内経費は売上5000億円のときとおなじです。売上だけが5937億円に増えて、赤字から一転し、利益が急増に向かいます。利益が増えると、経済が一挙に明るくなります。

円安で（円の価値が下がったため）そうなるのですが、円の価値下落はドルに対してです。国内では円の価値はまだ下がっていない。輸入物価は上がっても、国内の物価はまだ上がっていないのです。輸出企業は2012年11月からの「ドル高・円安転換」によって巨大利益を得ています。

【全体では】

わが国の輸出額は２０１２年の円安の前、12年9月期には68兆円に減っていました。輸入額は78兆円で、貿易赤字は10兆円と大きなものでした。

20％の円安になると、

・輸出が68兆円×１・２倍で82兆円に増え、
・輸入も78兆円×１・２倍で93兆円に増えるでしょう。

輸出の商品数量が増えないと、必需の資源やエネルギーでの輸入超過があるため、貿易赤字は11兆円と大きくなります。

しかし輸出企業にとっては、58兆円だった輸出売上が20％増の82兆円になります。これによって２０１４年３月期の上場企業の税引き後純益は16・7兆円へと、２０１３年３月期（10・7兆円）から55％も増えます（日経新聞社による13年6月18日の集計：３月期決算の１５００社）。

株価はこの次期純益とどういう関係にあるのでしょうか？

将来予想純益の倍率で決まる株価

現代ファイナンス理論では市場で売買される株券を債券とおなじように見て、「株の理論価格は、企業の予想純益を期待金利とリスク率で割り引いて、現在価値に換算したものである」とします。なるほど、この理論価格論は納得できるものです。ただし実際の株価は理論価格を中心にしても、

GDPの成長や失業率と企業の期待純益の変化、期待インフレや期待金利の変化、リスク率の変化等の「さまざまな情報を解釈した結果の、人々の売買」によって決定されます。それでも株価の理論価格（会社価値とも言う）は、以下のように計算できるのです。

理論株価（時価総額）＝｛（次期予想純益）÷（1＋期待金利率）
＋（二期目予想純益）÷（1＋期待金利率）の二乗
＋（三期目予想純益）÷（1＋期待金利率）の三乗｝……

二期目以降の企業の予想純益は予想しにくいものです。予想してもはずれることが多い。このため二期目以降の純益は次期予想純益とほぼおなじとし、利益予想のリスクプレミアムを増やして対処します。そうすると、理論株価の計算式は以下のようになります。

理論株価（時価総額）＝｛（次期予想純益）÷（1＋期待金利率＋リスクプレミアム）
＋（次期予想純益）÷（1＋期待金利率＋リスクプレミアム）の二乗
＋（次期予想純益）÷（1＋期待金利率＋リスクプレミアム）の三乗｝……

この式の中は、無限等比級数ですから、以下のように計算できます。

｛（次期予想純益）÷（1＋期待金利率＋リスクプレミアム）＋（次期予想純益）

÷（1＋期待金利率＋リスクプレミアム）の二乗＋（次期予想純益）÷（1＋期待金利率＋リスクプレミアム）の三乗｝……＝次期予想純益÷（期待金利率＋リスクプレミアム）

この式のなかの（期待金利率＋リスクプレミアム）は、ＰＥＲ（株価／収益率）の逆数である株式益回りです。ＰＥＲが15倍のとき、株式益回りは１÷ＰＥＲ15倍＝６・７％です。ＰＥＲ20倍とバブル価格なら、株式益回りは１÷ＰＥＲ20倍＝５％です。このＰＥＲ15倍は２０１３年の世界の株価水準から、妥当な株価収益率として判断したものです。

ＰＥＲ15倍という数値を２０１３年の経済での理論値の基準と見る理由は、フィナンシャル・タイムズ紙に出る世界66ヶ国のＰ／Ｅレシオ（日本ではＰＥＲ）の中位値からです。２０１３年6月10日には米国18倍、日本16倍、中国7倍、台湾18倍、香港13倍、ドイツ13倍、英国14倍、スイス19倍、フランス17倍、イタリア16倍、スペイン16倍、ポルトガル17倍、インド14倍、インドネシア18倍、タイ16倍、マレーシア16倍、フィリピン20倍、ロシア6倍、ブラジル15倍です。

15倍を超えたところは、ＰＥＲ15倍（株式益回りでは6・7％）に収斂《しゅうれん》する傾向が見えます。ヘッジファンドも、それぞれの国の事情を勘案しつつ、ＰＥＲ15倍を基準に価格の歪みを判断しているようです。

以上で次期予想純益というたった1つのデータだけから、理論株価を計算する簡単な式が導かれました。

企業価値＝時価総額＝その企業の次期予想純益÷株式益回り6・7％＝予想純益×PER15倍

発行済株数で割れば、株価です。

株価＝1株当たり次期予想純益÷株式益回り6・7％＝1株当たり×PER15倍

年間平均で昨年比20％の円安（1ドル＝95円付近）で、1株当たり次期予想純益（14年3月期）が55％上がると、妥当なPER15倍での理論株価はどうなるか？

株価＝1株当たり次期予想純益（＋55％）÷株式益回り6・7％

＝1株当たり次期予想純益（＋55％）×PER15倍＝55％上昇

昨年の値上がり前のもっとも低い日経平均は8000円くらいでした。この日経平均は1ドル95円平均で、2014年3月期まで推移したとき、いくらが妥当な理論値になるのでしょうか？

8000円×（1＋55％）＝1万2400円

つまり1万2400円くらいが妥当な中央値であり、この周辺を波動するでしょう。

実際の日経平均（東証一部大手225社の単純平均株価）は、2013年5月23日の暴落前のピークでは1万6000円に迫っていました。予想PERで言えば19・4倍（株式益回り5・2％）と高すぎます。

これが15倍に戻れば1万2400円です。13年6月25日の前場の株価は日経平均で1万3147円です。妥当と思える理論値1万2400円より、約700円（5・6％）高い。しかしこれは日次変動の範囲の株価でしょう。

本項の最後に言えば、アベノミクスの30兆円規模のドル買い・円売り介入によって20％（15円）の円安になったのです。この円安で上場企業の次期予想純益（税引き後：14年3月期）が55％高くなっています。予想純益が55％増えたから、理論株価も日経平均で1万2400円と、安値だった8000円に対し55％上がった。これが異次元緩和への期待による株価でした。安倍政権は政権の奪回前から狙っていた「スタートダッシュ」に成功したのです。ただしこれは、輸出企業の円換算の収益が増えただけです。日本はすでに輸入のほうが多い。このため国全体では円安による支払いの増加のほうが大きいのです。

第3章

国債は、誰が、どう買ってきたのか？

国債は、どんな主体が何の目的で買って保有しているのか。これが今後の国債の売買・価格・金利がどう向かうかを想定するとき、重要なことです。

国債の将来は株価の10倍以上の重みで、日本経済を左右するものでもあります。ところが一般には国債市場はほとんど知られていません。われわれが知らねばならない肝心なことに思えますから、基礎的なことから述べます。

(1)国債の保有グループ別主体の国債保有の傾向とファイナンスの資金源

950兆円の国債は、図3-1に示す金融機関グループに持たれています。これからの金利と国債価格を考えるとき、①どんな性格の投資主体が、②何の目的で、③残存期間（時間リスク）がどれくらいのものを持ち、④売買しているかを前提として見ておくことが必要です。

第2章で資金循環表を見て検討しましたが、この章では資金循環表の中の金融機関がどう国債を買ってきたのか、今後はどうなるのかの検討を行います。以下は、現在までの状況です。

（注）保有されている国債の額は変化する金利で評価額が変わりますから、統計によって若干の金額の差が出ます。

図3−1 国債の保有主体（2012年末 日銀 資金循環表2013年4月）

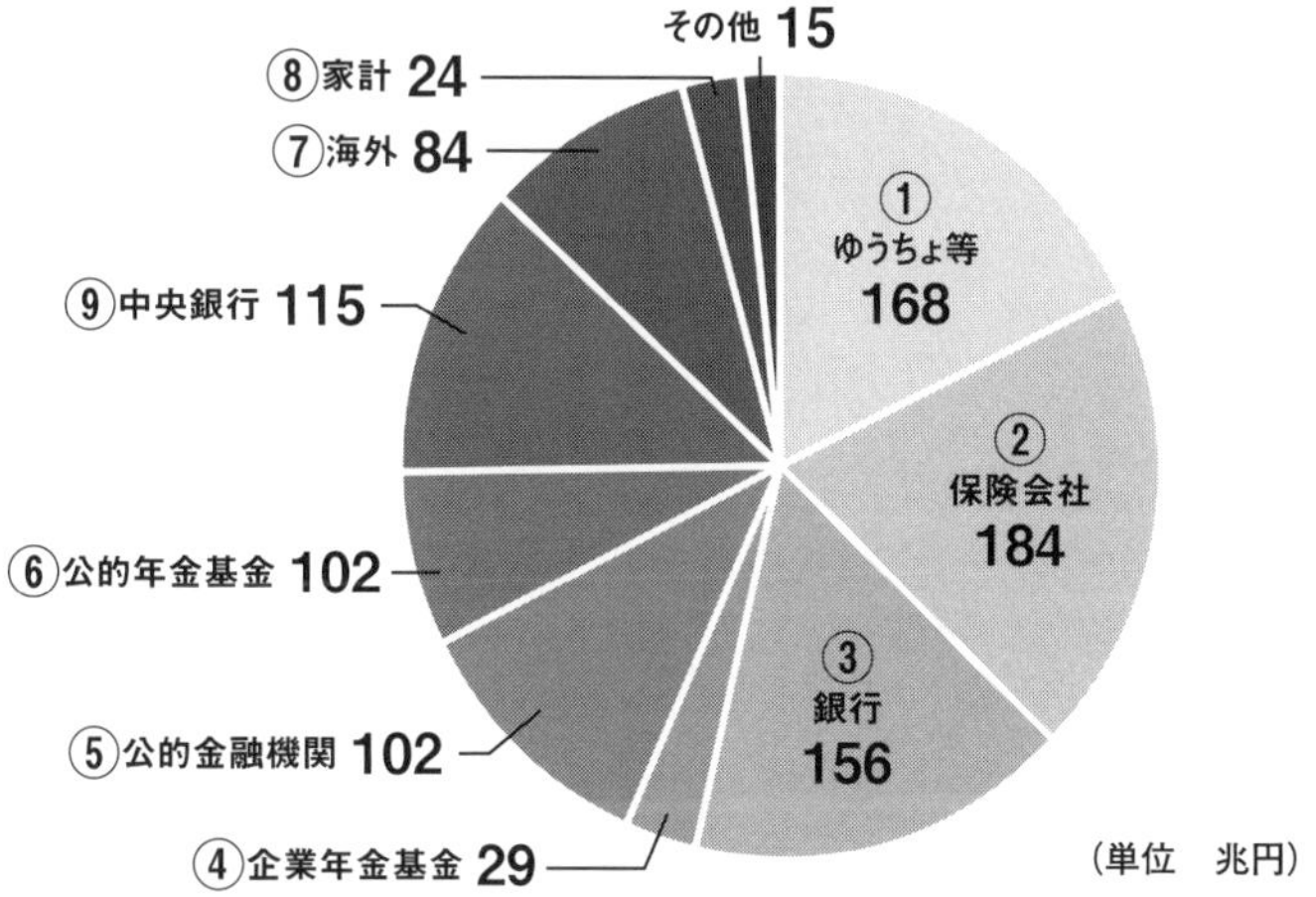

【長期債を持つゆうちょ銀行168兆円】

①まず、国債保有の最大手ゆうちょ銀行です。168兆円（全体での構成比18％）の国債保有。総資産（195兆円：負債である預金は176兆円：13年3月）のうち86％が国債であり、最大額の保有者です。

1990年代までは郵便貯金の増加があり、それで国債を増加買いしていました。わが国の国債の継続的な大量発行が可能だったのは、世界の銀行で最大の預金を持つ郵便貯金があったからでした。小泉首相が民営化したのは、郵貯が国債を買って公共投資が増える仕組みを断つことが目的でした。

資産200兆円を超えていた郵便貯金があり、企業融資は行わず国債を買ってきたから、低い金利での国債発行が行えたと言えるくらい国債専用の金融機関でした。政府にとっての郵便貯金は、国民が直接に国債を買ってくれているようなものだったのです。〔郵貯＝国債〕だったからです。

しかし00年代は、年間6兆円（総資産の3％）の傾向でゆうちょ預金が減っています。現在の国債市場での問題のひとつは、00年代の初頭からゆうちょ銀行が国債の売り手に転じたことです。ゆうちょ銀行が買ってきた分は2010年以降、日銀による増加買い受けにならざるを得ません。

ゆうちょマネーを利用するということが折に触れ、政府や海外から言われます。しかし総資産195兆円のうち168兆円ですでに買ってしまっています。この保有国債を売らない限り、ゆうちょにはお金がない。国債保有で最大手のゆうちょが国債を大きく売ると、金利が上がって国債が下がります。国債に固定され身動きができなくなってしまったのが、ゆうちょマネーです。

ゆうちょの資産が1年6兆円（3・4％）減っている原因は、預金している世帯に65歳以上が多く、退職後は年間60万円くらいの預金を取り崩す世代になったからです。今後、ゆうちょの資産が増えることは絶対にない。国債においても、90年代までのような増加保有者ではありません。すでに売り手に転じています。国債保有の最大手が売り手に転じることは、国債金利の上昇の要素です。この金利上昇は日銀が増加買い手になることで防がれています。

（ゆうちょ銀行の資金運用を示す貸借対照表→http://www.jp-bank.japanpost.jp/aboutus/financial/pdf/zim201303_gaikyo.pdf）

長期債の鍵は生命保険の運用

【生命保険の国債保有184兆円　長期債のもっとも重要な買い手】

②次は、かんぽ生命と生命保険会社です。生命保険はグループでは184兆円（同19％）と最大の国債保有です。かんぽ生命（60兆円の国債を保有）を含む生命保険（国債保有額120兆円）が今後、国債の保有に対しどういった態度をとるか、これがこれからの長期金利にとってもっとも肝心なことです。

生命保険会社は、国債の金利で肝心な満期10年以上の長期債を買っています。

生命保険は保険金支払いが長期のものであるため、国債でも10年以上の長期債を買っています。

生命保険会社は1990年までは、基金の60％を株式で運用していました。図3-2の右の部分にあるように生命保険は90年まで日本株の最大の買い手で長期保有者でした。しかし90年の資産バブル崩壊のあとは株を大きく売り、基金運用での株式シェアは15％くらいに激減しています（2011年3月）。

図3-2の有価証券の内訳で国内株式を見れば、生命保険（この図では総資産約100兆円の簡保を除く）が90年代、00年代、10年代と、国内株式を約80兆円（年平均4兆円）売ってきました。このことが日本株の長期での価格低迷の主因であったことが分かります。株は買い手が増えれば上がりますが、減れば下がり続けます。1年に4兆円の売り超《ちょう》は他の条件がおなじなら、平均株価を13％くらい下げる要素です。

図3−2　生命保険の資産運用(日銀レビュー 2012年11月)

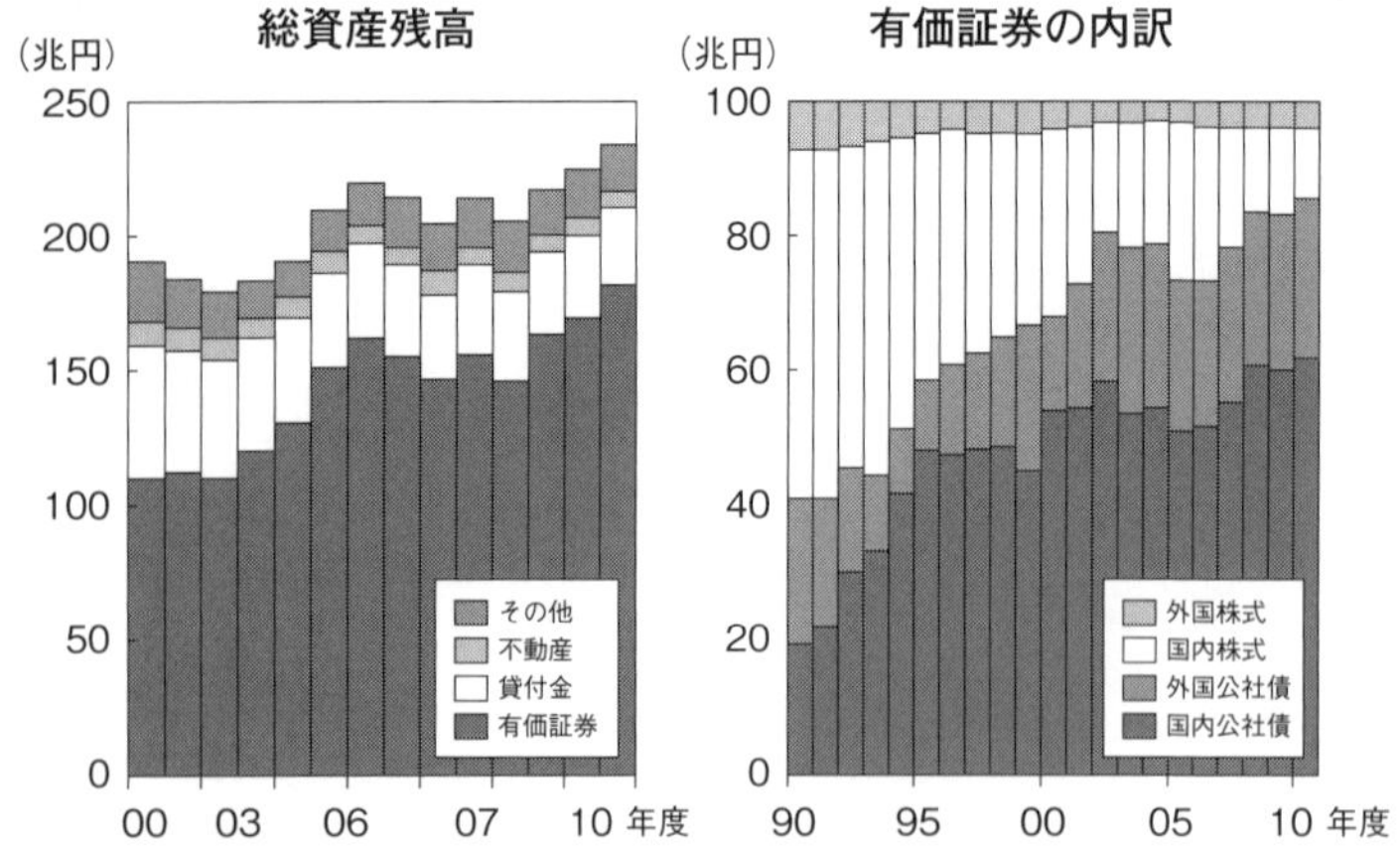

(注) 集計対象は生命保険協会加入会社(除くかんぽ生命)
(資料) 生命保険協会、かんぽ生命

生命保険は日本株を100兆円も保有していました(1990年)。2011年3月期は20兆円と10分の1に、株での資産運用を減らしています。

株価全体は時価総額が260兆円(2012年10月)から400兆円(2013年6月)くらいです。生保の株式投資の継続的な減少がいかに大きいか分かるでしょう。総資産230兆円の生命保険はこの20年で、資産のポートフォリオ(分散投資の投資割合)を激変させています(図3-2:右)。

生命保険はバブル崩壊後の株式下落で大損をし、その後、経営の観点から金利は低くても元本は政府が保証する国債に振り替えています。買ったのは短期債より金利が高いデュレーション(残存期間)10年以上の長期債です。

図3-2の右に示すように、1990年には基金の運用で20%の構成比しかなかった公社債(主は円国債)が、2011年3月期にはほぼ60%です。ド

ル国債（外国公社債との表示）も運用の構成比で20％を超えています。

１９９０年代以降、株を売った生命保険とゆうちょが長期国債を買ったため、国債市場での金利は低かったと言えます。問題になるのは今後です。

ゆうちょは00年代から預金は増えず、１年に６兆円くらい減少しています。このため、すでに国債の売り手です。

かんぽ生命を含む生命保険会社の総資産と公社債（主は国債）の保有高を、将来を予測するために年次で並べると以下です（社団法人 生命保険協会の主計から作成２０１２年４月：総資産約１００兆円のかんぽ生命を含む。公社債は国債が主であとは地方債と社債）。http://www.seiho.or.jp/data/statistics/trend/pdf/all.pdf

２００８年	総資産　３１１兆円	うち公社債保有　１６１兆円（構成比52％）
２００９年	３１８兆円	１６５兆円（52％）
２０１０年	３２０兆円	１６９兆円（53％）
２０１１年	３２６兆円	１７９兆円（55％）

かんぽ生命を含む生命保険の総資産（基金）が増える時代も、ゆうちょより若干遅れて終わっています。４年で５％、１年では約１％の金利程度の増加でしかない。増えるというより横ばいです。90年代、00年代と、国内株式保有の構成比を60％から15％に減らし、株の代わりに国債を増加保有して

きた生命保険も、２０１０年代は年間で５兆円かそれ以下の金額の増加保有でしょう。

つまり生命保険が長期債を増加買いするから国債の長期金利が低いという時代は、ほぼ00年代に終わっています。今後は長期国債の増加ファイナンスの面で、生命保険の買いに依存することはできない。この点でも日銀による増加買いが必然になっていたのです。

ゆうちょ銀行とかんぽ生命を含む生命保険会社にも、00年代までのように増加国債をファイナンスし続ける財源はなくなってきたからです。

【２０１０年代の問題はゆうちょと生命保険が売り手に転じてゆくこと】

今後、利回りが低く、物価の上昇から期待金利が上がると大きく価格が下がる価格リスクの高い長期債を生命保険会社がどうするかです。内容を言えば、10年債０・８％、15年債１・２％、20年債１・６％、25年債１・66％、30年債１・７％という低い金利です（13年6月）。ここが今後の日本国債で肝心な点と記憶しておいてください。

生命保険会社は日本国債において、満期10年以上の長期債保有における最大手です（長期債50兆円）。日本国債の命運は、生命保険会社の長期債の保有傾向にかかっていると言えます。

生命保険もゆうちょ銀行とおなじ原因で、つまり国民の年齢構成の高齢化のため、保険基金の額（資産２３０兆円）が２０１０年以降、あまり増えません。

資産構成のなかで、すでに株は15％でしかありません。公社債が約60％です。この変化が意味するのは生命保険も資金源の面から、毎年40兆円は増加発行される国債の大きな買い手ではあり得なくなってきたという重大な事実です。

10年債の金利が0・8％くらいととても低いなかで、残存期間が長い長期債の価格変動リスクは、1年内に満期がくる短期債よりはるかに大きくなっています。

5年や10年先の金利など、誰も予測できない。3年でもとても難しい。3年先の長期金利が何％くらいか、予想できますか？　予想できないのは専門家もおなじです。一例を挙げれば、株価の1年先を根拠を持って確実に言える人は世界に1人もいません。エコノミストも本当は、グラフを見ただけの当てずっぽうを適当に言っています。

いろいろな金利や株価を言えば、10人が異なる予想のとき、1や2人くらいは常に当たるものです。猿が石を投げれば、何かに当たることとおなじです。本や雑誌で「自分が予想したとおり……」と書く人がいます。根拠の解釈も正しく予想も正しいのならいいのですが、「たまたま当たった結果」を言う人が多いのは困ったことです。株価は上がるか、下がるかです。常に上がる、または下がるとおなじことを毎回言っていれば、50％は当たります。前回は上がると言い、今回は下がると言い換えても確率は50％です。

わが国の国債（残高950兆円）の最大かつ安定した買い手だったゆうちょ銀行と生命保険は、多くの顧客の高齢化と年金世代化を原因に、総資産が減る方向に向かいます。

国債は新規債が毎年40〜50兆円発行され、その買い手が必要です。しかしゆうちょとかんぽ、および生命保険は、２０１０年代は増加保有者ではなく、資金の必要のため売り手になっていきます。

以上が２０１０年代の、国債の買い受け市場におけるもっとも重大で、日本経済をも左右する問題になります。

市場での買いの不足分は日銀が買うしかありません。

・事実２０１２年に日銀は、1年に20兆円の国債を買い切って保有を増やしています。

・２０１３年４月からは「異次元緩和」により２年間で１５０兆円くらいの国債を買い切ります。

これが国債の信用、市場、金利をどう変えるか？　まだ先は急ぎますまい。

【短期債が中心の銀行　１５６兆円の国債保有】

③民間銀行は１５６兆円（同16％）です。このうち大手銀行三大グループ（国債保有は１２０兆円：三菱ＵＦＪ、みずほ、三井住友）は共通して元本の償還満期が1年内で価格リスクの低い短期債を買っています。しかしリスクが高い長期債は売るようになっています。まだ一般には知られていないことですが、都銀グループは２０１１年から国債保有から売り手に転じています。低金利の国債の価格下落のリスクを避けるためです。なお地銀・第二地銀の国債保有は35兆円くらいです。

この動きが13年4月、5月に他の金融機関に広がったのです。このため日銀が買う国債が市場になかったり（金利が低下）、別の日には買う額（10兆円／月）以上に売りが出る日（金利が上昇）があったのです。

長期債の金利は0・3％台に下がったかと思うと0・6％や0・8％に戻り、瞬間には1％と高騰しながら乱高下して、傾向として市場の金利は上がっています。

「異次元緩和」の宣言の期間を終え、黒田日銀が13年4月から国債の大量買い切り（月7～10兆円）を実行したとたん、下がるべき金利があるときは上がり、また下がるという不安定な動きになったのです。理由は一体、何か？

金利や国債価格だけではなく、日本経済を決める肝心なことです。章を変え、論理実証的に根拠ある予測も交えて詳述します。都銀グループの売りに対して、継続して長期国債を買い増しているのは、地銀や第二地銀、そして信金です。

【政府系金融と年金基金　170兆円】

④民間の企業年金は株の運用で損をしているところが多いのですが、国債保有は29兆円（3％）であり、大きな影響力はありません。

⑤公的金融機関は多様です。農林中金、政策投資銀行、政策金融公庫、国際協力銀行、中小企業系の商工中金、中小公庫、住宅金融支援機構などです。農林中金が資金運用面で巨大ですが、これら公的金融機関の国債保有が102兆円（11％）です。

⑥公的年金基金は、国民年金や厚生年金を預かったGPIF（年金積立金管理運用独立行政法人：実に長い名前！）が行っている資金運用で、これが68兆円（7％）です。政府は、株価を上げるためGPIF

にも日本株を増加買いする運用方針を決めています（13年6月）。しかし基金総額（112兆円：13年3月）は年金支払いの増加によって取り崩されて減っています。

（注）2012年のGPIFは円安によって一時的に11兆円の差益を出しています。外国株で利益が28%、国内株で23%だったからです。

株に振り向けるなら、保有国債を売らねばなりません。公的年金基金が国債を大きく（例えば3兆円）売れば、国債市場では金利が暴騰します。このため13年5月23日から下がった株価を上げるPKO（政府による価格維持作戦）にはごく少なく、1兆円くらいしか使えません。

【海外投資家84兆円　2010年以降、国内都銀の売り超分以上に買いシェアを増やしている】

⑦海外投資家（ヘッジファンドと英米系投資銀行）は、都銀が長期債を売った2010年から日本国債の購入を増やしています。2012年末の残高では84兆円（構成比9%）と、無視できないシェアです。三菱東京UFJ、三井住友、みずほの3大都銀グループ（国債保有120兆円）は2010年から、毎月2兆～5兆円もの売り超を続けています（日本証券業協会：投資家別売買）。

理由は、低金利の長期債が金利が少し上がっても大きく下げるようになり、価格リスクが大きくなっているからです。

この2年半、都銀が売る国債を市場で買い支えたのは実は、海外投資家の短期債の買い超でした。

海外投資家の今後の円国債の売買動向は、２０１２年からは国債金利と価格を決める大きな要素になっています。

保有はほぼ全部が満期1年以内の短期債ですが、売買は活発で、とりわけシカゴにもある国債の先物市場（東京・シカゴ・シンガポール）では40％くらいの高いシェアです。ガイジンによる円建て短期債の買い越しは、通貨である円を買うことにもなるので、海外投資家の国債保有の増加は円高要因でもありました。

日本国債を先物、空売り、売りオプションで売り崩すときは、ヘッジファンドと英米系の投資銀行（ゴードマン・サックスやJ・P・モルガン）が、２０１３年5月23日の株価暴落時（１１４０円安）のように、先鞭をつけます。これは１００％と確実と言ってもいいことです。ただし、将来の機会を見た空売りや先物売りでの利益だけを目的に買い越してきたとは言えません。ドルから円への短期避難をするときも、円の短期国債が買われるからです。

しかし売買高で60～70％を占め、上げるときも下げるときも、価格変動分の50～80％を左右している株式市場とおなじように、海外投資家が40％の売買シェアを占めるまでに大きくなった円国債の先物市場で、先物売りや売りオプションが金利上昇・価格下落の先導をすることは、１００％の確率と言えるでしょう。なお国債価格でも先物が先導するかのように、少し遅れて現物価格が決まっています。

貿易が11兆円もの赤字になり（２０１２年）、経常収支の黒字が4兆円（前年比マイナス44％）に減ってきた日本国債を売りのチャンスと公言しているヘッジファンドも増えています。

経常収支が赤字になると、海外に新規債（年間1兆ドル＝100兆円）の50％を売らねばならない米国のように、国債のファイナンスを海外からの買いに依存せねばならないからです。このため円の金利は上がって、国債は下がります。外為での円も下がるのです。

個人も証券会社が売っている債券ファンドのなかの「日本国債ベア（弱気）」を買っておくと、5倍くらいのレバレッジがかかり、彼らの利益のときが利益です。買う単位はほぼ1万円からです。

⑧あとは世帯（24兆円）と、その他主体（15兆円）の保有です。これについては影響力が小さいのでコメントの必要がないでしょう。

【ゆうちょ、かんぽが国債保有を減らす中、増加保有を続ける日銀】

⑨日銀は12年末は115兆円（12％）の国債保有でした。本項を書いている6月中旬では、「4月からの異次元の金融緩和」を目的に145兆円と30兆円も保有高を増やしています。

これから2年、毎月7〜10兆円の国債を買い切って、マネタリー・ベース（現金85兆円＋当座預金67兆円）を280兆円くらいに向かって倍増すると宣言しています。

ところが、日銀による異次元買いの実行が4月からの黒田日銀の思惑とは逆に、国債価格と金利を乱高下させています。日銀が政府が借り換え債を含み、1ヶ月に新規発行する国債（12〜15兆円）の70％を買うのに、なぜか債券市場での国債の期待金利は上がって、価格は下がるという異常が起こっています。

本書を書く最初の動機の1つはここから生じました。経済マスコミやエコノミストも国債市場の反応をどう解釈すべきか、困っているからです。果ては米国FRBがQE3（量的緩和の第3弾：2012年9月から米国FRBが実行した1ヶ月850億ドルのドル増発：内訳は米国債400億ドル、住宅証券のMBS450億ドルの額面価格での購入）を次第に縮小（tapering）するからだという何とも情けない理由付けです。米国の長期金利（10年債の利回り）はどうなるか。どう向かうか。米国の金利が上がれば、日本からドル債買いが増えて国内の金利上昇と円安の要素になります。金利の高騰と国債価格が下がるような事態が想定されたら、どうすべきか？　です。政策提案までも考えねばなりません。

(2)実証　2012年後半から日本国債の買い受けと保有の構造に急に生じてきた変化

図3-3は、日銀が集計した国債保有のフロー（流れ）における年度変化です。主体区分は①預金を預かる預金取扱機関（官民の銀行）、②生命保険と年金基金、③その他金融仲介です。公的金融のほとんどはその他金融仲介に入ります。

2003年ころまで、国債の所有をもっとも増やしてきたのは、預金取扱機関（都銀、地銀、第二地銀、ゆうちょ、信金）でした。つまり銀行です。銀行は全体で言えば、預金が増えて企業融資が減った分を

図3−3　国債の、保有フロー（日銀：資金循環表 2013年4月）

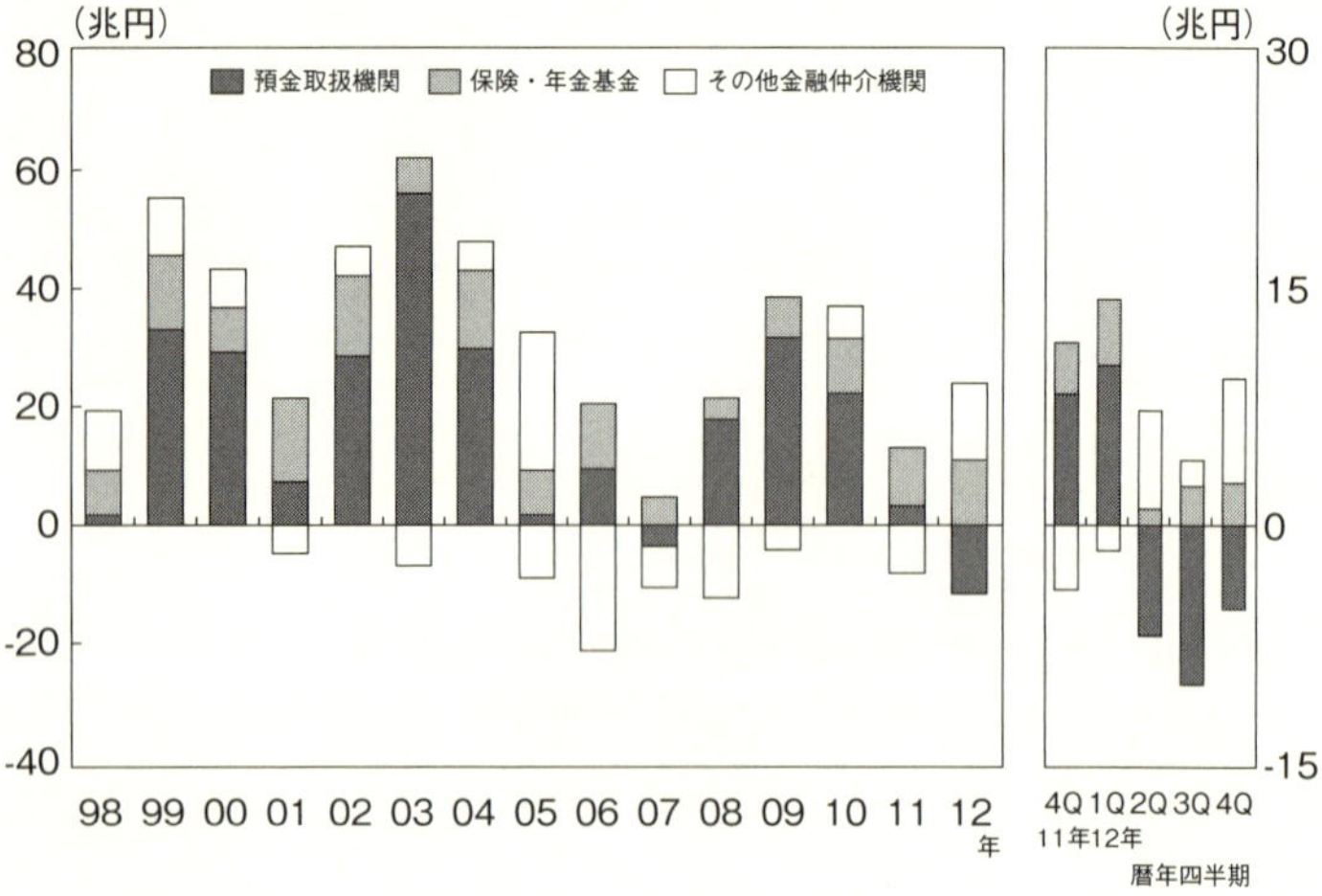

年間30兆円くらい国債購入に充てていました。ところがこの預金取扱機関は2004年ころから、急に国債の増加保有をしなくなっています。2007年は合計で売り手に回っています。

そしてリーマン危機後の2008年から再び、国債の増加保有に入ったのですが、2011年はほとんど増加させず、直近の2012年は再び、グラフで濃いグレーの部分（銀行）は売り手に回るようになっています（図の右側）。同年の第2四半期（4月～6月）からは、四半期（3ヶ月）で20～30兆円を売り越しています。年間換算では100兆円近い売り越しです。

生命保険と年金基金は、まだ毎年10兆円くらい国債保有を増やしています。しかし年金基金も2012年ころからは、年金の支給が増えたため基金の金額が減っています。このため国債を増やして買うことはできません。

国債を増やして買っているのは生命保険です。しかし生命保険も基金の額を今後は減る傾向に向かいます。2000年代は運用の主体だった株を価格が下がることが多いリスク債券だからと大きく減らして、価格が安定して上がっていた長期国債に切り替えたのです。このため生命保険の国債購入が継続して増えていますが、株も売ってしまったので、順次、国債の増加買い手ではなくなってきます。

2010年代からの国債のファイナンスにおける重要な変化

以上のように2011年、2012年は、国債の買い手の側に構造的な変化が起こっています。日本国債は国内の豊富な預金によってファイナンスされていると言えたのは、2009年ごろまででした。2010年代では以下の変化が見えるのです。

①銀行が2012年に国債の売り手に転じた。
②生命保険は、資産の60％の構成比で所有していた株をリスク資産という理由で、この20年間売り続けた代わりに国債保有を増やしてきた。しかし生命保険の基金そのものが減る傾向なので、これからはあまり増やすことができない。
③以上から、国内の買い手は「その他金融仲介（政府系機関）と日銀」になってしまった。

日銀は2012年度は他の金融機関を引き離して、もっとも大きな国債の買い手でした。新発国債

（44・3兆円）のうち、20兆円の円を増発して買い取ったのが日銀です。日銀の資金源は通貨増発しかありません。

重大なことを言えば、2010年代は国民（世帯＋企業）の貯蓄増だけでは、40兆～50兆円規模の新発国債が引き受けきれなくなり、対外的な経常収支の黒字も10兆円減ったため、1年に20兆円規模で日銀がマネーを増発する手段で引き受けざるを得ないことです。

これは事実上、1年20兆円の「マネタイゼーション」、つまり国債の現金化そのものです。2012年8月に、消費税率を5％上げる法案（税収増で10兆円）が成立しました。2010年代の1年40兆円規模の新発国債のファイナンスに対し、国民経済での財源となる貯蓄の増加が20兆円くらいしか見込めず、20兆円の不足が生じることを財務省が法案成立を悲願としたことの背景にあったと思われます。

ただし消費税の増税の実行（14年4月に＋3％：15年10月に＋2％）の前後を合計すると、上がる前の駆け込み需要より、上がった後の需要（消費と投資）の落ち込みが大きくなります。このため、5％の消費税で10兆円の税収が増えても、所得税の減少のため、税収全体は増えない恐れが大きい。この問題は後述します。

結論を言えば消費税の増税を先送りしないと、2014年の経済は新たな巨額補正予算を組まない限り、実質GDPが2％くらいのマイナス成長に落ち込むでしょう。世帯の所得の増加がまだないので、消費税が上がると世帯は消費を減らさざるを得ないからです。

異次元緩和と言って日銀が新規国債（1年に150～170兆円）の70％（100兆円）を買い受ける決定をした背景には、官民の金融機関が2010年代から貯蓄増が少なくなり、過去のように、年40兆円規模の新発国債を買うことができなくなってきたことがあります。以上は図3-3のグラフの傾向と数値を読めば、論理的に言えることです。

2010年代 まだ潜在的であるが重大な変化が起こる10年

国債の市場に潜在的な、しかし数年で見ると鯨の浮上のように大きくなった変化が2011年から起こっています。2012年からの1947年生まれを先頭とする団塊世代の完全退職と年金受給開始により、わが国の預金、生命保険、年金基金が増えなくなる時代に向かっているからです。

預かる預金や基金が増えないと、金融機関も国債を買う原資がなくなります。2010年代は世帯の現金性の貯蓄が00年代までと異なって増えないのです。所有する株価が上がって、個人金融資産が増えても、国債を買える現金性の預金ではない。預金が増えない金融機関にとっては、国債を買う原資にならないのです。

・これが起こり始めたのが2011年であり、
・このため国債市場に「銀行が売り手になる」という変化が起こったのでしょう。

自分でマネーを増発できる日銀以外の金融機関は、預金と収入が増えないと資金運用としての国債の買いも増やすことができない。

1年40兆円から50兆円の増加国債をファイナンスする財源が、①ゆうちょ、②次に生命保険と簡保、③年金基金、④最後に銀行と枯れていくなかで、2012年8月の消費税増税5%（10兆円の税収予定）は、GDPの9%の財政の赤字のため1年に45兆円規模の国債を売らねばならない財務省にとって、ギリギリの政策だったことが分かります。

国債の購入財源の枯渇こそが、その後の安倍政権によるインフレ目標2%の政策を推進する「異次元緩和」の政策を生んだ根底の原因に思えます。異次元緩和は、日銀が借り換え債を含んで1年間に発行される国債170兆円の70%にあたる100兆円を買うというものです。この政策立案の理由は、日銀以外の金融機関に増加国債の購入原資がなくなってきたことでしょう。

次は、国債の増加発行を必要としている社会保障費についてその全体を述べます。

社会保険料（年金保険、医療保険、雇用保険、介護保険等）の収入と若干の税補塡でまかなわれるべきなのが、年金、医療、介護、生活保護、失業給付などの社会保障です。しかし実際は総支出109・5兆円（2012年度）に対して、保険料は60・6兆円（支給額の55%）です。48・9兆円は税金等による補塡ですが、それがそのまま毎年の国債発行になっているからです。

(3)2010年代 社会保障費の保険料での不足49兆円が増える

2012年度（13年3月期）で公的な年金の65歳以上の人への支給額は合計で53・8兆円です。支給の対象者数は3867万人です（平均年額139万円：2011年）。国民の4人に1名が、すでに公的な年金を平均139万円受け取っています。

保健医療費の支払いは35・1兆円です。他に、介護・福祉費が20・6兆円です。年金と合わせた社会保障の支給は知れば誰でも驚く金額で、109・5兆円という大きさになっています（図3-4）。名目GDP（475兆円）に対し、公的な社会保障の109・5兆円は23％も占めています（2012年度：政府予算ベース）。

厚労省の計算では2025年には、社会保障費は150兆円へと、40・5兆円も増えます。毎年、年金、医療費、介護費が3兆円（3％）増加するからです。増える理由は言うまでもなく高齢化です。

必要な社会保障財源と言われるものがこれ

社会保障で政府が預かる保険料（個人と企業が負担）は、国税収入の43兆円よりはるかに多い60・6兆円です。〔支給額109・5兆円－保険料60・6兆円≒49兆円〕……国民1人当たり40万円が不足

図3−4　社会保障給付金と財源（2013年4月 財務省 日本の財政関係資料）

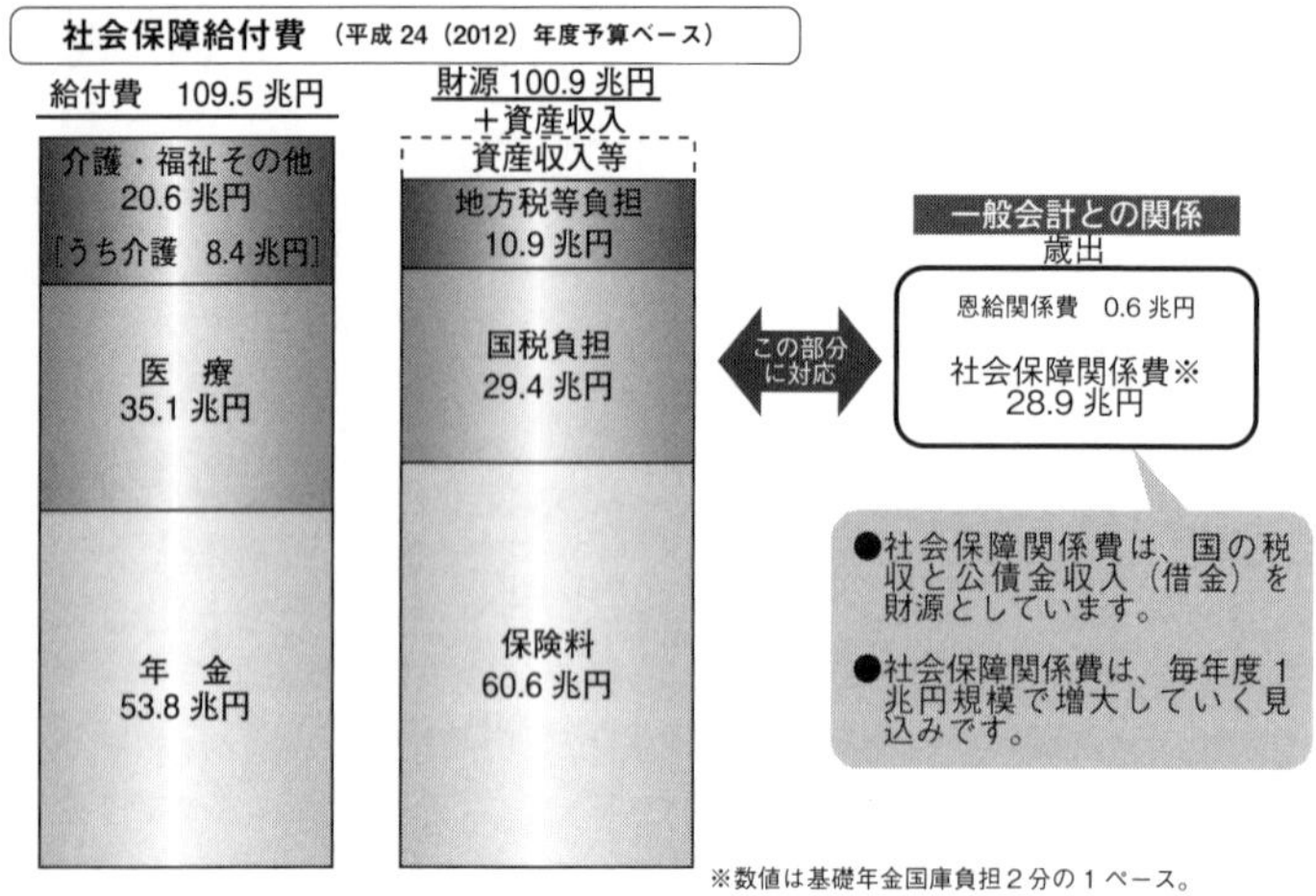

※数値は基礎年金国庫負担２分の１ベース。

しています。不足する49兆円は税金と国債および基金の取り崩しで埋めています。

２０１０年代からの５年間で１０００万人という突出した人口の団塊世代（２０１３年現在で61歳～65歳）が、年金・医療費世代になる高齢化の本番です。このため、現行の保険料と給付制度では毎年３兆円（年率３%）は不足額が増えます。00年代と比較すると、皆が等しく年を10年重ね、年齢構成が10年上がったのが２０１０年代です。２０１３年の61歳から65歳の世代の人口は、20歳から24歳の６００万人より４００万人（66%）も多いのです。

働いている雇用者の所得が２４５兆円（２０１１年：内閣府：国民経済計算）です。これと比較すれば、社会保障の支給額１０９・５兆円は、５０００万人の雇用者の全所得である２４５兆円に対して46%も占めています。参考のために言えば、民間企業２６０万社の利益も全部で44兆円（２０１１年：同）

でしかない。社会保障費の赤字で消えてしまう金額です。

1年49兆円の社会保障財源の不足がいかに大きいか分かるでしょう。消費税の増税でこの不足分をまかなうと仮定すれば、消費税の5％がほぼ10兆円ですからプラス25％（+50兆円の税収）、つまり消費税は30％になります。これくらいの国民負担が必要です。

しかしこれは政治的に無理です。これを掲げる政党は支持を得られない。ということは、社会保障財源の不足は、国債の増発により将来の世帯の負担として先送りされるということです。

発行された国債が債券市場でファイナンスされるには、国民経済で所得が増え、貯蓄が増加することが必要です。世帯の貯蓄と企業の貯蓄増が必要です。ここで示すように社会保障費が109・5兆円になって、毎年3兆円は増え続けるからです。

所得（可処分所得）からしか増やすしかない貯蓄は従来のように増えません。このため毎年40兆円は発行される国債をファイナンスするのに不足するようになってきています。冷静に見つめた現実がこれです。

2012年8月の野田内閣での消費税増税（+5％：財源としては約11兆円）は保険料では不足している49兆円を少なくし10兆円分の国債発行を減らして、社会保障財源の1年の不足を30兆円台とする目的です。

消費税増税は2014年4月からプラス3％、15年10月からプラス2％が予定されていますが、実施の条件として景気条項がついています（名目GDPの成長でほぼ+3％）。景気は内閣が13年秋に判断しますが、果たして実施できるのか。この問題は後述します。

国民経済の中で23%を占める大きさになった社会保障費が年3%で上昇するため、インフレを含んだ名目GDPであっても3%は成長させないと、国民所得のなかの社会保障費負担は毎年大きくなっていき、政府債務は増加の一途をたどります。

安倍内閣が物価の上昇を含んで名目GDPの3%成長（10年で1・34倍の所得：1人当たり国民所得で＋150万円）を目標値――本当は願望値として出した理由は、社会保障費（109兆円）の3%増加が必然であるためです。願望値と言うのは、経済成長のための政府戦略（成長戦略）が10年で1・34倍の名目GDPの増加に足りないからです。日銀がマネーを増刷する異次元緩和はもっともはっきりしていて、その結果を考慮せず、実行することだけならできます。しかしこの策ではインフレになっても、実質成長を促すとは言いにくいのです。

過去のGDPの成長率と国民経済の中のお金の量（マネー・ストックやマネー・サプライ）のデータを対照すると、経済が成長したときは確かにマネー・ストック（日本ではM3として1152兆円：13年5月）の経済成長率以上の増加がともなっています。しかし「原因と結果の関係」からマネー・ストックを増やせば、実質経済が成長すると言うことはできません。成長するときもあれば、インフレになるだけのときもあるからです。経済学でもこれはまだ定まったものではないのです。

国民経済が実質で成長するには、〔労働人口×1人当たり生産性〕が増加せねばなりません。日本は生産年齢人口の減少期（年率で約60万人の減少：マイナス1％）にはいったので、1人当たり生産性を年率2％以上増加させねば、実質GDPは成長しません。この戦略が必要です。なお戦略とは目標を実現するための方法・手段です。

ここまでの短いレビュー

1章では、GDPの2・4倍に増えてきた政府の負債、950兆円の国債の供給と需要の構造を述べました。90年代は世帯の貯蓄の増加額だった1年40兆円が、増加する国債のファイナンスに使われたのです。つまり国債の残高は多くても、資金源は世帯の余剰資金（貯蓄増）でしたから、何ら、問題はなかったのです。

ただし企業が設備投資を20兆円くらい減らしたことが主因で、90年代以降はGDPが成長しなくなりました。GDPの成長には、現在は60兆円レベルに減ってしまった260万社の民間企業の設備投資が70兆円以上（理想は80兆円）になることが必要だからです。

1社平均で言えば小さくなりますが、1年に2700万円の新規投資です。4年に1回、1億円の新しい設備投資を260万社が実行する感じです。実際は3分の1の80万社が設備投資を実行できるとすれば3年に1回、その3倍の約3億円という金額です。これでわが国の実質経済成長（年率2％）のための企業の設備投資イメージが具体的に分かるでしょう。これがないと成長しません。断言できることです。

90年代は、世帯の貯蓄の増加が40兆円でした。00年代になると高齢化のため、世帯の現金性貯蓄の増加（銀行と生命保険が国債を増加買いする原資になるもの）は20兆円くらいに減っています。

一方で社会保障と経済対策費による財政の赤字のため、国債は30兆円から40兆円の発行を続けます。この国債をファイナンスしたのは、企業が設備投資を抑えたことによる企業貯蓄の増加でした。

続く第2章ではわが国の資金循環、つまりお金の流れの全容を述べています。第3章は国債はどの金融機関がどう買ってきたのかを示しました。

世帯の貯蓄（預金や生命保険）の増加が止まり、社会保障費の支給は109兆円を超え、社会保障費の保険料で引当てできないものは49兆円（GDPの10％）と巨額になっていて、この赤字は現行の保険料と支給の制度のままなら、毎年3兆円増えます。3年分の増加だけで、5％の消費税分を食ってしまうのです。

(4) 2010年代　日銀の国債買い切りがないと、国債がファイナンスできないという問題

2010年代になると、国内の貯蓄増だけでは国債のファイナンスに不足するようになっています。この不足を埋めたのが、実は日銀による国債の買い切りでした。「国債は国内の貯蓄でファイナンスされているから問題はない」という議論は、2010年で終わっています。

2012年は白川前総裁の日銀でも、1年に25兆円の国債を買い切って増加保有しています。12年12月末の日銀の国債保有は113兆円に増えています。前年の88兆円の保有に比べて、増えたのは25兆円です。

日銀の国債保有高は、通貨の発行額とほぼおなじです。日銀は、国債保有額をマネタリー・ベース（紙幣発行額82兆円＋当座預金83兆円：13年6月20日）とするというルールを敷いていたからです。

13年4月から始まった異次元緩和2ヶ月経過後の日銀の国債保有は145兆円と、12年末の113兆円に対して32兆円増えています。つまり日銀は2013年の前半の6ヶ月で、32兆円の国債を買い切って、円を32兆円増加発行しています。

円の総発行高は、

・紙幣が82兆円（1万円で82億枚）、
・日銀に銀行・保険会社が預けた当座預金が83兆円です。

この2つが企業や世帯が実体経済で使うマネー・サプライ（M3：1152兆円）の元になるマネタリー・ベースと言われるものですが、13年6月20日では〔82＋83＝165兆円〕です。

再度重要なことを言えば2010年代から、1年40兆円の国債のファイナンスは、日銀による国債買い切りでマネー増発（約15～20兆円／年）を実行しないと、無理になっています。

こうした2010年代の変化が、国債市場とこれからの金利にどんな問題を起こすか、まだ、検討されていないように思えます。本書で行おうと思います。

［異次元緩和のディレンマ　その論理の骨子］異次元緩和は日銀に国債をさらに140兆円は買い切らせ、マネタリー・ベースを約2倍の280兆円付近に増やすものです。国債の現金化により、銀行をマネーでじゃぶじゃぶにし貸付の増加を通じて、マネー・サプライ（M3：主なものは世帯と企業の預金）で70兆円以上（6％）の増加を図り、国の経済を2％のインフレにして、経済復興を図るというものです。

経済統計では日本ではマネー・サプライの増加で4％／年が物価上昇0％の地点です。世帯と企業預金高を6％（M3：70兆円）増やすと、数年内に2％の物価上昇が期待できます（日銀副総裁の岩田規久男氏『デフレの経済学』）。

ところが実際に物価が上がり始めると、国債市場では現在0・8％付近の期待長期金利が物価の予想上昇率×0・5～0・7くらいの弾性値で上がる方向に向かいます。

具体的には、人々の物価予想が従来の0・5％付近のマイナスから、2％の上昇予想になると〔2・5％×（弾性値0・5～0・7）＝〕＋1・25～＋1・75％です。期待金利は、〔0・8＋（1・25～1・75）＝〕2・05％～2・55％に上がってしまいます。

ここが異次元緩和が持つ名目GDP成長率と国債価格のディレンマです。国債の期待金利が現状より1ポイント（％）上がると、平均残存期間が7年の既発国債（950兆円、来年は1000兆円）の価格は5％下がるからです。2％上がれば10％下がります。

物価が上がる兆候がはっきりし始め、金利の上昇によって国債の、キャピタル・ロスのリスクの高まりが予想されるようになると（そのほぼ3ヶ月前から）、外国人投資家（ヘッジファンドと英米系投資銀行）は国債先物を大きく売って、限月（3、6、9、12月）までに反対売買して精算することから生じる巨大利益（数兆円）をねらいます。

株価の大きな下落を招いた2013年5月23日の日経225（シカゴ市場の日経平均先物：1日で40万枚、6兆円の売りがあった）のような先物売りに殺到し、価格を下げて金利をいっそう高騰させる動きが必ず出るからです。

国債先物では、数十倍から100倍のレバレッジがかかるので、2000億円の元本資金でも大きく国債相場を動かす10～20兆円の売買ができます。

日銀は異次元緩和として、2013年は前年（25兆円）の約3倍の80兆円付近の国債を買い切るでしょう。国債を売る金融機関に対して、日銀が支払う代金は円の増発によるものです。日銀は国民の預金を持たない。しかしマネーを増発することはできます。

（日銀営業毎旬報告：総資産と負債 → https://www.boj.or.jp/statistics/boj/other/acmai/release/2012/index.htm/）

次章では最初に①政府が発行する負債性の証券である国債、②日銀（中央銀行）が発行する負債性の通貨（円）とは何か、両者の本質的なところを解明します。

この解明を行う理由は日銀が少なくとも向こう2年（2013年と2014年）は異次元緩和として、借り換え債を含む、1年170兆円の国債の70％を円を増発して買い取ると宣言しているからです。これは未曾有な規模の国債買いです。今後のため国債と通貨の本質をみておく必要があるでしょう。

2013年の1月、「財政の崖」（国債で16兆ドルという残高の法的な限界）に直面していた米国では「政府が小さなプラチナ・コインに1兆ドルと書いてFRBに買わせて、1兆ドルの現金を政府が得て予算に使えばいい」と言われたこともありました。ジョークめいていますが、1兆ドルの国債と政府が紙に書き、財務大臣がサインした紙片（債務証書）をFRBに買ってもらい、1兆ドルを受け取ることと何ら変わりません。

次章でその根拠とともに述べますが、マネーも国債も国家が国民に対して発行する債務証書という点でおなじものです。ただし国債では国家による利払いと満期日には返済することが必要です。マネーの発行は後での利払いも返済も要らない。この点の違いがあるだけのことです。

日本でも数年前、財務大臣が紙に10兆円と書き、印を押して日銀に渡し、入ってきた10兆円を政府が年金、医療費、社会保障に使えばいいという論も財務省内にありました。市場では流通させない、政府機関の間だけの国債です。国債という点ではおなじです。他の普通国債とは違い、日銀が市場で売ることができないという点が特異なものです。

結局、これらは露骨で国民の目の前で通貨信用を失わせるように見えることから見送られています。日銀ではなく、政府が直接に発行する政府紙幣も同じ性格のものです。露骨であるか、日銀がからんでいて間接的な発行かという違いだけです。

中央銀行が国債を買い、代金を政府に振り込むのはどんな方法をとっても米国のプラチナ・コイン案とおなじです。国債券面の1枚での金額の大きさの違いがあるだけです。

次は2013年4月、5月以降の異常な動きを見せた国債市場です。

13年4月、月間7～10兆円の予定で日銀が買い切り緩和を始めた直後、一瞬0・3％台に下がった長期金利が0・6％や0・8％に上がり、株価（日経平均）が終値で1140円（7％）下落した5月23日には1％も超える瞬間が生じたのです。

日銀、政府、市場関係者が一様に、経済マスコミやエコノミストが未だに原因を特定できていない金利の乱高下が生じました。その後のチャートからみる長期金利の傾向は上昇であり、政府・日銀の異次元緩和の実行による利下げのねらいとは真逆です。異常な額の円の増発と国債の買いを原因に、日銀がマネー政策への国民からの信用を失い、市場の金利のコントロールができなくなったのではないかとも言われます。

異次元緩和を実行した2013年4月からの国債とマネーの市場で何が生じているのか、検討します。円が増発されてインフレで価値が下がるとみるなら、その価値の減少を補う役割の金利は、上がらざるを得ない。これが通貨の増発による金利上昇です。2％の物価の上昇では100円だったものが102円に、1万円のものが1万200円に上がるので商品価格の上昇に見えますが、本質は物価が上昇した分、通貨が下落したのです。

政府が目標にしている2％のインフレは、本当は、通貨（円）の価値が〔1000円÷1020円＝〕98％に下がることです。物価が2％上がるのは1万円札の価値が200円下がって9800円になったからです。このため40万円の給料や2ヶ月分の年金の価値も8000円下がって、実質では39万2000円になります。給料の計算書の40万円（名目価値という）はおなじでも、商品や資産の購買力である実質価値は、2％下がります。

おなじように、1000万円の預金の価値も980万円に下がります。1年2％平均のインフレが10年続くと実質価値は820万円に減ってしまうくらい大きな減価です。このためマネーの側では価値を減らすまいとします。これが2％の期待インフレのとき付加されることが多い、2％の期待金利です。期待長期金利は〔期待実質GDP成長率（例えば1％）＋期待インフレ率（2％）〕に収束する傾向をもちます。従って期待インフレが2％に上がると、長期金利も2％以上、3％くらいに上がる傾向を示します。

いったんマネー増発を原因とする期待インフレ（近い将来のインフレ）が市場で認識されると、中央銀行が通貨を増発すればするほど、通貨信用の下落が人々に認識されるようになります。そして金利が上昇して、発行時に低く固定された金利のままである国債価格は下がります。

13年4月から起こったのは、こうした通貨信用の下落の兆候なのか？　金利が上がったとき国債価格が下がるのは、インフレ連動債でない限り、国債の金利は発行時に固定されているからです。

第4章

政府の国債と、中央銀行の通貨の本質

(1)改めて言いますが、国債は将来世代が負担するべき負債

国債が政府の負債であることは、誰でも知っています。金利がつき、満期に返済されるからです。国債が増やせなくなり、返済にまわる時期（例えば10年後）がくれば、そのときの現役世代の負担によって償還するしか方法はない。

国債950兆円は1970年代以降の政府と世代が国家予算として使ったものです。償還のための税負担は、将来の世代に苦役を明日に送るように先送りされ続けています。

満期がきたものは全部、借り換え債の発行（ロール・オーバー）を続け、まったく返済していません。借り換え債（1年に115兆円くらい）には借り換え債という記載はありません。他の新規債（年間40～50兆円）と券面はおなじです。

〔返済の時期〕 国債の残高が大きくなりすぎ、国が増やせる国債が20兆円くらいしかなく、逆に、満期がきて返済すべき国債が50兆円であるときを想定すると、国債による負債先送りが如実《にょじつ》に分かります。その差額30兆円は働いている世代が払う税負担で返済されるしかない。それをしなければ、政府によるデフォルト（借金の踏み倒し）です。

父の借金を相続した子息が亡くなった父に代わって、自分の生活費から返済する忍びなさとおなじです。使った世代が返済しない国債は、未来の世代の所得を収奪するものでもあるからです。

国債は金融資産であり、国債という金融資産も次の世代に受け継がれるので、その返済は次世代の負担にはならないという曲説もあります。元FRB行政官が主張していました。自分が国債を相続したと想定すれば、この説の誤りはすぐ分かります。額面2000万円の30年債を相続したとき、相続によって2000万円の金融資産があなたにできます。しかし5年後に30年債が満期になり、返済されたときは2000万円の現金です。相続資産が増えたわけではない。一方で政府は、その2000万円を税収の中から返済せねばならない。つまりそのときの世代が税の支払いとして、2000万円の返済を負担するのです。

他方株式は、相続されても返済はない。株という債券では、返済負担の、次の世代への先送りはありません。国債は返済があるので、おなじ金融資産でも株式とは将来世代の負担の点では違います。政府が国債の代わりに元本を返済しない日本国の株を配当つきで発行しているのが国債なら、FRB行政官の主張は正しいでしょう。元本が償還されない国債が売れるかどうか、問題です。国債であっても売れなければ、売れるまで金利が高騰します。なお株式で言えばその益回り（1÷PER）が金利に相当するものです。

これはPER（株価÷1株当たり税引き後の純利益）を15倍（13年7月1日の日経平均 1万3852円）としたとき、〔1÷15倍＝〕6・7％です。国債の長期金利が0・8％なのに、企業の株の益回りが6・7％とはどんな意味か？　株価には〔益回り6・7％－長期国債金利0・8％＝〕年率5・9％、つまり将来の企業純益（株が所有権を持つ収益）の実現に対し、年率で5・9％のリスクプレミアム（不確実性の対応）を市場が見ているということです。企業の将来純益の実現リスクのため、株式益回り（株の金利）はその予想リスク分、国債より高くなります。

建設国債なら、若干の公共投資の資産（道路、橋、公共の建物）が将来世代に残るでしょう。しかし赤字国債（例えば公務員報酬、年金、医療費、介護費）では、それに該当する将来世代の資産はないのです。

950兆円の国債残が現在の国民にとって負担感がないのは、今はまだ国債残を増やしていて（1年に40〜50兆円）、満期がきた国債（約120兆円）を返済せず借り換え（ロール・オーバー）しているからです。

イタリア、スペイン、ギリシャ、ポルトガルように国家の財政信用が低く国債を発行すれば市場で額面割れするようになると、①財政支出を減らすこと、②増税をすることの両方の負担が、国民の生活に生じます。そのときになって、あぁ……問題は、あのときだったと思う。発行時の国債が、市場ですぐに額面を割れるようになると、財政信用の危機です。

戦争でGDPの2倍の国債を発行し軍事費として使ってしまい、敗戦直後の日本に残ったのは焦土と数百倍の物価上昇で無価値になった金融資産でした。

国家の財政破産とは、

・国の財政信用がなくなるため国債の増加発行ができなくなって、
・国が行ってきた政府支出や社会保障が、できなくなり（お金がなくなるから）、
・（返済と利払いは必要なので）国民は増税を受け入れ、負担を甘受せねばならない状態を言います。

あるいは中央銀行に市場が買わない国債を買わせて通貨を増発し、例えば3倍のインフレを起こして、政府負債の名目の残高は1200兆円とおなじでも実質価値を3分の1の400兆円の負担に減

らすことです（貨幣価値が300分の1以下になったのが戦時国債でした）。

このときは、国民の金融資産（1600兆円）の実質価値（物価に対する価値）も物価や資産が3倍になっているため、3分の1の533兆円に減ります。これが3倍のインフレによる国債800兆円分の返済（インフレで価値をなくすこと）です。

デフォルトをせず、国債を返済できる方法は3つしかありません。

①将来の世代の社会保障費の大削減（25兆円）と、税の負担増（25兆円）で50兆円の財政赤字をバランスさせる。これは現在のスペインのような大不況（失業率26・8％：13年4月）をもたらします。

②日銀がマネーを必要額、増発し続け、結局、大きなインフレを引き起こす。金利は高騰して、既発国債の価格は暴落します。10年後の満期に1枚100万円の額面金額が戻ってきても、年間インフレが7％で物価が10年で2倍になれば、その価値は50万円です。

③国債残の増加は1年に4％なので、名目GDPの成長を3～4％とし、国債増があっても名目GDP比ではほぼおなじ状態を維持する。

3番目の方法は返済でなく増額維持ですが、もっとも好ましいものです。ただし日本経済のGDPが年率成長で3～4％を2010年代に長期で続けることは、現在の政府の政策ではとても困難です。安倍内閣が言う名目GDP成長の3％はこの線に沿ったものです。まだその将来GDPは、明細の目標数値がありません。明細数値がないと、経済政策の妥当性は判断できません。

①、②、③のいずれにせよ、現在の世代が存在する間に国債の増加発行が困難になる時期がきます。

財務省には、最後はインフレと思っているふしを感じます（もちろん推測ですが）。

前記の②は事実上のデフォルトです。マネーの国際移動が激しい変動相場制である現代のインフレは通貨が下落して（貿易相手国の通貨が上がって）、輸入物価が高騰することから起こります。

国債の残高を増やせる政府の財政信用

国債が返済を迫られないためには（残高の増加を続けることができるには）、政府の高い財政信用が必要です。財政信用は、ＧＤＰ（475兆円：13年3月）の成長率が国債残高（950兆円：13年3月）の増加率とおなじか、高くなることがないと得られません。

具体的に言えば、日本の国債残は950兆円です。社会保障費の赤字（年間保険料－年間支給額）が続くので毎年40兆円（４・２％）は増えていきます。

つまり……ＧＤＰの名目成長率がいつまでも４％（実質２％＋物価上昇２％）より低いと、国の財政信用は低下し、財政赤字分の国債を発行できない時期が必ず到来します。

長期的に言えば、名目ＧＤＰで４％成長を続けることはほぼ不可能でしょうから、

・現状の社会保障制度では必然の財政赤字（40兆円以上）が続くため、
・100％の確率で人々が円国債を信用しなくなる時期が到来します。

問題は「その時」がいつか？　です。またその時期が来る前に、（政治的な問題から可能性は低いので

すが）財政の再建ができるのか、です。

財政の再建は、

①不況をともなう増税（消費税なら1％で2兆円の税収に該当）、

②社会保障費（年金53・8兆円、医療費35・1兆円、介護と他の福祉20・6兆円：合計109・5兆円）での痛みをともなうカット、

③公共投資（24兆円：13年3月）の削減と、赤字の公共事業（独法の事業）の削減、

④国と地方の公務員（国160万人＋地方377万人＝538万人）の削減、

⑤公務員の総人件費・福利厚生費（毎年約40兆円）の20％削減、

など5項目への政治的合意、次に実行が必要な不人気な政策です。

不明瞭だった国と地方の公務員数と独立行政法人（103法人）の職員の総数は、野村総研が行った『公務員の国際比較に関する調査（05年11月）』で明らかになっています。国は行政機関・議会・司法50万人、自衛隊31万人、公社・公団48万人、政府系の企業32万人で合計161万人です。地方は行政機関・議会が296万人と多く、地方の公営企業が81万人、合計が377万人です。総合計が538万人です。これは週40時間労働に換算した民間では正社員になる人員数です。538万人のうち、正規職員が473万人（構成比88％）であり、嘱託職員が65万人（同12％）です。

その人件費の総額は40兆円くらいで、1人の総平均は740万円付近です。常に叫ばれる「行政改革」とは、公務員の1人当たりの業務生産性が20％～30％は高くなる組織と働き方に変えながら、公務員人件費の国民負

担を減らすことです。官僚機構は日本の公務員数は他の先進国に比べ、人口当たりでは少ないと主張しますが、公共の事業として公務員が関与している仕事の内容も比較せず、単に人口当たり公務員数（日本は人口34人に1名）で多い、少ないとは言えません。

強烈に国民の共感を呼ぶリーダシップを持った首相が登場しないと、国民が支持しません。政権与党と首相が自滅して、ころころ替わる国ではとても無理です。このため政治的に以上の5項目の決定と大きな痛みをともなう実行が必要な財政の再建は困難です。

財政の再建が急務になった南欧でも再建策は机上では作ることができても、実行することはギリシャ、ポルトガル、スペイン、イタリアともできていません。２０１５年までには、この南欧組にユーロのドイツに次ぐ大国フランスも加わる可能性が高くなっています。

国民、官僚、政治家は「その時」の問題は考えず、「なんとかなるだろう、まだ先だから」と将来に繰り延べしています。しかし……アベノミスクスの金融政策を修正しないと、「そのとき」は近いでしょう。

国の財政信用における、経常収支の黒字という要素

日本の場合、現在はまだ黒字の経常収支（２０１２年：約5兆円）が赤字に転じるとき、国債ファイナンスが危なくなる可能性が高いように思えます。赤字の予測が出ると海外勢から、国債の値下がりの利益（金利上昇と円安の利益）を狙った円国債の売り（先物売り、売りオプション、空売り）が仕掛けられ

るからです。ヘッジファンドの中にはこの機を狙うと公言するものも多くいます。経常収支の赤字とは米国のように、日本が海外から赤字に相当する金額の資本の流入が必要になることを意味します。

図4-1は、2000年から12年間の経常収支の傾向を示しています（折れ線グラフ部）。注目すべきはかつて10兆～15兆円も黒字だった貿易収支が、資源価格の上昇と輸出数量の減少のため、2011年から7兆～8兆円の赤字になり、黒字への転換がまるで見えないことです。所得収支、つまり海外の資産や証券から上がる純利益、配当、金利の黒字（約12兆円）があって、やっと経常収支が5兆円の黒字になっています（2012年）。これらは対外純資産（296兆円：2012年末）の受取純配当や金利です。経常収支の黒字（折れ線グラフ）は08年以降、1年間で3～4兆円くらい減り続けています。

日銀が巨額国債の買いを続けていれば早ければ2014年末ころ、円安による輸入物価上昇の要因から4兆円の赤字になってしまいます。

わが国の貿易収支は戦後の1963年以降、ほぼ50年間も黒字を続けていました。この黒字が「円買い・ドル売り」を呼び、赤字通貨の米ドルに対して4倍の円高という趨勢的な傾向（1ドル＝360

図4−1　経常収支の推移(内閣府13年4月)

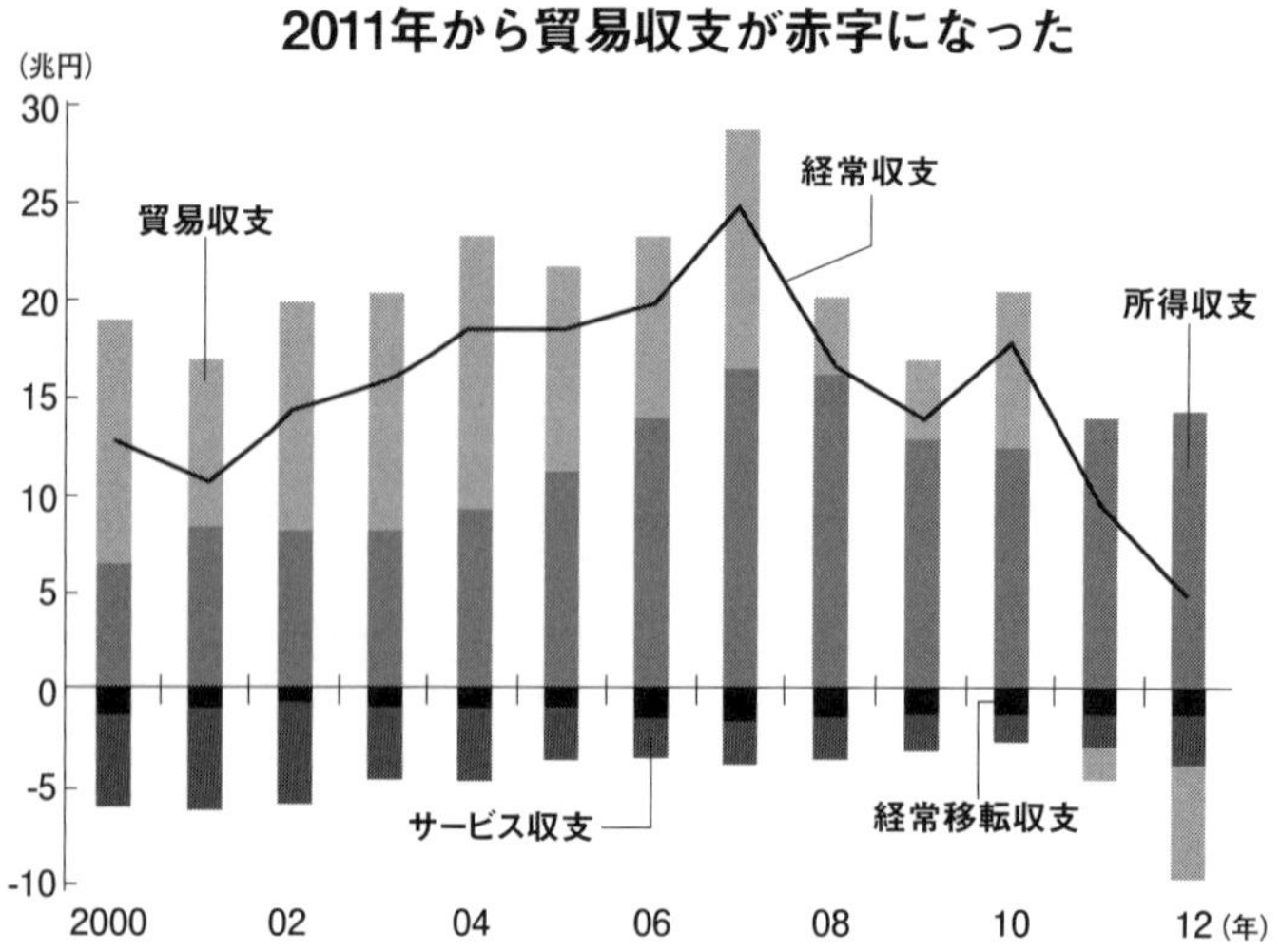

円↓1ドル＝80円）を生んでいたのです。一時は円安になる時期があっても、5年スパンの長期では円高だった理由は、為替の基礎条件である経常収支が黒字を続けていたからです。日本の経常収支の赤字転落は、国際金融市場のサプライズになります。

2014年以降は、円高を本質の部分で支えてきた経常収支の黒字がほぼ確実になくなります。

マクロ経済での主因として、わが国には人口の構造による貯蓄率の低下という構造要因があります。〔国の経常収支＝国の総貯蓄－総投資〕です。可処分所得に対する世帯の貯蓄率が低下し米国並みの2％（全世帯を計算する国民経済計算ベース）ですが、このため経常収支が黒字を続けられなくなりつつあります。

国民経済計算での家計の貯蓄率は高度成長時代の1975年の25％が頂点ですが、当時は現在の中国に近かったのです。1980年代（15％）、90年代（10％）、00年代（4％）と一度の例外もなく、貯蓄率は低下し、現在は2%レベルです。これが今後、増えることはありません。

この意味は、

・2014年ころからの基調的な円安と、

・海外からの資金が必要なための金利上昇です。

基調的な円安とは5年くらいの中期傾向で円安の傾向という意味です。実際の通貨市場ではドルに対し波動しながらも、太い傾向線を示すのが円安ということです。この通貨の長期傾向を決めるのが経常収支です。ドルだけは、世界貿易の基軸通貨の位置にある限りは、特殊です。世界貿易が増えるとドル需要（ドル買いになる）も増える。このため米国経済としては経常収支で赤字を40年も続けていても、大暴落はなかったのです。

2010年代の中期（14年ころから）は日本の、経常収支の黒字の10兆円への縮小から次は赤字化という、30年ぶりの新しい要素からドル高・円安の傾向と見ます。あらゆる相場で新しい材料が出ると、その材料に合わせるように過度の動きで価格が変わります。

なおドルの反通貨がゴールドに思えます。このためドルの世界の通貨に対する実効レートが下がる時期は金が高騰し、新興国と世界からのドル需要が多くなり、ドルの実効レートが上がる時期は金価格が下がっています。

もっと長期で言えば、米ドルは金に対し下げるでしょう。金は先物売りで下がる時期を経由し、下がった時期にはほぼ必ずある中央銀行グループの意志を受けた現物の買い占めが起こりますから、長期では上がるでしょう。2013年5月からの金価格の大きな低下（31・1グラムで1800ドルから約1300ドル）は投機筋の先物売りと貿易黒字が減って不動産危機にある中国の売り主因です。現物が低くなった価格で買い占められていると推計します。米ドルに対して円安になれば、金価格は円に対しては上がります。

2年後の2014年度の経常収支は、日本の国債が海外のヘッジファンドの先物売りの対象になるかどうかの分岐点を示す、注目すべきものとなりました。2014年に経常収支が赤字になると、「あの日本が、ついに海外からお金を借りる国になった」と言われるようになり、かつて英国のような①金利の上昇、②国債価格の下落、③円安が起こります。

わが国の経常収支の2014年度ころからの赤字化を予想し、「日本は今後、増発する国債のファイナンスに国内の貯蓄では不足する国になる。このため国債の金利は上がらざるを得ない。日本国債の売りに、巨大利益をあげるチャンスが訪れつつある」と言いながら資金を集めているヘッジファンドも確かにあります。

米国のサブプライム・ローン危機のとき、デフォルト債の回収を保証するCDS（クレジット・デフォルト・スワップ）が安かったときの買いによって、巨大利益をあげたJ・カイル・バス（ヘイマン・アドバイザーズ）を典型とした人々です。

過去に、ヘッジファンドによる日本国債の価格下落に賭けた先物売りが何回もありました。しかし今までは国内金融機関や日銀が国債を買うことによって国債価格は維持され、空売りや先物売り、および売りオプションによる国債価格下落での利益のチャンスをはねつけてきたのです。問題はいつまでこれが続くことができるか、です。

われわれは過去10年以上続いてきたことは、未来もおなじと考えがちです。バブル価格も続くと思い、逆にバブル崩壊も続くと思ってしまいます。認識は粘着的だからです。経済の歴史では5年サイクルくらいで大きな変化が起こっていて10年も経つとすっかり変わってしまいます。日々の変化が少しずつであり、株価のように波動するためこれが分からない。しかし確実に変わっているのです。

(2)不換紙幣も国債とおなじように政府の国民に対する負債

円という通貨も国債と同じく、日銀の国民経済からの負債であることを知る人は少ない。通貨には国債のような金利の支払いはなく、償還もないからです。しかし通貨は発行した日銀のバランス・シートでは右側に書かれる国民に対する負債です（拙著『マネーの正体』：2012年ビジネス社刊）。

国債も通貨も、その持ち手にとっては金融資産です。

・国債は、発行した側の国家にとっては負債です。

・通貨は、発行した中央銀行にとっての負債です。

政府と日銀は事実上一体です。

国債発行と通貨の増発は、国民経済にとってはおなじ政府負債の増加であり、おなじ意味を持ちます。図4-2の単純化した複式簿記で具体的な数値を示しながら解説します。それでも複式簿記や貸借対照表に慣れていない方は、分かりにくいかもしれません。丁寧に書きます。論理をたどってください。

図4-2の(1)は、国債を950兆円発行した、政府の貸借対照表です。950兆円の国債発行残が負債です。政府の財政信用950兆円を資産側に書いたのは、950兆円の国債を国民(金融機関)が信用して買っているからです。「国債発行見返り勘定」と書いてもおなじです。

経済的な信用は、「あの人を信じる」という人格的なものとは異なります。それは借金をする能力です。無担保で1億円借りることができるなら、1億円の経済的な信用、つまり将来利払いができ、返済ができるという個人財政の信用があることになります。信用額以上に借りることはできません。政府もおなじです。経済的な信用(英語でクレジット)はマネーを意味します。

例えばギリシャ政府はドイツから支援を得ないと、自力では3兆円の国債を増加発行する信用もありません。発行しても額面割れの金額でないと売れず、結果として金利が高騰するので自分では発行しません。ECB(ユーロの中央銀行:フランクフルト)からの支援に頼っています。政府の財政信用が低い点ではスペイン、ポルトガル、イタリアも程度の差はあってもおなじです。

日本政府の財政信用は国債を950兆円発行できていますから、950兆円はあります。たぶん15%増し(+150兆円)の1100兆円はあるでしょう。しかし国債残があと250兆円増えて1200兆円になると、どうか? あやしくなります。1300兆円になったら、たぶん、そこまで

図4−2 政府と日銀の貸借対照表を連結すれば、国債と通貨は同じものになる

(1) 政府(2012年3月期)

資産		負債	
政府の財政信用	950兆円	国債発行	950兆円

(2) 日銀(2012年6月)

資産		負債	
国債保有	149兆円	通貨発行	82兆円
		当座預金	67兆円

(注1) 日銀の国債保有高とマネタリーベースの金額(=通貨発行数+当座預金)は実際には7兆円、国債保有が多いが、ここでは一致させ、国債保有を7兆円増やしている。
(注2) 当座預金の所有者は主に銀行である。

↓

(3) 連結:政府と日銀の連結のB/S

資産		負債	
政府の財政信用	950兆円	国債発行	801兆円
		通貨発行	82兆円
		当座預金	67兆円

↓

日銀が銀行の国債を100兆円買って代金を銀行の当座預金に振り込むと

(4)

日銀の資産		日銀の負債	
国債	100兆円	当座預金	100兆円

↓

(5) その後の、政府と日銀の連結のB/Sの変化

資産		負債	
政府の財政信用	950兆円	国債発行	701兆円
		通貨発行	82兆円
		当座預金	167兆円

国債は日銀が買った分100兆円が政府部門に吸収され、減った。しかし銀行が日銀にもつ当座預金口座(負債)が100兆円増えた。つまり国債の代わりとして、通貨が100兆円増発された。

……勘定科目の振り替えで、負債であるのはおなじことである。

の信用はない。信用が低くなった人への貸し付けは信用リスクが高まって金利が上がります。その債券を売買するときの価値（価格）も下がります。

図4-2の（2）は、日銀のバランス・シートの、国債の保有（149兆円）とマネタリー・ベース（通貨発行＋当座預金＝149兆円）を抜粋したものです。日銀は、国債保有額とマネタリー・ベースの額を一致させるよう通貨を発行するのを内規による方針としています。

通貨発行とは、

・1万円札の発行（82兆円：82億枚）だけではなく、
・銀行が日銀に持つ当座預金の残高（67兆円）を加えた149兆円（13年6月）です。

異次元緩和はこのマネタリー・ベース149兆円を2年間で280兆円に倍増させ、2％のインフレを起こすというものです。これは日銀の国債保有（買い切り）を140兆円くらい増やすことです。

図4-2中の（3）は政府と日銀を一体とみて、両方の貸借対照表を連結して加え、政府の負債（国債）950兆円と日銀の資産になっている国債149兆円を相殺したものです。「政府＋日銀」で国民と金融機関に対し、国債801兆円、通貨発行82兆円、当座預金での預り67兆円という合計950兆円の負債があることになります。

日銀が資産として持つのは国の国債であるため、日銀の「資産&負債」は連結では政府に吸収され、全部が政府の「資産&負債（950兆円）」であるかのようになります。

ここで日銀が金融機関から国債を100兆円買い、代金の100兆円を当座預金に振り込んだとします。異次元緩和ではこれを行うので事例にします。

図中の（4）がこの取引を示す振替伝票です。振替伝票を記帳しバランスシート（貸借対照表）をつくると、（5）になります。

銀行が持つ当座預金の残高（現金と同じ）が167兆円になり、100兆円増えています。日銀が買った100兆円の国債は自社株買いのように相殺され、代わりに100兆円の円が増発されたのです。

政府が日銀と合併すれば、ここで示したように国債を日銀が買う行為は国債の代わりに通貨を発行することだと誰でも分かるようになります。以上のように国民経済から見れば、100兆円の国債と100兆円の通貨の発行はおなじ性格のものです。国民に対する政府の返済と利払いの必要な債務が国債です。国債とおなじように、政府の国民に対する返済と利払いの必要がない債務が通貨（円）です。両方とも本項で証明したように、政府部門の国民への債務です。

政府紙幣とは

日銀を政府と一体とみれば、通貨と国債はどちらも政府負債であり、おなじです。政府にとっては返済と利払いがある国債の発行より、返済も利払いもない通貨（この場合、政府紙幣になる）の発行がいいということになります。

しかし国債の代わりに現金化せずとも使える政府紙幣を発行すると、誰の目にも政府によるマネー増発です。

通貨の増加によるインフレが直接に懸念されるため、普通、近代国家は政府紙幣を発行しません。

・政府は国債を発行し、

・中央銀行が通貨を発行するという制度です。

中央銀行がワンクッションを入れて、国債を買うのです。

経済を引き締める必要や高いインフレ率を下げるときには、中央銀行が国債を売り、マネー量を減らすこともできるということが含意になっています。政府が政府紙幣を発行し始めたら、発行額の歯止めが利かなくなり、経済を破壊する大きなインフレになると懸念する人が多いからです。

このため政府はマネー発行機関を別に設置し、マネーの管理は政府の意思で行わないとしました。これが不換紙幣を発行する中央銀行の発祥の理由です。金とは交換できない現在の不換紙幣（ドル、ユーロ、円）なら、日銀ではなく政府が発行してもおなじです。しかし政府が発行すると、政治家や政権与党が有権者の人気を得るため、常にマネー増発を主張するということから、中央銀行という別の政府機関にマネー発行を委託したとも言えます。

結論　通貨の増発も国債の増発もマネーの形態が違うだけで、本質は政府の国民に対する負債という点でおなじである。日銀が金融機関から国債を買い取って円を増発する行為は、政府が同額の国債を発行する行為と金融的にはおなじである。

２０１３年4月から日銀が国債を突然10兆円買い取って円の増発を実行したあと、最初、国債市場で円の増発だからと国債価格は上がり金利は下がりました。

その後、国債のディーリング関係者はこれは国債の増発とおなじだとハタと気がつき、国債価格が下がって金利が上昇したのかもしれません。

いや、国債を売買する金融機関勤務のファンド・マネジャーはここまでは、考えてはいないでしょう。考えるのは国債売買での利益と自分の責任です。利益が出にくくなって、あるいは損をしてあわてているのかもしれません。このために1日に30兆円平均の売買（月間６００兆円：年間７２００兆円）という巨大な国債の売買市場が、非論理的な動きをする不安定な市場になっているというのが実相でしょう。

株を売買する人も出資証券の本質ではなく、市場での今日の価格だけをみています。しかし国債と通貨の本質を追究しておくと、ここまで分かります（日本証券業協会　投資家別売買高→ http://www.jsda.or.jp/shiryo/toukei/toushika/）。

2％のインフレ目標を掲げる安倍政権にとって、国債を政府が発行し、日銀に買わせて通貨を増発する間接的な方法ではなく、政府が直接、政府紙幣を発行するという手段もありました。検討されたかどうか。

日銀が国債を買い切る異次元緩和と国債市場に介入せず、政府が政府紙幣を発行することはどちらが近い将来の国民経済のためによかったか、当方も判断に迷っています。

第5章

インフレ・ターゲット2%の政策

(1)なぜ「日銀による異次元緩和」になったのか

デフレ論争でのマネタリズム

1994年ころからの日本のデフレの原因をめぐる経済論争のなかで、マネタリズムを奉じる学者は以下のような主張をしていました。安倍政権はマネタリストの主張を容《い》れて、異次元緩和を行っています。

13年4月に日銀副総裁に就任した岩田規久男氏は学習院大学教授のとき、日銀の金融政策を非難する『デフレの経済学』（2001年、東洋経済新報社）を書いています。マネタリスト派のデフレ原因論のなかで知る限りでは、もっとも実証性が強いように思えますので、論旨《ろんし》を短縮して取りあげて検討します。

デフレは特定の商品の価格ではなく「物価一般」、言い換えれば、消費者が店頭で買ういろんな商品を混ぜた「マーケット・バスケット（家計が買う商品を、消費の割合で入れた買物かご）」が2年以上継続して下がる現象を言う。

消費者物価を観察すると、日本は1994年ころから物価が下がるデフレに入った。

バブル経済末期の1990年は物価が3％上昇、91年、92年は2％上昇、93年は1％上昇だった。

1994年以降、物価上昇は0％の線にはりつき、少数一桁の下落や上昇である。

日本のデフレは安価な中国製品等が円高の日本に輸入され、店頭物価が下がり、その結果生じたとする説がある。これは正しくない。物価では「相対物価」と「絶対物価」を区分しなければならない。ミルトン・フリードマンは、以下の主旨を述べる。

「石油や食料の価格が上がれば、それらに対する支出額が増えるだろう。このため家計はそれ以外の商品への支出を減らす。これは石油と食料以外の商品の価格を下げる圧力になる。つまりマーケット・バスケットの平均的な価格である物価は石油や食料のような相対価格の変化によって影響を受ける理由はない」。

（注）マネタリストの物価に関する主張でもっとも有名で肝心なところがこれです。

特定の商品の物価は、それぞれ固有の原因で上がったり下がったりする。これは「相対価格の変化」と言える。原油が上がって、他の物価が下がるようなことである。

物価一般（つまり絶対価格）が、相対価格によって上がる、または下がるとは言えない。物価一般の下落（デフレ）や上昇（インフレ）は貨幣現象である。使われる貨幣量が増えると、インフレ傾向になる。使われる貨幣量が減れば、デフレ傾向になる。

これは、フィッシャーが作ったマネー量と物価の関係を表す等式に明らかである。

M（マネー・サプライの量）×V（マネーの回転率）＝P（物価水準）×T（実質GDP）

日本の場合はマネー・サプライの量をM３（預金＋譲渡性預金）として、M３の量と一般物価（CPI：消費者物価のマーケット・バスケット）の関係を１９７０年代以降の30年間で調べると、マネー・サプライ量の４％増加のとき、消費者物価の上昇率はほぼゼロである。

マネーが使われる回転率（マネーの流通速度とも言う）はほぼ一定の率（1／マーシャルのK）で低下するからである。

以上は日本の家計は

・預金が4％くらいしか増えないときは消費を増やさず、

・6％増えたときから、2％買いもの金額を増やす傾向があることを示すだろう。

日本経済を成長させず、縮小させてきた15年デフレを脱するには、日銀がマネー・サプライを6％以上増やすことを目的に国債を買って円を増発し、マネタリー・ベースを2倍（280兆円）に増やす必要がある。デフレから脱却するにはこの方法しかない。マネタリー・ベースを倍増させることによって、マネー・サプライ（M3）を6％（7兆円）増やす。

マネー・サプライが6％増えるようになると、増えたお金が買い物や設備投資に使われるから、しばらくあとには日本の物価は上昇率がプラス2％に向かう。そのしばらくはいつか？　2年から4年後である。

……以上が論旨の要約です。

(2)科学ではないのが、経済学の法則

自然科学なら、過去の引力と現在の引力の法則は変わりません。縄文時代の引力は現代とおなじということです。古代ギリシャの科学的な原理と現在の科学的な原理はおなじものです。発見されてい

たかどうかの違いがあるだけです。発見（認識）されてなくても自然科学の原理は働いています。人がどう認識しようが、認識とは無関係に科学的な原理や法則はあり、働いています。病気や健康も自然科学とおなじですから、医学も科学です。

ところが人間の認識が関係する経済では、人々の変化する価格やニーズへの認識が売買に関係するため、条件が変わってきます。例えば商品へのニーズは社会的な集合心理からのものです。これは国と時代で変化します。このため10年前に売れたものが普及しすぎて、現在は売れないということも起こります。社会的なニーズが変化したからです。

経済学的な公理や法則は、過去の経済の環境と条件のなかで観察されたものです。

このため過去に言えたことが、現在は言えないということが生じます。

岩田氏が過去のデータから観察したマネー・サプライの量と物価一般の傾向は１９７０年代、80年代、90年代の日本経済のものです。

貿易量が2～3倍に増え、中国の生産力も10倍に増え、後発国が安い物価の商品を作って輸出増の機会を狙い、資本が自由化されて即時に他の通貨と交換される量が１００倍以上に増えた21世紀の２０１３年以降の日本経済における物価とマネー・サプライに適用できるかどうか、実際は不明です。

１９９０年代までと、すっかり変わった日本経済の要素が「高齢化」です。世帯の高齢化は商品量の購買を増やさない。このため仮に預金が増えても、今より30歳以上も若かった70年代や80年代のように、お店で余分に商品を買うのに使い、商品の購入量を増やして物価を上げるかどうかです。

マネタリストを奉じる岩田日銀副総裁が言う「マネー・サプライを6％増やせば、物価は2％上がるようになる」ということを世帯に置き換え、具体的にすれば以下になります。

預金が1000万円だった人の1年後の預金は、1020万円へと2％しか増えていなかった。これを6％増やし1060万円になるようにして、2年後に1120万円に増えるようにもっていけば、世帯の商品購買量は増える。このようにして5000万世帯の預金と企業の預金が1年に6％が増えるようになると、需要が増えて物価一般は2％上がるだろう。物価が上がるようになれば、世帯の消費と企業の設備投資の先送りはなくなって、経済は成長に向かう。

これが端的に言ったマネタリストの見解です。

この見解を安倍政権は政策として採用し、日銀の異次元緩和、つまり13年4月からの国債買い切りによる円の増発を7～10兆円／月としたのです。日銀が国債を買い切り、マネタリー・ベースを2倍増やすことによって、マネー・サプライ（後述）を6％増やして2％のインフレ目標を2015年に達成するという。

仮に世帯の預金が1060万円と前年比で6％増えても、世帯が商品購入量を2012年に買った量から増やさなければ、物価は2％は上がりません。にもかかわらず、日本経済は少なくともこれから2年、金融面では異次元緩和という大きなマネー増刷の実験を行うことになります。

当方の予想では、日本の物価はマネタリストが言うマネー・サプライ、つまりM3（主は、世帯と企業の預金）が6％増えて、商品購買量が増えるから消費者物価が2％上がることは起こりにくいとみています。

(3)昨年比20%の円安が原因の悪い物価上昇になる

【2013年末での物価の上昇は20%の円安によるものが大きくなる】

ところが2014年、15年の消費者物価はおそらく2%は上がります。上がる理由はマネタリストの言うようなマネー・サプライの増加が原因になって、世帯と企業の需要の増加が引っぱることからではありません。輸入の資源と商品物価の、円安20%によるコストプッシュ型の上昇です。

2012年までの1ドル80円平均に対して13年に1ドル95円平均が定着すれば、20%の円安です。これは輸入資源、エネルギー、食品、商品物価を20%上げる要素になります。

1ドルが年平均でほぼ80円だった2012年は、日本の総輸入額は名目金額で79兆円でした。2013年が20%の円安なら、〔79兆円×1・2＝〕95兆円に増えます。この金額は企業と国民が負担する16兆円もの輸入代金の支払いの増加を意味します。円換算の価格が上がった16兆円は、輸入先への支払いの増加になります。日本人の富が海外に流出するのです。

【輸入物価上昇圧力が16兆円】

名目GDPは475兆円（13年3月）です。これに対し16兆円（3%）のコストプッシュ型の物価上昇の圧力が襲います。この輸入物価の上昇が店頭物価に転嫁されれば、消費者物価は3%も上がることになります。

5000万の世帯の平均的な所得（550万円：全世帯）の増加がなく、逆に減っているなかで店頭の物価が上がれば、商品は売れなくなります。このため16兆円全部はとても価格には転嫁できない。しかし企業が自己負担するには、16兆円は大きすぎます。結果は円安損の半分の1・5％（8兆円分）くらいの物価への転嫁になるでしょう。

円安による「悪い物価上昇」から、わが国の物価上昇が1・5％や2％になる可能性が高い。20％の円安による1・5％の悪い物価上昇は、企業にとってみれば支払いが3％増えた分を販売価格に1・5％だけ転嫁したに過ぎないものです。同じ量の商品が売れても、企業収益は悪化します。

円安での輸入価格上昇から物価が上がり、所得は増えず、売上数が減ることは「スタグフレーション」です。世帯所得の増加が明瞭ではないため、国債残の過大が原因のスタグフレーションに陥る可能性が高いのです。つまり円安による物価上昇は、輸入の内需産業（200万社：雇用4000万人）と国民（5000万世帯）にとって悪い物価上昇になるのです。

【輸出企業は大幅増益だが、輸入企業にそれと等しい分、円安負担が回る】

他方、輸出に関係する企業（輸出総額68兆円：2012年）は昨年と同じ量の商品を輸出しても、20％の円安で20％（13・6兆円）は売上が増えます。

経費は同じ金額です。国内に円で払うため、輸出金額が20％膨らんだ分が大きな利益増になります

（2013年3月比の純利益増＋55%：一部上場の約1600社）。東証の上場企業には製造業の輸出大手企業が多い。このため株価が上がったのです。

1株当たり次期予想純益（＋55%）×PER倍率（15〜18倍）→株価（＋55%）

一方で前述のように20%の円高は、輸入での支払いを16兆円増加させます。輸入原材料を使った商品の販売業や開発輸入型のSPAを含む内需産業（ファッションや耐久財）を利益減に追い込みます。価格を上げても売れるような商品力が強いものを持つこと、作ることが必要です。一方で、輸出企業グループは売上げが13・6兆円増える可能性があります。円安では、輸入産業の利益減少が輸出産業の利益増と見合うものです。これは円高への変化の場合もおなじです。輸出産業が利益を減らし、輸入産業が増やします。

日本経済全体では〔輸出の増加13・6兆円－輸入の増加16兆円＝マイナス2・4兆円：GDPの0・5%〕というGDPのマイナスになるのが今回の円安です。2011年から輸出より輸入が10兆円くらい多くなっています。このため円安での輸入支払い金額の増加が大きいからです。

（注）輸出が超過する中国のような経済のとき、自国通貨安がGDPを増やします。日本では2011年から輸入が輸出より多くなっているため、円安では貿易収支が悪化してしまうのです。

【日本は貿易黒字国というのは、すでに過去の通念】

「日本は貿易黒字国」という過去の固定観念から多くの人は、円安がＧＤＰを増やし、景気を良くすると思っています。確かに07年まで、貿易黒字はずっと10兆〜15兆円でした。これに所得収支の黒字10兆円が加わり、経常収支は20兆〜25兆円（ＧＤＰの４〜５％）という大きな黒字でした。

日本経済の強さとも言われたものが、この経常収支の黒字です。ＧＤＰの４％の経常収支の黒字が原因である恒常的な円高のなかで、ときどき円安になると輸出が有利になって、ＧＤＰも増えていたのです。

しかしこれが逆転し、輸入超過（現在は10兆円規模）の構造になると、１９７０年代から40年も赤字を続ける米ドルのように、自国の通貨が安くなることは好ましくないのです。

日本は、２０１１年から貿易赤字国になったばかりです。このためまだ貿易赤字のなかでの円安の経済への悪影響の評価が定着していません。相変わらず円安がいいと思われています。円安がいいのは、貿易が黒字構造の経済のときでした。今後も、貯蓄額と国内投資額のマクロ経済から、わが国が貿易黒字になることはありません。

【マクロ経済での貯蓄の減少が経常収支の黒字減少と今度の赤字化に対応する】

日本の貿易赤字への転落は、前述したようにマクロ経済での貯蓄の減少からです（注：経常収支黒字＝貯蓄－投資）。国債のファイナンスにも約20兆円不足するように減ってきた貯蓄額は人口の年齢構造が要因なので、経常収支が2014年末から15年にかけて赤字に向かう傾向は変わりません。経常収支が赤字化したあとは、国債のファイナンスを含み、海外からの資金の流入が必要になります。経常収支が赤字になると、米国や英国のように海外からの資金流入（資本収支の黒字）が必要になります。

このとき、円評価における質の転換が生じます。2014年末から15年はもう一段の円安になり、輸入物価が高騰するため、経常収支の赤字は大きくなる可能性も高くなります。あまり先を言うと、その間の変化や対策があるので、予測をはずすことが増えますが、あえて申し上げておきます。日本の経済収支が赤字に向かうのは、貯蓄減というマクロ経済の構造に要因があります。

貿易の赤字化と経常収支の黒字の急減からの赤字化は貯蓄減というマクロ経済です。

直近のことに話を戻します。輸出企業・輸入企業ともほぼ6ヶ月先までの必要な金額の為替予約をしていることが多い。昨年比20%（15円）の円安の影響がプラスの影響を受ける輸出企業と、マイナスの影響の輸入企業に表れるのは13年の5月からです。

(4)安倍政権はマネー・サプライの6%増を日銀に迫った

マネタリズムを奉じる学者が唱えていた、「デフレ脱却のためのマネーの増発」を国の政策として実行に移したのが安倍政権でした。のちに異次元緩和やアベノミクスと呼ばれる政策は、岩田規久男氏の『デフレの経済学』での日銀批判をエール大学の浜田宏一教授を通じて取り入れたものです。このため前述したことと重なるところがありますが、政府の政策となったので、確認の意味を含め改めて記します。

日本経済は1994年から物価が下がるデフレ傾向を約20年続けている。デフレ予想を人々が持つときは、世帯は待てば物価が下がるので消費を抑え、企業は設備投資を抑える傾向が生じる。

長短借入の銀行金利は名目では1・5%と低く見えても、物価がマイナス1%なら、物価に対する実質金利は〔1・5%+1%=〕2・5%と高くなり、予想収益に対する投資の金利負担が増える。1%はかかる事務手数料と1%は予定しなければならない回収リスクから、名目金利がこれ以上下げられないくらい下がっても、投資が増えない。民間企業260万社の設備投資が増えねば、経済成長はない。物価が下がるデフレを脱却しないと、日本の経済成長はない。

デフレから脱却するには政府が、物価が上がるように経済・金融を運営すると宣言することだ。これがインフレ目標2%である。一般物価（マーケット・バスケット）を2%上げるよう金融政策を転換する。M（マネー・サプライ量）×V（マネーの流通速度）＝P（物価水準）×T（実質GDP）である。

過去の日本経済はマネー・サプライ量の増加が4%のとき、物価上昇が±0だった。このMを6%増やすと、物価は2%上がる傾向に向かう。マネー・サプライ量をM3（全預金+譲渡性預金）として計ると、2011年が前年比+2・3%、2012年は+2・2%でしかない。これではデフレになるのが当然である。

マネー・サプライ（M3）の金額は2012年12月では1113兆円（前年比+2・2%）だった。日銀がマネーを増発して1年に6%増やすとすれば、増加必要額は70兆円くらいになる。そうすれば早ければ2年後、遅くとも数年後には消費者物価はインフレ・ターゲットとする2%は上昇する。

消費者物価が2%上がるようになると、名目GDPは消費と設備投資が増えるから、物価上昇率2%+実質成長率2%で4%は成長するようになるだろう。政府の名目GDPの成長目標を平均3%とする。2012年

3月の名目GDPは475兆円だから、増加分の3%は14兆円に相当する。1年で14兆円、10年で140兆円のGDPが増える方向に向かうだろう。これによって日本経済は一変する。
(日銀 マネーストック統計 http://www.boj.or.jp/statistics/money/ms/ms1305.pdf)

以上が、異次元緩和の金融対策をとる原因となったことの認識と論理です。細部は別にして、おなじ主旨でマネー・サプライ増加の必要を主張するのは米国のポール・クルーグマン、FRB議長ベン・バーナンキ、浜田宏一、原田泰、竹森俊平、伊藤元重、竹中平蔵、高橋洋一の各氏です。マネー増発でのマイルドなインフレを主張するので、リフレ派とも言います。

他国でのインフレ目標は、物価の4%や5%の上昇を2%に抑えるものでした。マネーの縮小と引き締めを行ったのです。これが有効だったことは、その後の経済で証明されています。

ところが日本のインフレ目標2%は、他国の先行事例と逆です。

デフレをインフレにし、物価水準を毎年プラス2%に上げる。向こう10年で物価を1・22倍に上げることが目標です。実証されたことと逆のインフレ目標で、日銀のマネー増発策が有効なのかどうか。これは誰にも分かっていません。経済学説は思想ではあっても、科学ではない。科学的な法則のように、「原因→結果」の関係がはっきりしているとは言えないのです。

日本は「効果があるかもしれないが……」としか判断できていない新薬をリフレ派の医師と政府が集まって、以下に述べる2点で治験《ちけん》することになったのです。いや治験はなく、4月から服用です。

(5)日本経済は2つの実験を２０１３年と14年に行うことになった

実験1はマネー・サプライの70兆円増加があるかどうか

日銀は国債を買って、マネーを増発することはできます。それが図5-1のマネタリー・ベースです。これは、

①日銀が国債を買って増やすことができるマネタリー・ベース（２０１３年6月で１６５兆円）、

②マネタリー・ベースが元になって、世帯や企業の預金になったマネー・サプライ（１１５１兆円：２０１３年5月）、

③そのマネーが商品購入と設備投資になったＧＤＰ４７５兆円（２０１３年3月）

を一覧できるよう示すものです。

（注）日銀は従来の「マネー・サプライ」という用語を08年から「マネー・ストック」に変えています。その理由は「サプライと言うと日銀が国のマネー量を左右できるとの印象を与えるからだ」と言っています。本書ではあえて「マネー・サプライ」とします。

図5—1 マネタリー・ベース165兆円とマネー・サプライ1151兆円、GDP475兆円

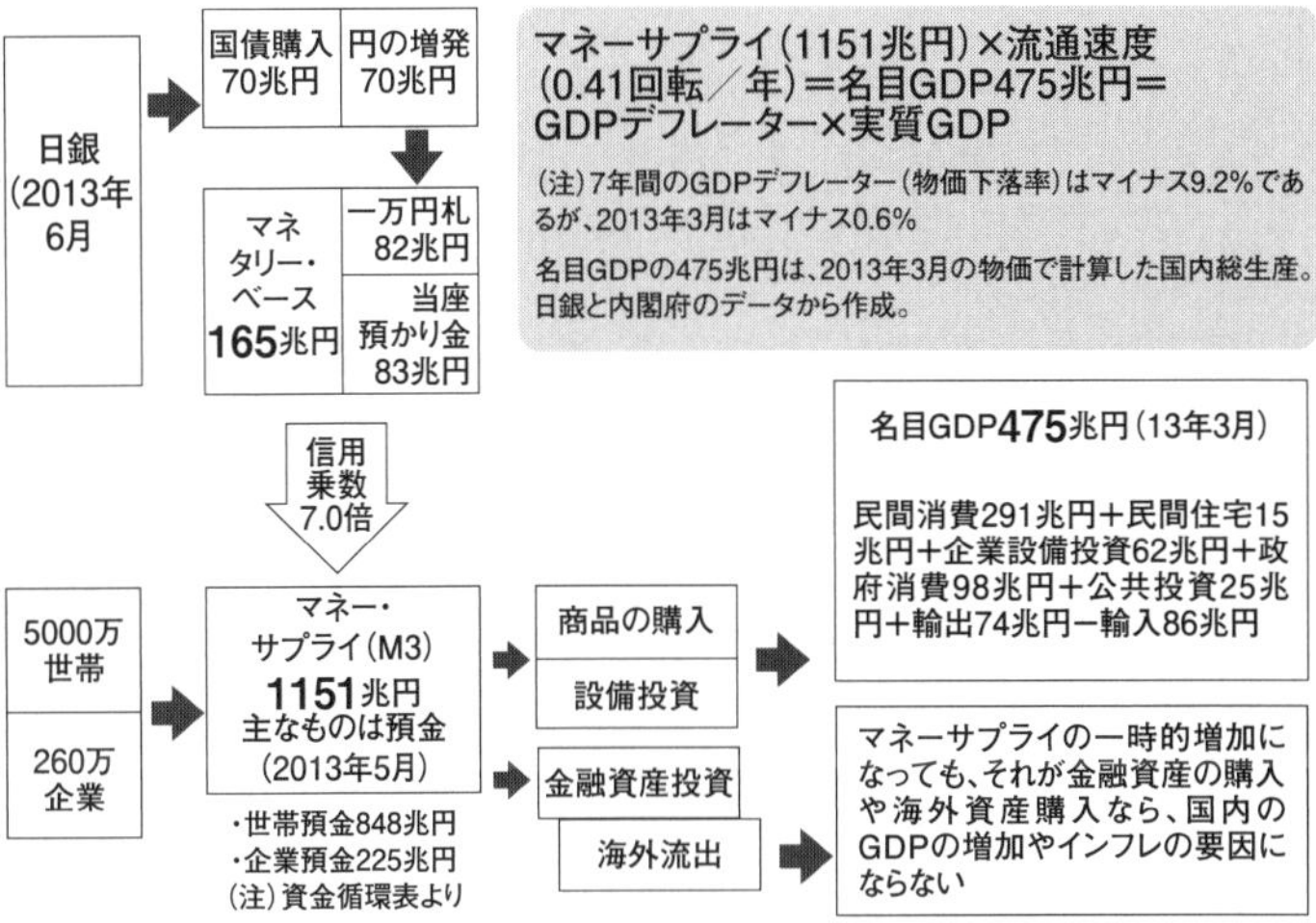

異次元緩和は、日銀が毎月7兆〜10兆円（年間では70兆円くらい）の国債を買ってマネーを増発するものです。日銀はマネタリー・ベースを増加供給することができます。金融引き締めのときは、国債を売って円を吸収して減らすこともできます。2015年には、このマネタリー・ベース（13年3月末は141兆円）を2倍に増やす方針です。280兆円になります。2年間で140兆円の国債を金融機関から買い切って、純増で140兆円の円を発行します。

これは日銀が自分で行うだけですから、可能でしょう。図5-1は2013年6月のデータです。異次元緩和は13年4月から始まったので、書いている時点では2・5ヶ月経過し、24兆円増えています。月間で10兆円ペースの国債買い切り、および円の増発を日銀は行っています。

実験1は日銀がマネタリー・ベースを140兆

円増やしたとき、企業、世帯の預金であるマネー・サプライ（1152兆円：13年5月）が、物価を2%上げるのに必要な6%（70兆円）増えるかどうか、です。

前白川総裁の日銀までは、ずっと「日銀は確かに国債を買ってマネタリー・ベースは増やせるが、それがマネー・サプライの増加になるかどうか。銀行による企業や世帯への貸し出しの増加、企業の資金需要の増加が必要なので、そこまでは関与できない。従って分からない」としてきました。黒田日銀はマネタリー・ベースを140兆円増やして、2年後に280兆円とし、マネー・サプライが6%（70兆円）増えるかどうか、実験することになります。

日銀のサイトでM3の前年比増加を調べると、安倍政権が日銀に関与するようになった12年11月プラス1・9%、12月プラス2・2%、13年1月プラス2・3%、2月プラス2・4%、3月プラス2・5%、4月プラス2・6%、5月プラス2・8%の増加です。2%台でしかありません。2%台では物価が下がるデフレです。

これが3%台、4%台、5%台と上がるとインフレ傾向も出るでしょう。

ここがどうなるかが実験1です。

日銀が本当に国債を140兆円買い取ってマネタリー・ベースを140兆円増やせば、マネー・サプライは6%（70兆円）増えると思います。しかし問題は2013年と14年で国債を170兆円買い取るという異次元緩和を政府・日銀が実行できるかどうか……ここにあると感じます。

理由は日銀が140兆円のマネーを増発すると、市場と銀行にあふれた円の信用が失われ、円安が過度に進行して日本の金利が上昇し、９５０兆円の既発国債価格が大きく下落する可能性があるからです。日銀の国債買いと円の増発が円の信用問題になったとき、日銀は、国債の増加買いを停止せねばならない。この可能性は高いでしょう。中央銀行がマネーを増発することは、増発されていない国の通貨に対し通貨が弱くなることを意味します。繰り返して言えば、通貨の増発は水割りしてその価値を減らすことです。

日銀が１４０兆円のマネーを増発するよう毎月7兆〜10兆円の国債を買い続ければ、日本の3倍のＧＤＰがある米国のＦＲＢによる量的緩和第３弾（ＱＥ３：毎月８５０億ドル＝８・５兆円）と金額でおなじです。ＧＤＰ（経済の規模）に対しては、日銀のマネー増発量（月間7〜10兆円水準）はＦＲＢドル増発量の3倍になります。

こうした金額の異次元緩和の実行を日銀が頑固に続けると、大きな円安と金利上昇を同時に招くと言えます。

１ドルが１１５〜１２５円の円安になると、①輸入物価の高騰が激しくなって世帯の生活と企業を痛め、②金利上昇で既発国債９５０兆円が下落しますから、停止せざるを得なくなるでしょう。日銀が国債を買うから金利が上がり、国債価格が下がるという奇妙なことになるのです。理由は外為市場で円売りが増えて、国際的な円の通貨信用が失われるからです。

（注）通貨が下落する国の金利は上がり、通貨が上がる国の金利は下がるのが、変動相場の原則です。

実験2は増えたマネー・サプライが商品購入の増加に向かい、物価を2%上げるかどうか

日銀によるマネタリー・ベースの果敢な増加策が円安と金利上昇をものともせず実行され、マネー・サプライが4%を越える増加に向かったとします。マネー・サプライのうち約80%（848兆円：13年3月）はほぼ世帯の預金であり、20%（225兆円：同年3月）が企業の預金です。

（注）預金データは日銀の資金循環表から持ってきていますので、マネーストック統計のM3とは若干の誤差がありますが、こうした統計間の誤差は常に生じます。

2013年、2014年の世帯と企業のマネー・サプライの増加は何によって得られるかといえば、まだ所得増による預金増加からではありません。所得の増加はGDPが成長に向かっても2年から4年は遅れるからです。時期で言えば、借り入れの増加による企業の設備投資の増加、世帯のローンの増加による住宅や買い物の増加があって、その後にマネー・サプライの増加（80%が世帯預金、20%が企業預金）が生じます。

考えるべきは、

①まず世帯が物価や住宅が上がり気味になってインフレが感じられるとして、ローンで消費や住宅購入を増やすかどうか。

②同時に１６０万の企業がインフレを感じて借り入れをし、設備投資を増やすかどうか。

日銀のマネタリー・ベースの増加が銀行の当座預金を１４０兆円増やし、増えた当座預金のマネーが世帯や企業に貸し付けられ、そのマネーを使う投資と買い物が増加すること、これがマネー・サプライの増加です。

具体数字でマネー・サプライの1年6%増を見れば、非現実な感じがする

マネー・サプライの6%増は70兆円という巨額です。５０００万世帯に〔70兆円×80%＝〕56兆円の預金が増えることです。企業では〔70兆円×20%＝〕14兆円の預金が増えることです。

１世帯平均で〔56兆円÷５０００万世帯＝〕１１２万円／年の預金増加に相当します。これがマネー・サプライの6%増です。世帯では6%の預金増加が毎年続くことです。

現在の世帯の預金増は1年に40万円平均です。これがほぼ3倍増にならねばならない。毎年、１１２万円（１ヶ月で約10万円）の預金が増えることによって、世帯の買い物が増えないと物価は２%上がりません。

企業で言えば、２２５兆円の預金が6%の14兆円増えることです。２６０万社の1社平均では、現在８６５０万円の預金残です。これが５２０万円平均で増え、増加設備投資が行われることです。

これは世界史上のどの国も行ったことがない実験です。中央銀行による金融引き締めが過熱した景気と物価の上昇を醒《さ》ます効果があることは、実証されています。しかしこれと逆のマネーの増刷が物

価を上げて経済を成長させるということは証明されていないのです。これが無理なことだと思えるなら、日銀の異次元緩和でのインフレ目標2％は達成できません。

マネー・サプライの6％増によってインフレ目標2％を実現するのは、非現実なことのように感じています。これは岩田氏のようなMV＝PTの机上の計算ではなく、上記の家計と企業で想定した預金増の具体数字で見た結果からのものです。

〔結論〕 マネー・サプライは4％（50兆円）は増えても、6％（70兆円）は増えない。

物価は20％の円安の要素から、1・5％は上がるでしょう。しかしこれは円安で20％上がった資源・エネルギー・食料・商品の輸入代金として、海外に所得が流出した結果の「悪い物価の上昇」です。原油価格上昇から輸入資源が高騰した二度のオイルショック（1973年と1980年）のような物価上昇であり、世帯や企業の所得が増えず、物価が上がる不況、つまりスタグフレーションでしかありません。マネー・サプライが6％（70兆円）増えた結果として、需要が引っぱる好ましい物価の上昇ではないのです。いずれにせよ実験結果は2つとも2013年の秋（10月ころ）、遅ければ冬に予想できるものになるでしょう。

予想を言えば（13年6月時点）、

・日銀のマネーの増刷でマネー・サプライは確かに増加に向かう（最高点＋4%：＋50兆円）。
・生じるのは経済を成長させる需要の増加ではなく、輸入価格の上昇からの悪い物価の上昇。

安倍政権は日銀の総裁に黒田氏を、副総裁に岩田氏を任命しました。いずれもリフレ派です。黒田日銀は4月4日に、「異次元緩和」を発表しました。今まで述べてきた「日銀のマネタリー・ベース（13年3月：140兆円）」を毎月の長期国債の7兆〜10兆円の買い切りにより、2倍（280兆円）に増やすという政策が柱になるものです。マネー・サプライを6％増やす実験と、物価を2％上げて2％で落ち着かせる実験を行うことになります。

第6章

異次元緩和の実行がもたらした国債市場の不安定と、混乱の意味を解く

⑴異次元緩和の実行による国債市場の混乱

最初は2013年4月5日だった

2013年4月4日、日銀の異次元緩和の発表を受け、0・6％台だった長期金利（10年債の利回り）が急落し、1日で半分の0・315％に下がりました（翌4月5日）。スイスが2012年に記録した世界史上の最低を下回ったのです（図6-1）。20年債、30年債も1％を下回ります。この金利によって、10年債の価格は一瞬で3％上昇したのです。

長期国債を持っている生命保険（機関投資家）のファンド・マネジャーが「数時間で半年分の必要利益を稼いだ。あとは遊んでいればいい」というくらい大きい利益でした。保険会社の資金運用部で運用する保有国債が10兆円なら、3000億円も上がったからです。

株価のボラティリティ（VI：価格変動幅＝一定期間の価格の標準偏差／同期間の移動平均価格）に比べ、はるかに安定していた国債価格が、この日から短時間での上昇に必ずともなう大きな騰落を始めます。

図6-1は4月5日の時間単位での長期金利の乱高下です。100円につき3円くらい上がった国債価格はその日のうちに同じ率下がり、長期金利は一瞬、0・315％から0・62％へと2倍に上が

図6−1 国債先物(6月限)の13年4月5日の異常な金利の動き(財務省)

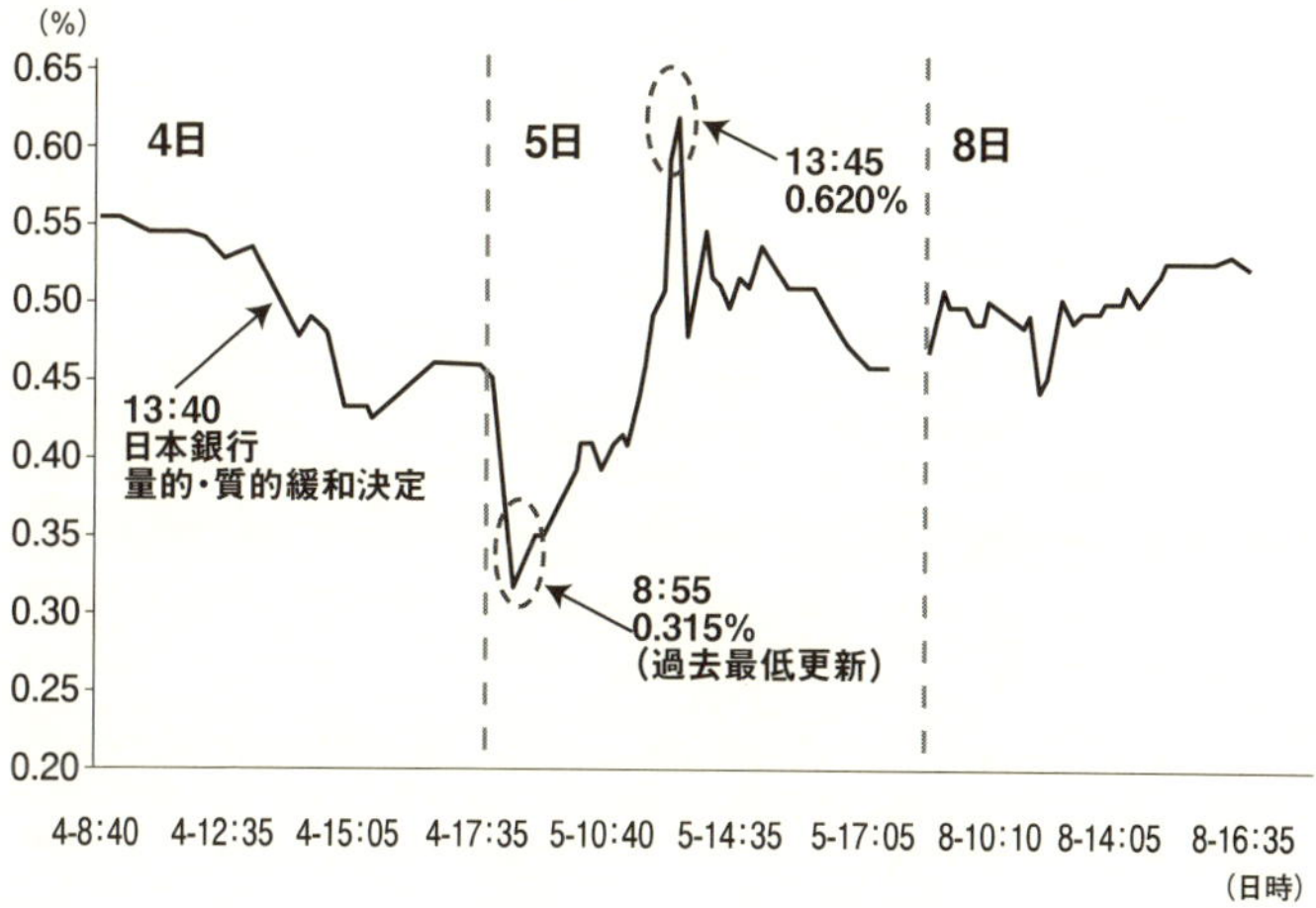

ってしまったのです。なぜ混乱にも見える、こうした乱高下になったのか?

実はこれは市場の混乱からきた錯乱的な動きではありません。黒田日銀による異常な額の国債買いの目的に対応した合理的なものでした。今後の国債と金利を見通すために重要なことなので、これを考えます。準備として整理しておかねばならないことが3項あります。

①一般には馴染みのないのが当然の国債市場の概要、
②金融機関の分類による国債の保有特性、
③超低金利の国債が金融機関の大きな利益になってきたことです。

順に要約して述べますが、10ページくらいの回り道が必要です。

知られていない国債市場　国債の価格と日本の金利を決める市場

ここまで国債市場と言ってきましたが、これは国債取り扱いに認定された290社が作っている店頭市場（OTC：Over The Counter）です。第1章でも述べたように、東証のような取引所はありません。デリバティブ（原資産から派生した金融商品）と同じように証券会社が仲介する、相対《あいたい》での売りと買いの市場です。市場規模は株式市場の10倍くらいと巨大なものです。

【国債市場との比較　株式市場】

株式の時価総額（資本の評価額）は昨年10月の260兆円から130兆円（50％）膨らみ、392兆円です。1日の売買額は1・5兆円から3兆円の範囲です。低調なとき1兆円、高騰しているとき4兆円くらいです。ガイジンの売買シェアが50～70％、個人投資家（約700万人）が20％です。ガイジン投資家が価格を動かすのがわが国の株式市場です。国内の金融機関（銀行・保険）が1990年以降、ずっと株を売り越し、持ち株を減らしてきたからです。

①東証一部が375兆円（1720社：1社平均1600億円）、

②二部が3・6兆円（410社：1社平均88億円）、

③大証のジャスダックが14兆円（692社：1社平均202億円）です。

【国債は、290社の金融機関だけの店頭市場】

一方で、国債の残高は950兆円です。金額は株式時価総額の約3倍であり、月間売買は600兆円規模です（長期300兆円、中期100兆円、短期200兆円：財務省日本国債ニュースレター）。営業日当たりの売買額は30兆円で、株の売買に対し10倍以上です。参加する金融機関は290社の銀行、証券会社、保険会社、基金などです。現物と先物の売買価格から、国の金利が決まっています。

国債の先物では、東証が設定した国債標準物（中期、長期、超長期）と言われる架空の銘柄を取引します。長期国債の標準物では創設された1985年以来、（額面100円：額面に対する表面利率年6％：残存期間10年）という条件が設定されています。取引単位はラージが1億円、ミニが1000万円。個人には少し大きいでしょう。先物価格は現物とほぼおなじ値動きをします。国債先物市場の金額規模は現物の10日分くらいでしょう。株と同じように先物価格が先物と現物の価格差を解消する裁定売買をともなうため、現物価格を先導することが多く見られます。

例えば13年6月27日時点での3ヶ月後の13年9月が限月（清算期限）の先物価格を日経新聞で見ると、142円25銭でした。147円25銭で買った6％ものの利回りは額面（償還額の100円）より47円25銭高い市場価格で買うため、電卓では若干ややこしい計算になりますが、〔（表面利率6％＋（額面100円－先物価格142・25円）÷残存期間10年）×（100÷先物価格142・25円）＝（6－4・225）×0・703＝1・247％〕です。現在の6月から、限月の9月までの3ヶ月間の期待金利（ほぼ0・4％）を考慮して引かねばならないので、〔1・247％－0・4％≒〕0・84％の利回りです。先物取引では少ない元金で20倍くらいの大きなレバレッジをかけた取引ができます。1％の損益が20％になるということです。

国債市場では日銀も1人のプレーヤーです。外国人投資家は円国債の所有額で84兆円（シェア9％）

と、増えています。先物の売買では外国人のシェアが高く、ほぼ40％を占めます。2年以内の短期債の所有が多い。国債も株のように売りが多ければ価格が下がり、金利は上がります。買いが多ければ価格は上がって、金利は下がります。シカゴ（ＣＭＥ）とシンガポール（ＳＧＸ）にも円国債の先物市場があり、世界で24時間取り引きされています。

金利は国債の利回りで決まります。金利の変化で、既発国債９５０兆円の時価が変動しています。国債の金利が上昇すれば、１週間くらいで住宅ローンの金利も上がります。ローン金利が下がるのには少し時間がかかるようです。13年6月現在、日銀がマネーの異次元緩和をし始めたというのに、金融の超緩和で本来は大きく下がるべきローン金利は逆に上がっています。国債の金利が上がったからです。４月5日以降、国債市場には激震が走り、日銀が大量に買って普通なら金利は下がるはずなのに、逆に金利が上がる傾向になっています。一体、何が起こったのでしょうか？

(2)金融機関を8類型に分けた国債保有とその特性

銀行が５００兆円あった企業融資を00年代に１５０兆円減らし、持ち合いもあった株式も売って、代わりに買ってきたのが国債です。政府に資金を献上するという愛国心からきたものではありません。この10年くらい、国債を買って保有することは株や融資よりはるかに合理的に、金融機関の利益になってきたからです。

図6―2 金融機関類型別国債保有とその特性

業態類型	950兆円の国債保有	資金量の傾向	資金の源泉	運用傾向	デュレーションの平均年数	期待金利の上昇のリスク
生命保険	184兆円	減少傾向	世帯の保険料	1990年以降、株の保有を減らし、長期国債を買ってきた	10年	大
公的年金	68兆円	減少傾向	世帯の保険料	国債の安定した買い手だった。長期債	7年	大
農林系や共済保険	68兆円	横ばい	農協、公務員	国債の安定した買い手だった。中長期債	5年	大
ゆうちょ銀行	168兆円	毎年6兆円減少	世帯の貯蓄	国債の安定した買い手だった。長期債	3年	中
メガバンク5行	120兆円	1年に15兆円増加	世帯と企業の貯蓄	短期債にシフトし、2010年から総保有を減らしている	2.6年	小
地銀・第二地銀・信金	36兆円	1年に5兆円増加	世帯と企業の貯蓄	安定して国債を買ってきた。中長期債が多い	4年	中
海外	84兆円	増加傾向	ヘッジファンド	2010年から短期国債の買いを増やした。短期債	2年	小
日銀	145兆円	マネー増発を急増	国債信用	今後2年で国債保有を倍増する。長期債を買い取る	3年	リスクは考慮しない
その他	87兆円	(注) ①各主体の保有額は、2012年度である。日銀のみは2013年6月時点				

日銀、財務省、金融機関の資料より集計: 2012年時点
(注) メガバンク5行は、三菱UFJ FG、三井住友FG、みずほFG、りそなHD FG、三井住友トラストHD

図6−2は国債を保有し、売買している290社の金融機関を、共通の行動をとる8つの類型(事業の業態)に分けてあります。それぞれ①2012年末時点での国債保有額、②資金量の傾向、③資金の源泉、④国債での運用傾向、⑤満期までの平均の残存年数(デュレーション)、⑥市場の期待金利が上昇したときのリスクの大小をまとめたものです。

特にデュレーション、インフレで期待金利が上昇したときのリスクを見てください。

GDP比で9%の財政赤字が続くため、国債残高は1年に40兆円は増え、過去30年で950兆円になっています。5000万世帯の総預金(848兆円:

13年3月）と、260万社の企業の総預金（225兆円：13年3月）の合計にほぼ匹敵《ひってき》します。国中の預金が国債に吸収されたと言える額です。

このため2000年代以降の金融機関では銀行であっても、融資より大きくなった国債が資金運用の中心です。保有額は膨らみ続けています。国債の保有特性は、金融機関が持つ国債の平均残存期間（デュレーション）にあらわれます。その理由を言えば以下です。

デュレーションが長い長期国債は金利が高い。金利の高さと引き替えに、その間の金利上昇に対して価格が下がるキャピタル・ロスを発生させるリスクが高い。

短いデュレーションのものなら金利は低くなりますが、残存期間に金利が上がってキャピタル・ロスを発生させるリスクは、長期債より小さくなります。短期と長期の金利を並べたものをイールドカーブ（利益曲線）と言います。カーブと言うのは長期債ほど金利が高く、右肩上がりになるからです。

国債の金利と価格は毎日、株価のように変動しています。13年6月27日での金利（利回り）を参考のために示します。3ヶ月債0・1%、1年債0・1%、3年債0・15%、5年債0・31%、10年債0・83%、15年債1・21%、20年債1・69%、30年債1・81%です。普通、15年債以上を超長期債と呼びます。生命保険や年金基金が運用することが多いものです。

利回り計算は、｛表面利率（%）＋（額面100－購入価格）／残存年数｝×（100／購入価格）｝です。（計算方法→http://www.tokaitokyo.co.jp/products/bond/knowledge/calculate.html）

計算してみます。額面100万円、表面利率1%の10年債が102万円に上がると、1年の利回りは〔（1－0・2）×（100／102）＝0・8×0・98＝〕0・784%に下がります。価格が98万円に下がれば、利回りは〔（1＋0・2）×（100／98）＝1・2×1・02＝〕1・224%に上昇します。価格が下がると金利が上がり、下がると金利が上がることがこれで正確に了解できるでしょう。

①国債保有が多い生命保険や年金基金は、顧客への保険金や年金の支払いは相当に長期です。このため、資金運用の面でも満期10年以上の長期国債、超長期債を多く保有します。

生命保険の保有国債（184兆円）はデュレーションが10年ともっとも長くなっています。今後、インフレ傾向になって金利が上がり始めたとき、価格が下がって、キャピタル・ロスを生む保有国債を生命保険がどう売るか。ここがわが国経済を左右する問題になります。

どの金融機関も下がる国債を保有し続けることはできません。政府系であっても、日銀以外はおなじです。日銀だけは自分でマネーを発行できるので特殊です。

国債を価格を下落させず（金利を上げず）、順調に売りたい政府（財務省理財局）の要請で、金融機関は国債を買ってきた面は確かにあります。しかしそれは拒否できるものでもあったのです。金融機関は不利と思いながら、国債を買ってはいません。政府に頼まれ渋々の顔はしても、本当は有利と思うから買っています。2013年までの国債は政府が2兆円売るとき、10兆円や20兆円の買いの入札があったほど人気があったのです。

②次が公的年金（国債保有額68兆円）の残存期間7年です。

③農林系（農林中金）や公務員等の共済保険（国債保有額68兆円）は5年の中期的な運用です。

④巨大なゆうちょ銀行は、総資産（195兆円：12年12月末）の90％を国債で運用し（168兆円）、1つの機関では最大保有者です。デュレーションは3年と中程度です。預金が176兆円です。ゆうちょは過去は財投として財務省による管理だったので、国債だけで運用していた政府系金融機関でした。

⑤メガバンク5行の国債保有は合計で120兆円です。デュレーションは2・6年と短く、ゆうちょに近い。短期債での運用が多いのがメガバンクです。

実は、メガバンクの5グループ（三菱UFJ、三井住友、みずほ、りそな、三井住友トラストHD）は2010年から合計では長期債を売り、国債保有残高は増やさず、減らす傾向に転じています。

このほぼ3年もの期間、国債を売り越している理由を彼らは述べません。10年債で発行金利1％以下になった国債の市場の金利上昇によるキャピタル・ロスのリスクを避けるためと思われます。

国内で表立って国債リスクを言う金融機関は存在しません。タブーになっているからです。それでも皆、感じてはいることです。下落リスクを感じているからこそ、下落の可能性を言うのがタブーになります。重い病気の人の前で病状を話題にすることがタブーであることとおなじです。それにタブーな理由のもう1つは、金融機関がリスクを感じて売れば本当に価格が下がるからです。

⑥地銀・第二地銀・信金のグループ（国債保有36兆円）は、農林中金に似たデュレーションで4年です。中長期の運用です。

⑦円国債の保有を都銀が減らし始めたとき（2010年）に合わせるように倍増させ、84兆円の保有高になったのが海外の投資家です（ヘッジファンド、年金基金、投資銀行）。満期までの平均残存期間は2年と短期に偏《かたよ》った運用です。

ヘッジファンドが短期債の保有を増やしたのは、ドル安・円高の時期と一致します。つまり円への避難でした。しかし12年11月から13年5月のように、逆の20％の円安になると、ドルから見たとき為

図6−3　海外投資家の円国債保有の増加（2012年末まで 日銀）

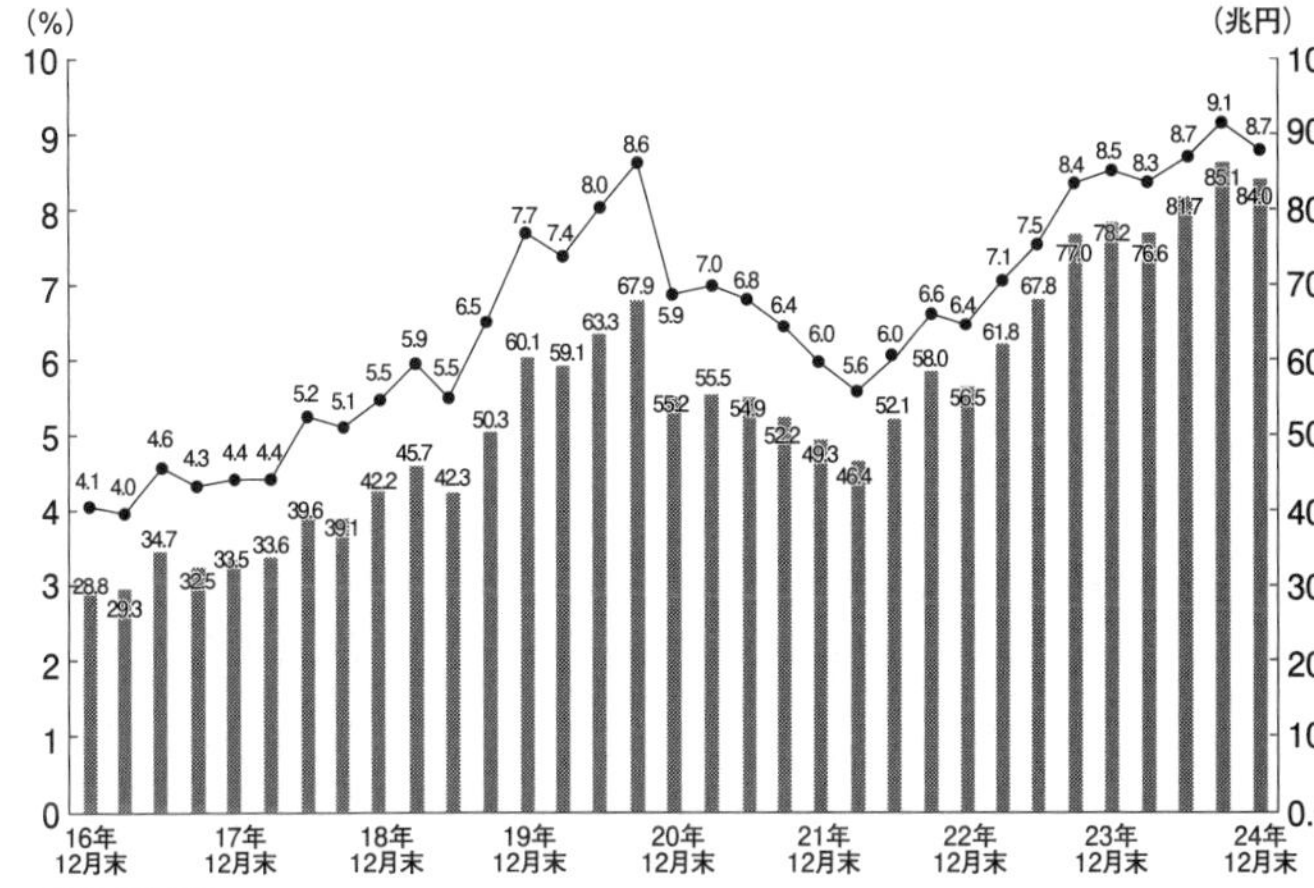

出所：日本銀行

替差損が出ています。ところが今のところ（13年6月）、円国債の売り越しはしていません。2010年、11年に海外が急に円国債を増加買いしたとき、その目的は近い将来の空売りや先物売りでの売り崩しではないかと財務省が案じて調査したのです。これはまだ大規模には起こっていません。

ヘッジファンドが数十倍のレバレッジのかかる先物売り（限月まで反対売買）での利益を狙っても、市場では買いが多かったため価格は下がらず、海外投資家は毎回、跳ね返されています。

ただし円国債の先物市場での外人投資家のシェアは40％と高いため先物売りが広がると、円国債の大きな市場（月間600兆円の売買と大きい：動くお金は株式市場の10倍）に価格下落の動きが出る恐れはあるのです。

日本経済にインフレ傾向が出てインフレ率が認識されるのにともなって市場の期待金利が上がり、国債価格が下がるとき、先物売りや空売りで国債の売りの先鞭をつけるのは、ヘッジファンド・グループであることは間違いのないところです。

⑧日銀（保有高145兆円：13年3月）は従来、保有国債のデュレーションが3年と短期でした。残存期間が5年以内の中期債や短期債の購入でした。

今回の異次元緩和で変えた点は長期債を買い、平均残存期間を7年と長くすることです。デュレーション7年は950兆円の全国債の平均残存期間です。

つまり日銀は日本の国債の残存期間に合わせ、2015年には現在の約2倍の約300兆円の国債を保有する方針です。1年にマネー・サプライを6％以上（＋70兆円）増やし、インフレ率2％を達成する策です。ところがこの異次元緩和を2013年4月から実行に移したとたん、国債市場に波乱が起こったことは前述のとおりです。

(3)国債はかつて金融機関に大きな利益をもたらしてきた

10年債で0・8％、3ヶ月債ではゼロ金利とも言える0・08％という超低金利の国債が、金融機関に大きな利益をもたらすものだったとは信じがたいことかもしれません。ところが総合的な物価の指標であるGDPデフレーターが1％が下がり続けるなかでは、金利ゼロの預金と0・8％利回りの国債は利益でした。

（注）GDPデフレーターは、投資財と消費財を入れた物価変動率です。消費者物価（CPI）は消費財だけ

のものです。

インフレ率を引いた「実質金利」という概念があります。実質金利＝名目金利０・８％－〔ＧＤＰデフレーター（－１％）〕＝１・８％です。物価が下がるなかで物価下落分（１％）は実質金利にプラスになります。借りて使うときの実際の金利負担は０・８％ではなく、物価が１％下がる国では１・８％ということを示すのが実質金利です。運用するときの利回りも実質では１ポイント（％）高くなります。

世帯がゼロ金利での預金やタンス預金をするのも、物価が下がるなかでは正しい選択の金融運用です。デフレの時期は現金や預金を持つ人が得をして、インフレのときは損をします。デフレの時期には、物価下落率を加えた実質金利が高いからです。物価が上がると、今度は逆に借金をしている政府、企業、住宅ローンを借りた人が得になります。〔実質金利＝名目金利（仮に３％）－物価上昇（仮に３％）〕で実質金利がゼロやマイナスになるときもあるからです。

翌年の物価が１％下がるなら、現在の１００万円は１年間の金利が０％でも、来年は１０１万円の価値（通貨の購買力）に上がります。デフレではお金の名目金利は低くても物価が下がる分、実質的な金利は高くなります。

名目金利（理論値）＝実質ＧＤＰ成長率＋期待物価上昇率です。実質ＧＤＰの成長が２％であっても物価が１％下がる予想なら、理論的な長期金利は１％です。実際の金利は利付きや割引国債の今日の価格から計算する利回りで決まります。

政府が目指している2％のインフレが実現すると、今年100円だった商品が来年は102円、10年後には122円です。物価と反対に100万円の価値は1年に2％下がります。10年後にはその価値（商品購買力）が82万円に下がってしまいます。このため毎年の金利でこの物価の上昇2％を補うのです。こうしたことから、名目金利の理論値は〔実質GDP成長率＋期待物価上昇率〕とされます。

実質GDPの成長が1％、物価上昇が2％と予想されると、期待金利は、〔1％＋2％＝3％〕に向かい上がっていく傾向を示します。すぐに上がるのではない。若干の時間の遅れがあります。

物価と金利の弾性値（物価が1％上がったとき長期金利が上がる率）が1なら1％上昇ですが、0・5なら0・5％の上昇です。物価の上昇・下落率が1％や1％未満なので、過去の弾性値は極めて誤差が大きく、2010年代の金利予想に物価はあまり役にたちません。

0・8％だった長期金利が3％に上がると、10年ものの国債価格は〔（1＋0・8％×10年）÷（1＋3％×10年）＝1・08÷1・3＝83％〕、つまり17％も下がってしまいます。

既発国債が950兆円もあるため、下落が150兆円規模になり、安全とされてきた国債が価格が下がる不良債券になることで金融危機になっていきます。ここが異次元緩和が目標どおりにうまくいったときに起こるパラドックスです。

（注）本書8章では、新たな金融危機になる国債価格の暴落が引き起こすパラドックスを防いで経済を成長させるにはどうすべきか、考えて提案します。

国債は一体、何のために買うのか？　1つの目的は「受取金利」です。もう1つの目的は金利が下がって既発国債の価格が上がる「キャピタル・ゲイン」です。

10年もので金利1％なら、1億円分で毎年100万円（10年で1000万円）の受取金利があり、10

年後には政府がデフォルト（債務不履行）しない限り、1億円の元本が償還されます。10年間の元利合計は1億1000万円が確実です。日本政府がデフォルトすることはないでしょう。政府にお金が足りなければ、日銀がマネーを増発できるからです。

150兆円（30％）も減った企業融資

資産バブルの崩壊から起こった金融危機（1998年）のあとで言えば、日銀のゼロ金利策で預金金利はほぼ0％を続けています。長短の平均貸し出し金利も1・3〜1・5％と低いものでした。13年6月の長短貸し出し金利は1・3％です（日経新聞：統計データ）。

企業や世帯への貸し出しには審査や書類作成の経費が1％はかかります。銀行の営業経費は資金額の約1％です。長期貸し付けなら、回収のリスクを融資額の1％は見なければなりません。合わせた業務経費は2％になるでしょう。このため預金を預かって、あるいは保険金を預かって融資するという金融機関の本来の活動は、融資金利が1・3％では「利益採算」にのらないのです。

信用度の高い上場企業は1・3％以下の金利を要求し、融資競争になります。一方、高い金利の融資を受け入れる企業は危ない。このため00年代の金融機関は、赤字になる貸し出しの増加は図らなかったのです。

1％台の貸し付け金利では企業融資の拡大ができないという問題を、今後も日本は抱え続けます。金利が2％台後半から3％台でなければ融資採算が赤字になり、金融機関側から見た貸し出しの推進が進まないからです。

振り返れば1980年から1990年までの10年間は、長期金利は7～8%台でした。法人（会社）への金融機関からの貸し出しは、200兆円から500兆円に増えていました。銀行貸出しは年率で9・6%も増えていたのです。企業は借り入れを増やし、盛んに土地を含む設備投資をしていました。バブル崩壊の1990年から97年の金融危機までは（長期金利5～6%）、500兆円の融資が維持されます。実際は担保資産の下落と企業の赤字や破産により、不良債権化していたもの（約100兆円）を正常債権としていたので、融資が減ったようにはみえないだけでした。

1998年から2012年は、民間企業への銀行からの貸し出しは500兆円から350兆円と150兆円（30%）も減っています。長期金利は00年が2・5%、02年から1%台に下がっています。銀行の企業融資はすごい減り方です。100兆円くらいが不良債権の償却でしょう。企業への融資がこんなに減ってはGDPはまるで成長しなくなります。

成長戦略では260万の民間企業への貸し付けを10年で100兆円増やし、設備投資を促すことになります。はたして銀行が貸せば自分が赤字になる超低金利で、これが実行できるでしょうか。融資の金利はやはり2・5%や3%は必要です。1・3%では増やすのは無理です。

1%台になっている低金利にはディレンマがあります。金利は低い。つまり資金のコストは低い。しかし貸して1%の回収リスクを見込めば、貸す側が赤字になるということです。金利が低すぎて銀行の業務費用（1%）と回収リスク（1%）をはるかに下回ってしまうのです。

このため金融機関は、融資するより金利はゼロ％台や１％台と低くても確実な利回りがある国債を買って運用しました。これも仕方のないことです。銀行は合理的に行動しています。ただし銀行が融資を増やし、それを企業が借りて、設備投資を増やすようにならないと、ＧＤＰは絶対に成長はしません。

企業融資を減らし、増えた預金で国債買いをするのが金融機関にとって合理的な行動だった

金融機関が合理的な経営行動としてとったのは、

・超低金利のなかで採算のとれない企業融資は減らし、
・低利でも利回りは確実であり、安全な国債を買うということです。

２００４年から２００６年の国債の長期金利は１・７％くらいでした。そしてリーマン危機の後、長期金利は２０１２年12月にはほぼ一直線に０・５％まで下がったのです。

２００６年に１兆円の10年の長期債を買い、金利は１・７％だったとします。

①７年間の受取金額は、〔１兆円×１・７％×６年＝〕１０２０億円です。

06年に買った10年債ですから、13年現在、残存期間は４年です。長期金利が１・７％から０・５％に下がったので、１兆円の長期債は以下のように時価が上がっています。

②１兆円×（１＋１・７％×デュレーション４年）÷（１＋０・５％×４年）＝１×１・０６８÷１・02

図6―4 **2000年からの長期金利の推移**

（国債価格は金利と逆の動きをする。金利が上がれば価格は下がり、金利が下がれば価格は上がる。この金利のグラフを逆にしたのが国債の価格である）

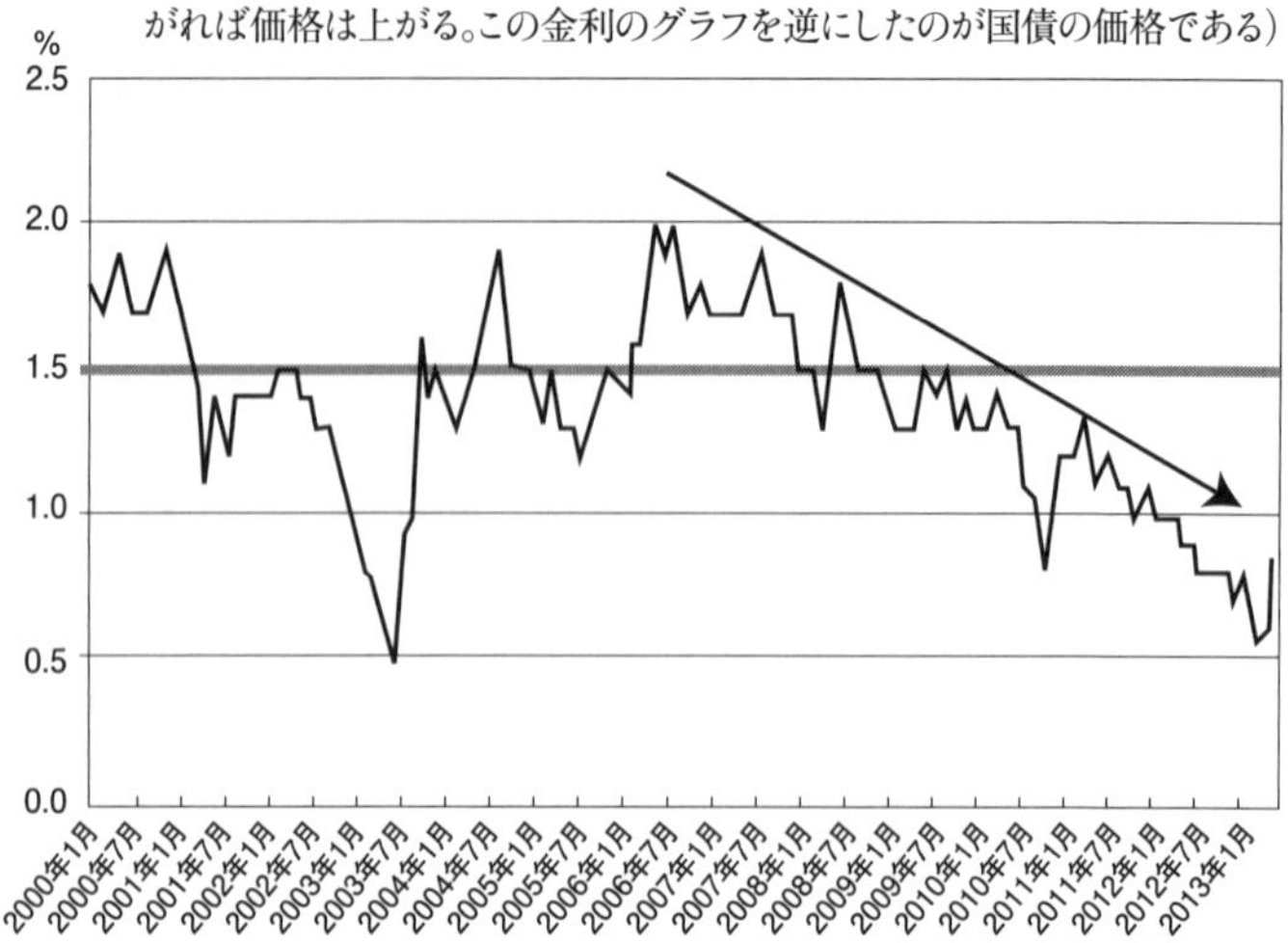

＝１兆４７１億円（4・71％の価格上昇）

③結果：金利収益１０２０億円＋キャピタル・ゲイン４７１億円＝合計１４９１億円。

この１４９１億円（元本の14・91％）が２００６年から２０１２年12月までに、１兆円の国債で得られた利益です。金融機関にとって国債を買うのに、増加の事務経費はほとんどかかりません。保有も管理も、経費はゼロ。企業融資と違い、経費がかからない。１４９１億円は純利益と言っていいものです。融資では絶対に上げることのできない利益です。しかも貸し倒れがある融資と違い、国債の回収リスクはゼロです。

結論（１）有利だった国債買い

２０１２年12月までＧＤＰデフレーターはマイナスで物価が下がり、それに比例して金利も趨勢的に下がるなか、国債価格の下落はなく価格は上がり金利収入もありました。長期国債を持つことは、金融機関にとり大きな旨《うま》みのあるものでした。

長期国債の金利が1・5%や0・8%と低いとは言え、調達コストである預金金利はほぼゼロなので利ザヤの利益は大きい。このため金融機関は業務経費がほとんどかからず、自己資本を減らす貸倒引当金の積み立てもいらない安全資産である国債の買いと保有に奔走《ほんそう》しました。リスクのある株を売り続けて、利益が出ず回収リスクも高い企業融資は総額で減らし続けたのです。

政府が大量に国債を発行し続けても（GDPの9%：45兆円は一般会計の税収より大きい：残高は税収の25年分）、

・日銀が金利を下げる誘導をしたので、

・金融機関は国債を競って買っていたのです。

政府が大きな額の国債を発行できたのは、一般に言われるように世帯貯蓄が多いからではありません。その証拠に世帯は買おうと思えばいくらでも買える国債を買っていず、預金しています。

国債を買ったのは金融機関です。買った理由は国債がもっとも利益があがると判断したからです。財務省が国債買いを促したことは事実です。しかし金融機関はいつでも自己判断で売ることができます。5大都銀グループはすでに2010年から国債を売り越し、その保有高は13年4月だけでも11・7兆円減って96兆円になっています。そして2012年4月、5月には金融機関は国債を売り越しています。そこで20兆円買い越したのが日銀です。

地銀の最大手横浜銀行は、保有する5年以上の中長期債を「すべて」売ったと寺澤頭取が言っています。金利上昇で下落リスクが大きいのは、中長期債の満期5年以上のものだからです。寺澤頭取は財務省で理財局（国債の発行を行っている部署）の局長だった人です。金融も財務省の護送船団ではなくなっています。これには心底、驚きました。国債の発行責任者だった元財務省官僚が先駆けて国債を売ったからです。これを裏書きするように理財局の現役担当は「国債発行は綱渡り」と述べます。

〈寺澤氏は4月4日に日銀がこの超緩和策を打ち出した前後に数日で5年超の国債をすべて売却、短期も含めた全体の残高を3月末の8707億円から約1000億円減らしたと述べた。……安倍政権の下で黒田東彦総裁が進める異次元緩和について日本経済再生にはデフレからの脱却が不可欠としている点で、「意図はとてもいいが、上手くいくかはまだ分からない」と述べた。（ブルームバーグ）〉

10年前だったら考えられないことが、国際市場で起こっています。2013年の9月から10月には金利上昇がはっきりすると見ている人も増えています。三菱UFJ、みずほ、三井住友の三大メガバンクは13年の4月と5月に20兆円もの国債を売って、保有残を90兆円に減らしています。2013年は銀行が大量に国債を売る初年度になるでしょう。

金融機関は合理的な利益目的から、国債を買ってきたのです。愛国心からではありません。つまり国債の買いは、非合理で感情的な経済行動ではない。勘定的《かんじょうてき》だったのです。従って……今後、国債の買いと保有が利益が出ない、あるいはリスクがあるとなれば、かつての株のように売ります。

2012年までは利益があったから、国債を買って保有額を増やしたのです。

このことが今後2年、日銀が150兆円規模の国債を買うとき、800兆円の国債を持つ金融機関が国債に対してどういった行動をとるかを予測するために、重要な要素になります。

利回りが1％以下の長期債（13年6月現在は0・8％付近）を持っている金融機関であっても、これからの10年、市場の期待金利が1％未満で続くと想定しているところはないでしょう。確率的に言えば、より多く価格下落を想定しているということです。0・8％の長期金利が0・6％、0・5％、0・3％と下がり続け、2006年からのように国債価格が上がるとは、いかにも想定できません。現状の金利がこれ以下はないくらい低いからです。この低い金利からやはり現在の国債価格はバブルと言えます。

結論（2）2013年からの問題

10年債の国債金利が0・6％や0・8％と激しく低くなると、それ以下の金利に下がることによって国債価格が上がる結果のキャピタル・ゲインを得る確率的な可能性は低くなります。

一方で2014年、15年に向かい、物価が上がるインフレになると、期待金利が1・5％、2％、3％と上がる確率ははるかに高くなります。期待金利の1％上昇に対し既発長期国債の価格は約7％下がって、保有者はキャピタル・ロスを抱えます。

政府・日銀が金利を上げるインフレ目標2％を何が何でも達成と掲げたことによって、発行時の金利が1％以下と低く、確率的なキャピタル・ロスの大きくなった長期国債は買いにくくなってしまったのです。インフレになると、はっきりと金利は上がります。異次元緩和のインフレ・ターゲット2％により、市場の期待金利（現在は0・8％）が1％、1・5％、2％、3％と上がる確率は次第に高くなりつつあります。

２０１３年末の物価上昇はどれくらいか？　昨年比20％以上の円安が続き、輸入物価の上昇要因から消費者物価上昇で１％を超えると、期待金利上昇の動きが出るでしょう。

以上、

①国債市場を概観し、

②金融機関の類型８分類による国債の保有特性を見て、

③２０００年代は超低金利ではあっても国債を保有することが金融機関の資金運用にとって、株や融資よりはるかに大きく確実な利益になってきたことを示してきました。

この３つの上に立つと、「異次元緩和」の実行として日銀が１ヶ月に7～10兆円の長期債の買い切りに出動したとき起こった国債市場の波乱の理由が理解できます。

そして２０１３年4月、５月の国債市場の動きは、今後の国債価格と期待金利も示唆するものになります。次項で２０１３年の長期金利の動きとその理由を考えます。

(4)4月、5月の国債市場の一見、異常に思えた動きとその意味

長期金利と言っても、過去の５％から８％の時代と違い、１％未満の領域です。変化幅は１％以下

の小数点のポイントであり、無視できるミクロの数値に思えます。しかし0・3％が0・6％に、あるいは0・6％が0・3％になるのは大きな変化と見るべきものです。長期国債の価格を1日で数％も変動させるスケールだからです。

図6-5に見るように、日銀が実際に異次元緩和の買いを行う前の13年3月末までは異次元緩和の実行で生じる「金利下落への期待」だけから、長期金利は0・5％レベルに下がっていました。

2013年の長期国債は、4月から日銀の買いが増えるという予想から、価格が上がっていたのです。株や債券の相場では、ほぼ3ヶ月や6ヶ月先のイベント（経済的な事象）を折り込んで、現在価格にすることが多いのです。2013年の3月までの金利低下と国債価格上昇は13年4月からの異次元緩和による日銀の国債購入を見込んだものでした。

図6-5の長期金利の折れ線グラフと逆が国債価格と見てください。3月から4月、5月に恐くなるくらいの価格の乱高下が生じています。

金融取引では株の売買を含め数ヶ月先から6ヶ月くらい先までのほぼ確実に予想されることを現在の金利、国債価格、株価などに「折り込む」動きが増えています。ヘッジファンド（元本2兆ドル：200兆円：平均5倍のレバレッジで1000兆円）のグローバル・マクロなどの方法で近い未来の事象を現在価格に折り込むことが増えたからでしょう。グローバル・マクロは世界の国々の政治的なこととGDP、金利、為替などのマクロ経済の経済指標の予測から国債、株、通貨の値上がりを期待したロング（買いもち）や値下がりでの利益を予想したショート（売りもち）する方法です。大手ヘッジ・ファンドの主力の投機方法です。

4月5日に長期金利が0・351％に下がり、長期国債価格が3％くらい価格が上がったのは、発

図6－5　長期金利の推移(2013年2月～5月)

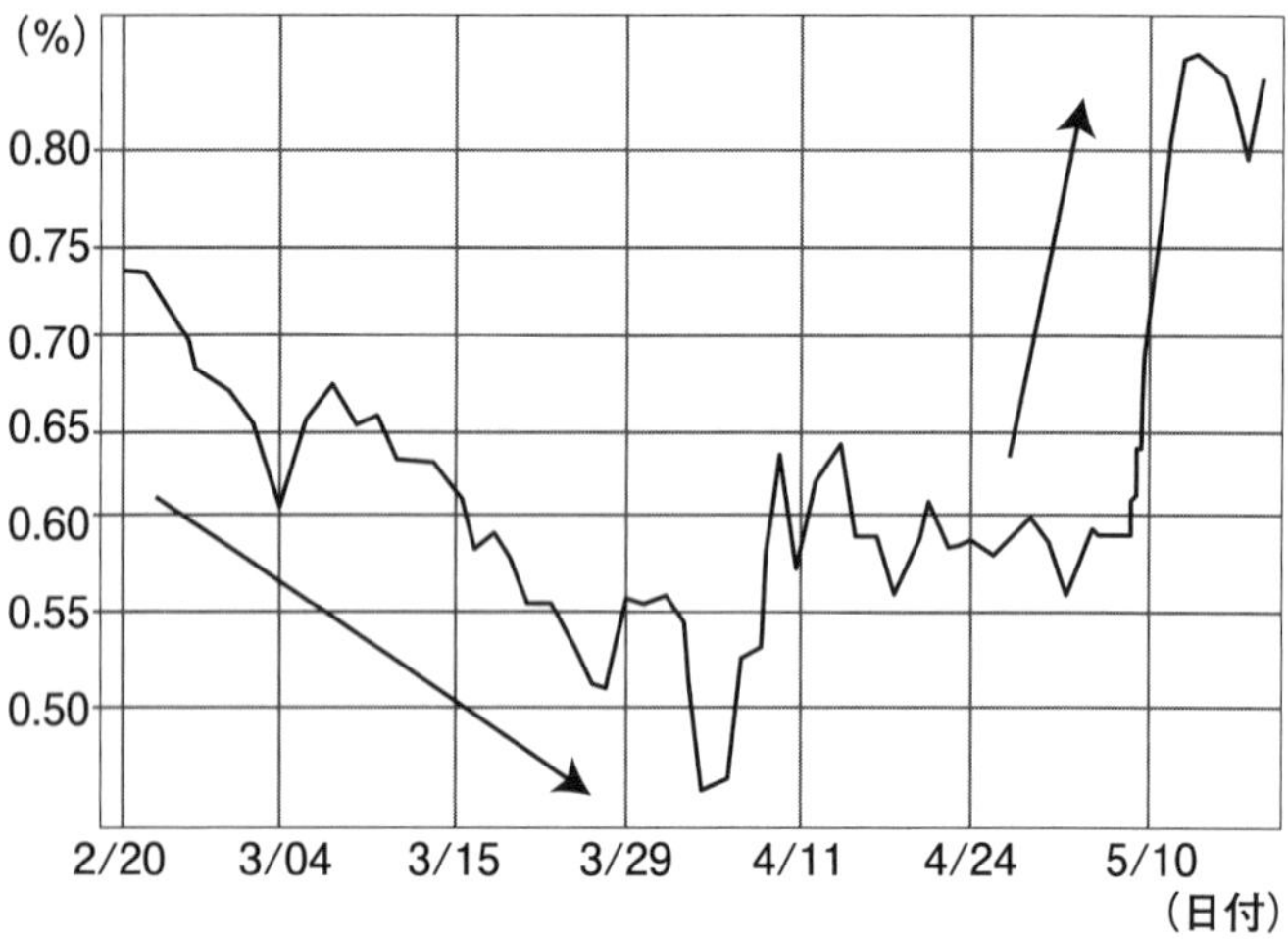

表された異次元緩和で「新規に発行される国債の70%を日銀が買う」ということからでした。国債の新規発行は、

①一般会計分で45・5兆円（13年度）ですが、

②他に復興債1・9兆円、

③財投債が11・0兆円、

④満期が来たものを返済せず繰り延べる借り換え債が112・2兆円もあるため、

総額は170・5兆円です（財務省：2013年度国債管理政策の概要）。

毎月、平均14兆円の新規債が政府から発行されます。このうち70%（10兆円規模）を日銀が買い取ると言うのです。日銀の国債保有の増加は2012年度は1年に20兆円でした。月平均で1・7兆円でした。その5倍の買いですから、極めて大きなものです。この方針のままならこれから2年、日銀だけが国債を買い増して、他の金融機関は全部が売り越しということになります。異次元緩和の買いは、まさに異次元の巨大さです。

当方の判断では途中での金利上昇の異変のため、2年続けるという買いは早晩、無理になると見ています。しかし現在の日銀の方針は空前絶後の額の国債買いです。

目的は繰り返し述べたように、マネー・サプライ（M3：1152兆円：13年5月）を1年に6％（70兆円）は増やして物価を上げ、インフレ目標2％を2015年度までに達成することです。この買いの額が大きすぎるものになった理由は、黒田総裁がマネー・サプライを6％増やすという無理を言ったためです。

（注）このインフレ率には消費税増税で上がる約5％（10兆円）の物価分は入っていません。商品価格が4・5％くらいは上がる消費税分を加えれば6・5％もの大きな物価上昇になります。

実際に日銀による大量の国債買いが入ると、金融機関は日銀が買う予定額よりも多くの国債を売る行動に出ました。4月5日に長期金利が0・3％から0・6％と2倍に上がったのは、国債の買いより売りが大きかったからです。これは黒田日銀にとって想定外でした。

13年の5月上旬までは、長期金利は0・6％台の波動になっています。その理由は利回り0・6％で売りと買いの金額が均衡したからです。

日銀は13年4月に1ヶ月間では10兆円の国債を買い越しています。金融機関はなぜ、日銀が買うより多くの国債を売ったのか？　日銀の実際の買いが増えれば、金利が下がって金融機関の手持ち950兆円の国債は価格が上がっていたはずです。

日銀が異次元の国債買いを行う目的は、インフレを引き起こすことです。金融機関の国債ディーラーは、ハタと忘れていた当然のことに気がついたのでしょう。

「異次元緩和がうまくいき、デフレが終わって1％のインフレが認識されれば、期待長期金利は2％には上がり、国債価格は10％下がる。円安で輸入資源、エネルギー、商品が上がり物価が確実に上がる。インフレ転換は予想より早く2013年中にも起こる可能性がある」

前述したように、金融機関が巨額の国債を買って保有を続けている目的は2つです。愛国心や高齢化社会を支えるという非合理な心情からではありません。資金運用で合理的に利益を得る行動です。

①要因1　デフレのなかでの安全な国債は金利が低くても、実質利回りの利益がある。

②要因2　金利が下がる過程では、国債価格が上がってキャピタル・ゲインも期待できる。

改めて気がつけば、長期金利は0・6％や0・8％というこれ以下はないと思える低い金利です。これから先10年間もこの低い金利が続くことはないでしょう。とすると、国債価格はいずれ下がるということです。

金融機関が資金の運用・管理に使う業務経費は資金量が50兆円ならほぼ5000億円、つまり1％

です。満期10年の長期国債の金利が1％を割ってしまうと、受取金利は確実でも営業利益は融資・株・外為・外債で稼がない限り、構造的な赤字になってしまいます。長期債で1％を割る金利のものは、金融機関にとって採算があわないものになっています。

ファンド・マネジャーの13年5月の心理

2013年5月の初旬は長期金利が0・6％から0・8％付近に上がりました。日銀が買いをオファーした金額以上に、金融機関が国債を売ったことを示します。「売り＞買い」のとき、国債価格が下がって金利が上昇します。「売り＜買い」のときは価格が上がって金利が下がります。

5月のファンド・マネジャーの心理は以下のようなものだったでしょう。雑誌の覆面座談会では「他が大きく売りに出るときが、何よりも恐い。他の運用もないので、お互いが横を見ながら買っている」と述べています。自分が担当だったら、数千億円の損をする可能性も生じると考えたときの恐怖には凄《すさ》まじいものがあります。

長期金利が1・5％の時期は利益があった。しかし0・8％や0・6％では営業利益が赤字になる。金利1％以下の超低金利の国債は安全性では問題がなくても、業務経費が1％では利益を出せるものではなくなった。日銀が、これから2年間大量に買うと言う。1％以下の超低金利が固定的なものになる。国債は0・5％と金利が低く、逆に言えば「国債価格がこれ以上はないくらい高いとき（現在）」は、売っておいたほうが経営のためになるのではないか。以上が、日銀の買いより売りが増え、金利が上がった理由でしょう。ここまでは利回りの観点です。

キャピタル・ゲインについて言えば、これから問題は大きくなる。政府はインフレ目標2%を言っている。このため日銀が国債を大量に買い、マネー供給量を増やす。

マネタリストの〔M（M3：マネーサプライ量）×V（流通速度）＝P（物価水準）×T（実質GDP）〕である。M3のマネー・サプライが6%（70兆円）増えるようになると、円の増発が原因の円安からではあっても、物価上昇率は2%には向かうだろう。物価の上昇が認識される過程で、市場の期待金利は物価の上昇を折り込んで上がるだろう。

実際に2%の消費者物価の上昇が認識されるようになると、時期はしばらく遅れても長期国債価格は12〜15%下げる。そして期待金利は3%に上がる可能性が高くなる。金利が上昇傾向に向かうなら、国債価格は下がる。

1%以下の金利では、これ以下に金利が下がって国債価格が上がることの期待は難しくなった。長期金利が低すぎる水準だからである。現在は低すぎる金利のため高すぎる国債になっている。

もっとも肝心なことは、ここ

これから2年の近い将来を予想したときでも、国債価格は、
・上昇の可能性より、
・下落の確率のほうが大きくなった感じがします。

【(1)金利の低下の可能性は低い】

現在の0・6%の金利が0・4%に下がっても、10年債の価格は〔（1＋0・6%×10年）÷（1＋

0・4％×10年）＝1・06÷1・04＝1・02〕……2％上がるに過ぎない。0・6％の金利が0・4％に下がってそれが長期化するのは極めて考えにくい。

【⑵金利の上昇の可能性は高い】

一方、0・6％の金利が物価が1％上がるようになり、期待金利1・6％になる可能性は相当程度ある。そうなると、〔（1＋0・6％×10年）÷（1＋1・6％×10年）＝1・06÷1・16＝0・91〕……国債価格は9％下がる。⑴より、⑵のほうが実現確率は高い。

0・6％という長期国債の金利は低い。これはGDPが成長せず、物価が1％は下がるというデフレが前提の金利である。GDPが成長し、物価の下落が止まって、上がるようになると、市場の期待金利は上がる。

国債価格がまだ高く、物価はまだ下がっているために金利が低い間に売っておくほうがいいだろう。

……以上のように、2012年まで金融機関の国債保有の目的だった2点において、異次元緩和は将来懸念《けねん》を生じさせてしまったのです。

経済の未来については明日の株価と同じように、理性的な計算はできません。経済事象は「原因→結果」の要素が多すぎ、未来計算は不可能です。それにもかかわらず未来を想定し、明日に向かい、今日の行動を決めねばならないのが経済的な行動（売買、投資）です。

このときあるのは、実は〝感じ〟での予測だけです。

これは世界の全員にとっておなじです。専門家の予測が優れているわけではないのです。株価やFX（外為交換）を見ていれば、専門家に予測優位はないことが分かるでしょう。

インフレとは

インフレは「物価の上昇」と言われますが、本当は「通貨価値の下落」です。

100円ものが102円に上がるのは、100円のマネーの価値が「100÷1・02＝98円」に下がったからです。

中央銀行がマネー発行量を増やせば、原酒《モルト》を水割りにしたときのように、加えた水の分、マネーの量は増えますが、1単位の価値（1円の価値）は薄くなります。原酒の量は水では増えないからです。政府・中央銀行は自分たちがマネーを増発した結果、国民のお金、賃金、預金、国債の価値を下げたとは言いたくない。このため「物価が上がった。100円はおなじ」と言います。

「インフレはマネー価値の下落」と記憶しておくと、A国の中央銀行がマネーを増発したとき、増発度が少ないB国の通貨に対し、A国の通貨が下がることもすんなり理解できます。そして通貨の価値が来年2％下がるなら（物価が2％上がるなら）、マネーは2％の価値低下を補おうとして2％分の金利を上げます。つまり［名目金利の理論値＝GDPの実質成長率＋物価上昇率］です。

2012年まで1％のデフレ国の通貨（円）が、なぜ2～3％のインフレ国（米国）の価値が下がる通貨より上がってきたかも分かるでしょう。デフレでは来年の通貨の価値がデフレ率の分上がるため、金利が低い。2％のインフレでは通貨の価値は1年に2％下がります。このため金利が2％に向かって高くなる。そして日銀にマネーを増発させる、つまり2％のインフレを起こし、円の価値を下げると安倍自民党総裁が言ったときから、円は通貨投機の動きを含み20％以上、下がったのです。

相場性のある金融商品、株価、国債、金利、通貨は6ヶ月くらい先の政治、経済、金融の各イベント（出来事）の結果変化する基礎的な指標（ファンダメンタルズ）を見込み、変化後の価格を今日実現するような売買が起こります。このため価格が下がるときはピークでは20％は下がりすぎ、上がるときはおなじく20％上がりすぎることが多い。その価格の波動の中心線が理論価格でしょう。

なお株価、金利、国債価格などのＶＩＸ（ボラティリティ指数：標準偏差値）は移動平均線（傾向線）との違いで、その移動平均をとったのとおなじ将来の期間中（例えば13週：3ヶ月）に68％（1標準偏差：1シグマ）の確率で実現する価格の幅の大きさを意味しています。

13週移動平均を基準にとった日々の価格変化のＶＩＸが42％のときは、今後13週内の将来価格は〔移動平均値プラスマイナス21％の価格〕の範囲に収まるのが68％の確率であるという意味です。これは両端の16％は移動平均値から21％高以上の価格の可能性があり、16％は移動平均値から21％以下の安値の可能性もあるということでもあります。

具体的に言います。13週移動平均線の延長が100円、ＶＩＸが21％なら、向こう13週の価格で100円±21円＝79円～121円の範囲の確率が68％です。16％は121円超の価格の確率があるが、16％は79円未満の確率もあるという意味です。

では、経済ではインフレよりデフレのほうがいいのでしょうか？　そうだとは言えません。

来年の物価が下がる、資産が下がると認識されていると（デフレ・マインドだと）、商品を買うのを引きのばすこと、そして資産購入を先送りする行動が増えます。現金を貯めるが、使わないという行動が多くなります。先送りして結局、買わないことも増えます。このためデフレ認識が強い国では経済活動（商品購買、住宅購入、資産への投資）が抑制され、縮小してしまうことが多いのです。

どれくらいのインフレ率がいいのか？　最適は1～2％の範囲のマイルドなインフレでしょう。インフレという要素だけでは経済は成長しませんが、将来の商品価格上昇の期待とマネー、言い換えれば借入金の実質金利（名目金利－期待物価上昇率）の低さから投資を増やすことになります。

ところが……日本のように国債残（950兆円）がGDPの2・4倍を超え、毎年40～50兆円増えるなかでは2％という経済にとって快適なインフレでも、金利が2ポイント上がる方向に向かい、残高が大きい既発国債が下落するという問題を抱えてしまいます。

ここがGDP（経済規模：名目475兆円）に対し、950兆円の国債が2・4倍と大きすぎる日本経済のディレンマです。異次元緩和がこのディレンマの扉を開こうとしています。異次元緩和は政府負債がGDPの1倍くらいなら正しい（米国の国債残が16兆ドルであり、GDPのほぼ1倍です）。しかし政府債務がGDPの2・4倍もある国では正しくない。悲劇に思えます。悲劇とはよかれと思って行うことの、人の力ではどうにもならない必然的な結果が好ましくないことです。

異次元緩和はこの数年で、日本経済に悲劇のストーリーを作ってしまうように思えます。従って長期金利が上がって国債が下がる傾向が見える前に（2013年末までに）、方向を大きく修正せねばならないと強く感じるのです。

第7章

これから2年、異次元緩和のなかで国債市場はどう向かうか

(1)異次元緩和実行後の、国債市場の展開予想

本章では2年は続く異次元緩和が国債市場にどう影響するか、結果はどうなるかを予測し、想定します。8章の対策を考えるための準備です。

【金融機関に利益があった国債】

06年以降12年までの国債は低金利にもかかわらず、長期債を保有する金融機関にとっては、

①営業経費（総資産の約1％）より高い利回りを提供し、

②1・7％だった長期金利が0・6％に下がることによるキャピタル・ゲインをもたらしていた有利な金融商品でした。

950兆円の保有を続けている金融機関は政府への義理、国への愛国心から低い金利の国債を買い、損をしながら満期まで保有してきたのではないことは繰り返し述べてきました。他の運用（企業融資、株、外為、外債）より有利だったから国債を買ってきたのです。これこそが国債市場を予想するとき、強調しすぎではない肝心な要素です。その含むところは国債が有利な金融商品でなくなると、1990年の資産バブル崩壊後に金融機関が20年以上売り越しを続けている株式のように、国債保有

を減らすということです。

有利な金融商品かどうかを判定する要素は2つです。

①国債が金融機関の営業経費（1％）を引いた後、利益がある利回りかどうか、②将来の金利上昇で下落し、過去の受取金利を帳消しにするどころか、それ以上に大きな赤字をもたらすキャピタル・ロスが生じないか、です。

（注）民間銀行の最大手三菱UFJでは総資金163兆円に対し営業経費は1・3兆円で資金量の0・8％です（13年3月期：有価証券報告書）。営業経費率は資金量が少ないと1％以上に高くなる傾向があります。金融機関の平均で資金量の1％が営業経費とみていいでしょう。

本章では煩雑をいとわずデータを確認し、13年4月から開始された異次元緩和が国債市場を不安定にして日本経済に好ましくない変化を生むことを論証します。結論は「大幅修正せねばならない」です。

国債残がGDPの2・4倍の日本では、異次元緩和が低すぎる金利を上げ（国債価格を下げて）、政府財政の困窮を目的とは逆に早めてしまうからです。これもパラドックスです。従って丁寧な論証が必要でしょう。

日銀が長期債を買い、長期金利が下がるのが異次元緩和

図7-1はデュレーション（満期までの残存期間）を4区分し、それぞれの国債の市中発行額118兆

円（政府機関内の財投等を除く）に対して、異次元緩和の買いがどれくらいになるかを示したものです。年間で86・4兆円（月間平均7・5兆円）を日銀が買う計画です。買うものは2012年までの短期債から、残存期間5年以上の中長期債にシフトします。従来、日銀の保有国債の平均デュレーションは3年で、国債の全体平均（7年）より短かったのです。日銀が短期金利の誘導を行ってきたことが分かります。

異次元緩和では、買いを長期債にシフトさせます。巨額の買い入れを続けるため、償還までが短いと満期日が次々にきて、毎月の買い入れ額が大きくなることを懸念したからです。図7-1のように、5年以上の長期債の買いを増やし、平均デュレーションを7年に向かって長くします。

国債は最初は10年債であっても、同じものが翌年は9年債になり、7年経つと短期債の領域である3年満期になって、常にカメレオンのように「満期と金利が変化する債券」です。財政信用が弱いと、10年以上の長期債のリスクが高まる（金利が高騰して価格は下がる）ため、発行できなくなり短期債にシフトしていきます。

国債の中心である5年から10年債の発行額（40・8兆円）は、日銀の買いだけで新規発行額を超過します（図7-1の5年超～10年以下）。日銀の買いが超過する分、金融機関が中長期債を売り越さねば市場がバランスをとれない。つまり中長期債では日銀ひとり買いの国債市場になります。

政府が新しく発行する月平均10兆円の70％を、日銀が買い取るのが異次元緩和です。以上のようになるのは分かりきったことです。実はこれが13年4月、5月の国債市場に、「売るべきか？」という混乱を生んだ原因です。

図7−1 異次元緩和の、具体内容：残存期間別の、日銀の買い取り計画額
(2013年度)

	日銀買い入れ予定額（兆円） 月間	日銀買い入れ予定額（兆円） 年間 a	国債市中発行額（兆円） b	過不足（兆円） b-a	日銀比率 a/b
1年以下	0.2	2.6	30.0	27.4	8.8%
1年超～ 5年以下	3.0	36.0	37.2	31.2	53.6%
5年超～ 10年以下	3.4	40.8	28.8	▲12.0	141.7%
10年超	0.8	9.6	22.8	13.2	42.1%
合計	7.5	86.4	118.8	−	72.7%

（資料）財務省、日本銀行資料より三井住友信託銀行調査部作成

根底の理由は日銀の異次元緩和の金額が、

・マネタリー・ベースを2倍（280兆円規模）にして、

・マネー・サプライを6％（1152兆円＋70兆円）増やすという国債市場にとって「無理な領域」に達しているからです。

第6章で詳細に見たように4月、5月の市場には、「ここまでやるのか」とサプライズが走りました。異次元緩和における日銀の目的とは逆に、採算を割る利回りへの低下を恐れた金融機関からの売りの超過で国債価格は下がり、金利は上がっています（図7-2）。

0・6％に下がっていた低利の国債（13年3月）がそれ以下に下がると、長期で保有をしてきたグループ金融機関にとって大きな赤字が出るようになってきたからです（営業経費が1％）。

預金がゼロ金利に下がった98年以降、長期債の1

～2％台の利回りを15年間の収益にしてきた金融機関（生命保険184兆円、公的年金68兆円、農林系&共済組合68兆円、地銀・第二地銀・信金36兆円）にとって、異次元緩和よる国債金利の低下は困る状況を作ります。このため金融機関からの売りが、4倍に増えた日銀の買いを上回るようになりました（13年4月、5月）。2012年までは安定していた国債市場が日銀の鯨飲が生じたことで不安定になったのです。

2012年まで、下がるリスクが高い株や、回収リスクの1％と営業経費1％を含めば1・3～1・5％の金利しかないため赤字になる企業融資より、はるかに有利だった国債は金融機関にとって買うべきものでした。

この合理的な理由のため2000年代以降のデフレのなかで、金融機関は低い名目金利の円国債のファイナンスをしてきたのです。デフレ率を加えた実質金利は高く、しかも金利が下がる過程でキャピタル・ゲインも期待できたからです。

〔実質金利＝名目金利－インフレ率〕です。インフレ率がマイナスだとその分、実質金利は高くなります。逆に期待インフレ率が高まると、国債の実質金利はインフレの分下がります。

ところが異次元緩和が実行された13年4月から近い将来に、実質金利をゼロ以下に下げるインフレも予想されることから、金融機関にとって低金利の長期国債は「買うべきか、売るべきか」の方針が決まらないものになっています。以下では、データを見ながらこれを論証します。

日銀の買いより金融機関の売りが超過し、日銀の狙いと逆に上がった金利が意味する重大なこと

【日銀の狙いと逆に動き、上がった金利の意味】

図7-2は、黒田日銀が異次元緩和を開始した13年4月から5月に、その買いの額（20兆円）より大きかった金融機関の国債売りによる金利の上昇を、国債のデュレーション（残存年数）別に示したグラフです。この間、金利が上がったため、イールドカーブ（利回り曲線）が4月4日の最低水準から上方にシフトしている姿が見えます。

金融機関からもっとも多く売られて金利の上昇率が高かったのが、図の楕円で囲んだ5年から10年のデュレーションの中長期債です。既発国債の量でもっとも多いのがこの残存期間のものです。

10年超の超長期債は、財投債と国庫短期証券を除いた705兆円の国債残の16％（110兆円）です。これも日銀が買うより大きく売られ、価格が下がっています。このため15年以上の超長期債は、ほぼ1・4％から2％の利回りに上がっています。日銀が買いに出動したことが逆効果になって、価格が下がったのです。

今後、日銀が異次元緩和の買いにおいて計画どおりに長期債を重点に増やすと、利回り1％以上の超長期債の金利が1％以下に下がってしまいます。1％以下の利回りは長期債を安定して保有し続けてきた生命保険（184兆円）、公的年金（68兆円）、農林系＆共済組合（68兆円）、地銀・第二地銀・信

図7−2　国債の満期別の利回り曲線4月〜5月（イールドカーブ）

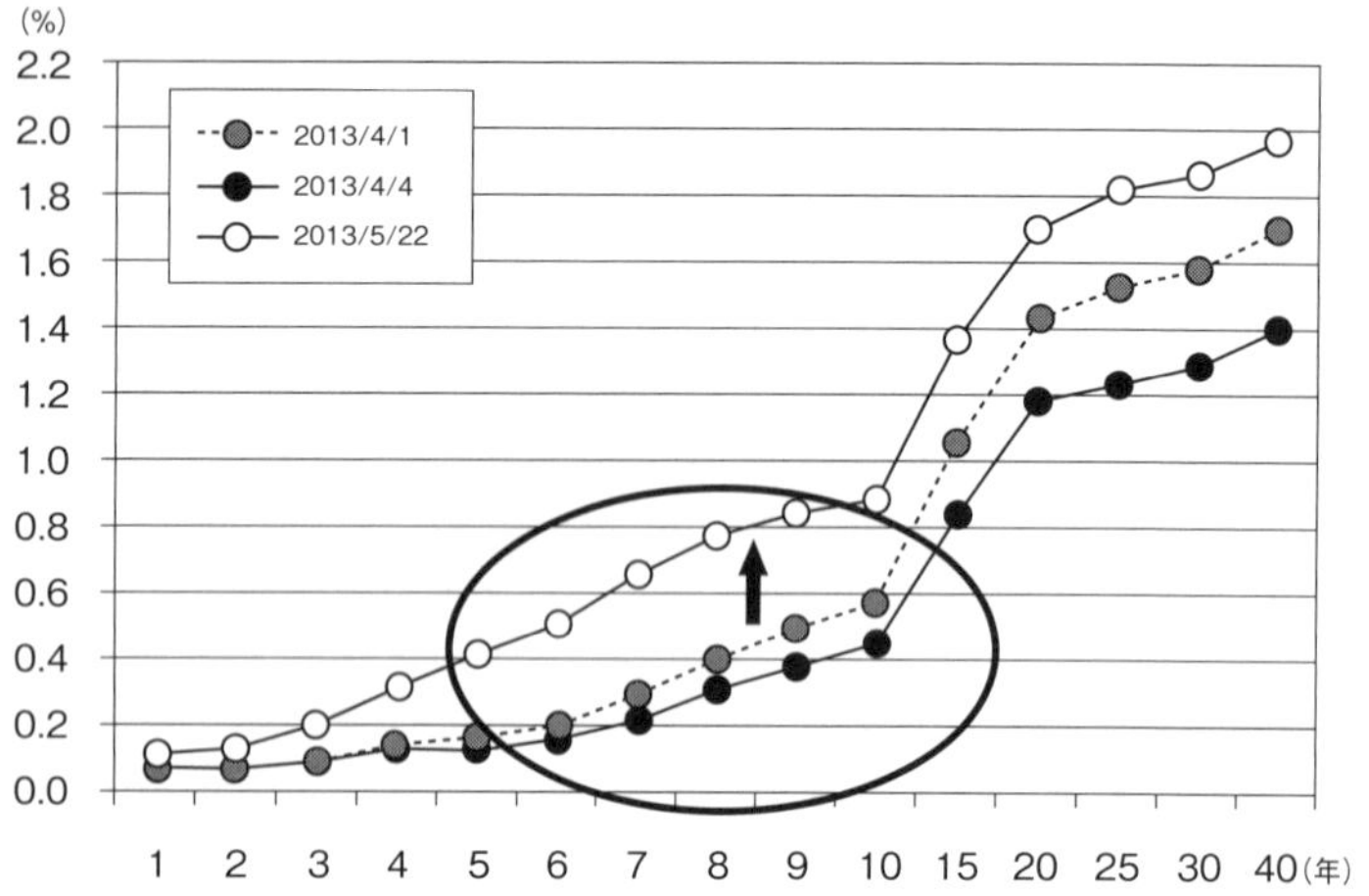

（資料）財務省資料より三井住友信託銀行調査部作成

金（36兆円）の、経営の赤字化を意味します（国債保有額：2012年末）。

異次元緩和の最大の問題はまさにここです。日銀が毎月7兆円から10兆円も国債を買って利下げを図ることによって利回りが1％以下に下がれば、長期債を長期保有してきた金融機関の経営上、国債が赤字証券化することになるからです。肝心なところなのでここを詳しく述べます。

【長期安定所有者　合計所有額　356兆円】

利回り1％以上の長期債・超長期債を多く保有してきたグループ（生命保険会社、公的年金、農林系と共済保険、地銀・第二地銀・信金）の合計は356兆円です（2012年末）。毎回、金融機関名を書くと繁雑なので、記述の便利のためこのグループを「長期安定保有者（356兆円）」とします。この長期安定保有者の存在こそが、毎年40兆円低金利で増発され、

950兆円に増えても順調に買われてきた理由です。肝心なのは長期安定保有者の存在だったのです。

〔注〕6章の図6-2に、金融機関の8業態別の国債保有、特性、残存期間、リスクをまとめています。確認のため参照してください。

異次元緩和のなかで長期安定保有者が変化する可能性〈本当は必然〉

日銀による買いの主力は、2012年までの5年債以下から長期のデュレーションを主力とするものに変化します。買う金額が月7兆~10兆円と大きすぎるため、短期債では不足し、中長期債を買わざるを得ないのです。

13年4月、5月に中長期債の金利が上がったとき、黒田総裁が慌てて「日銀は長期金利に関与はできない。関与するのは短期金利である」と述べています。これは2013年4月からの日銀の買い（買いオペレーション）が、「中長期債を主力とし、保有の平均デュレーションを7年とする方針」に変わったことを意図的に無視した言い訳（あからさまに言えば嘘）です。

なぜ、言い訳をしたのか？　総裁が現場の変化した買い取りオペを知らなかったことはあり得るでしょう。普通の時期は残存期間3年かそれ以下の短期国債の売買であり、関与するのは短期金利だったからです。しかし異次元緩和では日銀の買いは中長期債です。

〔ディーラーの心理〕日銀が中長期債を向こう2年続く異次元緩和で大量に買い続ければ、価格は上がるが利回りは1%以下に下がる。そうすると、356兆円の長期債・超長期債を持つ長期安定保有者グループにとって、国債の利回りが1％を割って赤字化することになる。赤字運用を赤字と分かりながら、担当が続けることはできない。従って「売り」である……これが2013年の4月、5月に起こり、長期債の金利が図7-2のように上がった理由です。

黒田日銀は長期債の買いに対し、金融機関からの売りが殺到して、金利が上がったことに対して慌てたのです。国債金利が上がるのは、「長期保有者の売りの量＞日銀の買いの量」だったからです。これが生じたのは、長期債の利回り1％以下なら採算が赤字である、赤字の債券は売るという合理的な長期保有者の反応からです。混乱ではありません。日銀が長期債の大量購入を続ける限り、長期安定保有者（合計356兆円）は売りの超過をやめることはできません。逆に日銀が買いをやめれば価格は下がり（金利が上がって）、長期安定保有者は保有を続けます。逆説が起こったのです。

逆説が起こった根底の理由は繰り返し言いますが、GDPに対し円国債の残額が大きすぎ、長期安定保有者の総資産のうち356兆円（60％以上）も占め、国債の利回りがそれらの金融機関の利益を決めるようになってしまったからです。

【長期保有の変化】

こうした長期安定保有者の変化は国債市場にとって重大です。長期安定保有者の保有目的は利回りでした。つまり物価が下がっていたデフレの中での1％や1・5％以上の利益採算がとれる国債の保有です。このため長期債・超長期債を買い、安定保有してきたのです。

2012年までの安定していた購入・保有構造に対し、日銀が異次元緩和として政府が発行する以上に長期債を大量に買い続けると、「日銀による長期債の買いの量＞金融機関の長期債の売りの量」によって、長期債の金利が1％を割ってしまう。このことは「長期安定保有者」も長期保有でなく、メガバンク（120兆円：平均デュレーション2・6年）や海外投資家（84兆円：平均デュレーション2年）のように短期化してしまうことを意味します。

長期債の安定保有が減ると国債価格は下がり、金利は上がっていきます。そしてキャピタル・ロスを恐れるようになった長期安定保有者がますます長期債を売って、金利をスパイラルに上げるということに向かっていきます。この結果、買い手が次第に日銀だけになっていくのです。

前述したように国債の保有目的は、

①利回り（金利の受け取り）、

②キャピタル・ゲイン（売買の価格差：金利変化）のいずれか、あるいは両方です。

メガバンク（120兆円：平均デュレーション2・6年）と海外投資家（84兆円：平均デュレーション2年）は、金利が0・1%〜0・2%しかない短期債を中心に売買しています。この目的が0・1%や0・2%の金利であるはずはありません。目的の多くはキャピタル・ゲイン（売買の価格差）でしょう。利回りが目的なら、「長期安定保有者（356兆円：総平均デュレーション7年）」のように長期債の保有になるはずだからです。

キャピタル・ゲインを目的として国債を売買したときは、保有は短期になり、売買の頻度が増えます。

日銀の長期債の大量買いによって長期債の利回りが1%以下に低下すると、わが国の国債市場を安定させていたアンカーだった「長期安定保有者」が海外投資家やメガバンクのように「頻繁に売買する短期保有者」に転換してしまう可能性が高い。いや、これは可能性という確率的なものではない。これはインフレ傾向のなかで日銀が無理に利下げをして、長期債の利回りが1％以下に下がったときの「必然」の変化です。以上が、金額的に無理に思える異次元緩和の悪い副作用として生じることです。

長期安定保有者が「短期保有」に転じる兆しが見えたのが2013年4月、5月の国債市場であり、売買市場に耳を澄ませば、これは警告のメッセージを発しています。国債市場の不安定化を意味し、価格と金利が13年4月、5月のような「乱高下」の市場に転換することです。

このことは同時に長期安定保有を減らし、ひとり日銀だけが買う市場に変わってしまうことを示します。さらに言えば、国債が市場でスムーズに売れないことを意味し、近い将来の金利の上昇と国債の発行困難も示唆することです。

まとめれば、「日銀が大量買いするから、期待金利が上がる。国債価格は下がる」という逆転した市場になっていきます。デフレから転じたインフレ含みと認識されるなかで、日銀が大量の国債買いにより利下げを図り続けることは、低い利回りで採算がとれなくなった買い手を国債市場から追放することになるからです。

具体的に言います。輸入物価を上げる円安（円の価値の下落）から、期待インフレ率が1％に上がっても、日銀の大量の国債買いのため、長期金利は0・8%を保ったとします。実質金利は、〔名目金利0・8%－期待インフレ率1%＝〕マイナス0・2%です。この意味は0・8%の利回りで残存期間10年の国債の保有を続ければ利回りがあるどころか、実質金利で0・2%ずつ損をすることです。

インフレになると、国債の金利は通貨価値の下落を補う分、上昇せねばなりません。ところが日銀によって金利の上昇が抑えられる。そうすると、長期国債の買い手がなくなってしまうという事態を引き起こします。この結果、国債市場では保有の利回りではなく、金利変化によって生じるキャピタル・ゲインを狙うだけの短期保有者だけになっていくのです。

【短期保有者の行動】

3年以内のデュレーションのものを売買している「短期保有者」の場合、0・1%や0・2%の利回りでは意味がない。この利回りでは預金と何ら変わらないからです。従って短期債を買う目的は①一時的な余剰資金の運用、②金利が変化したとき（国債価格が変化したとき）生まれるキャピタル・ゲインです。

しかし一時的な余剰資金の運用なら、価格が下がるリスクもある国債ではなく、日銀の当座預金に置いておけば、08年以降、元本は保証され、特例で0・1%の金利がつきます。従って3ヶ月債で0・08%の金利しかない短期債を中心に運用するのは先物ではなく現物であっても、金利変動のキャピタル・ゲイン狙いでしかあり得ないことになります。なおキャピタル・ゲインを狙うのは、外人投資家が売買額40％を占める国債の先物市場です。あらゆる先物市場は、買う価格と売る価格の差の利益を狙うキャピタル・ゲインが目的の市場です。

例えば国債先物（10年債：標準物：利率6％：価格142円付近）で、期待金利が1・0％から1・5％に変化したと仮定します。価格は（1＋0・5％×10年）÷（1＋1・5％×10年）＝91％です。価格は9％下がります。先物の限月（反対売買で清算する期限）は3ヶ月が多い。3ヶ月で9％の利益は年間換算では36％です。しかも先物取引には証拠金に対して数十倍のレバレッジをかけることもできます。ヘッジファンドなら100倍も可能でしょう。仮に10倍のレバレッジとしても、100億円の元金に対して年率換算で36％×10倍＝360％ものキャピタル・ゲインが生まれます。

2012年までの長期安定保有者の市場が、キャピタル・ゲイン狙いである「短期保有者」の市場に変わっていったとき起こるのが国債価格の乱高下と下落です。つまり金利の高騰と国債価格の下落です。

異次元緩和での日銀による長期債の買い（長期金利の1％以下への低下）は、国債市場から「長期安定保有者」を追放し、「長期安定保有者」を海外投資家のような短期保有者にすら変えてしまいます。

こうした変化は絶対に起こさせてはならない。理由は国債金利の上昇時期を早め、政府財政を破産させることに向かうからです。

皮肉なことですが、日銀が国債を大量購入し、インフレを引き起こすということが国債金利を上げるきっかけになるのです。

【肝心なこと】

国債残が950兆円と大きすぎ、日銀の異次元緩和により金利が下がると、金融機関の長期保有でも利回り1％を切って赤字になるため、逆に金利の高騰が起こります。日銀の異次元緩和は国債残が950兆円と大きすぎるという事情があるため、その目的とはまるで異なる結果を生むのです。従って、異次元緩和の政策は大幅に修正されねばならない。

その前兆を感知して警告を発したのが2013年4月、5月の国債市場でした。市場のメッセージをわれわれは正当に受け取って政策を転換せねばならない。以降では、これを立証していきます。

(2)国債の利回りと保有者の立証

図7-3で銀行業態別の債券の運用レートを見ると、資金コストの高い地銀や第二地銀は2010年まで1％以上の利回りを求めて運用していたことが分かります。地銀や第二地銀は生命保険・農林系・ゆうちょ・年金基金と共通しています。2011年はこの平均金利が1％に下落しています。

2012年、13年と長期金利は下がっているので、現在の地銀や第二地銀の運用利回りは1％以下に下がっています。国債での運用はキャピタル・ゲインがない限り、赤字化しているはずです。

他方メガバンク5グループは0・1％～0・2％と極めて低い金利とはいえ、金利の満期日までの

図7−3　銀行の業態別の債券運用レート

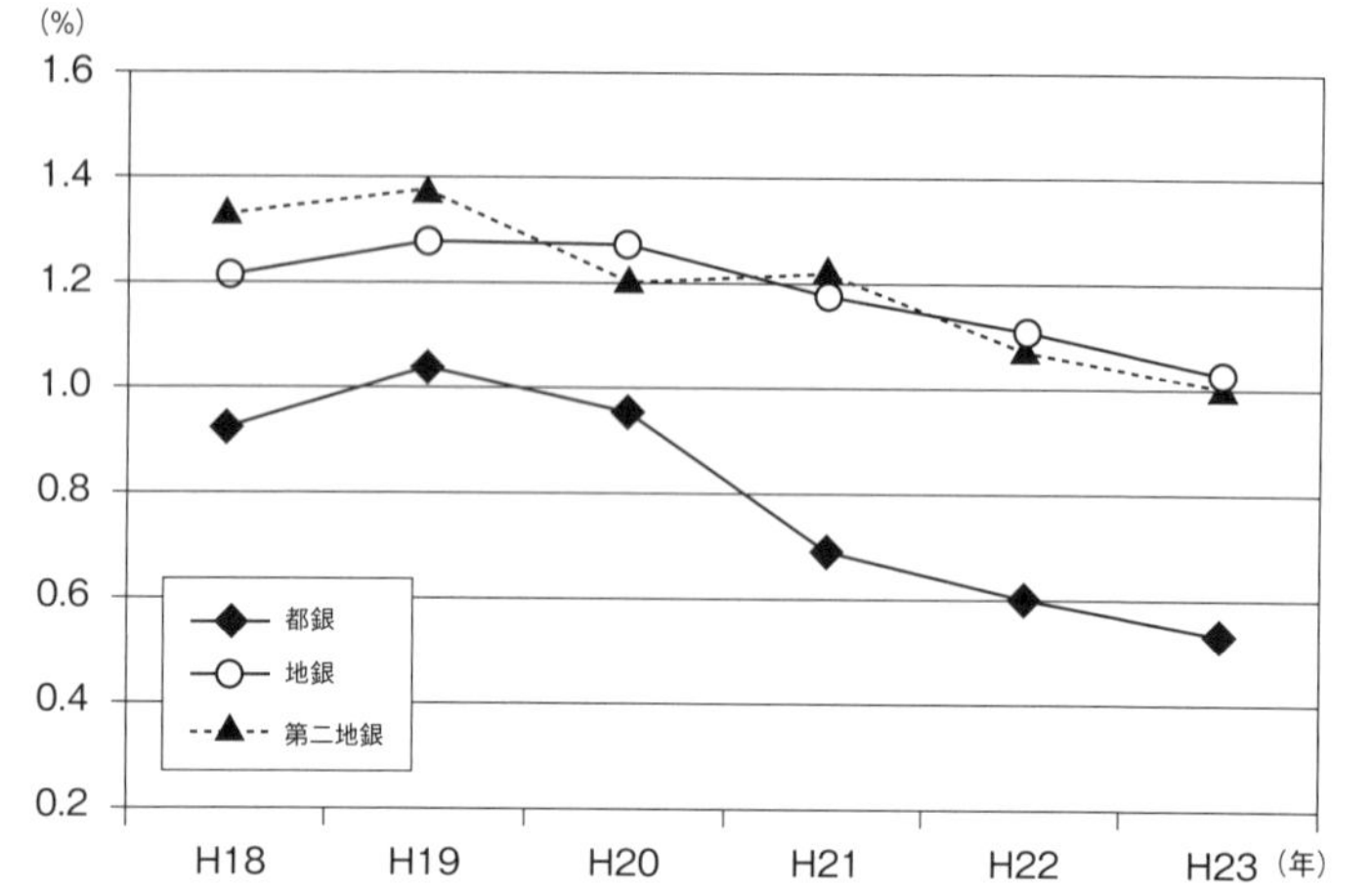

（資料）全銀協資料より三井住友信託銀行調査部作成

値下がりのリスクが小さい3年以内の短期債を選択していきます。同時に国債の保有額そのものを減らしてきました。

リーマン危機（世界金融危機：08年〜）への対策として、中央銀行のゼロ金利策により世界の金利が下げられた2008年9月以降、日本国債の平均利回りは特に低くなっています。08年9月以降の5年間で、米国と欧州の中央銀行は約6兆ドル（600兆円）のマネーを増発し、金融危機対策を行ってきました。

〔国債で肝心なデュレーション〕国債や社債の債券は買ったときは満期が10年の長期債であっても、翌年は9年債、3年後は7年債、7年後は3年の短期債に変化し続けます。額面金額の償還日が近づくと、金利は下がっていき、残り3ヶ月になると金利はほぼゼロ（0・08％）に下がります。国債で肝心なのは、償還日までのデュレーション（残存期間）です。

国債は、700万人が売買している株よりはるかに馴染みがない債券です。このため想像力がわかず、

①おおざっぱな財政破産論、②ＧＤＰが成長すれば税収が増えるから大丈夫とする両極の論だけのように感じます。本書は中間を示すものではない。どうすれば国の経済、世帯と企業の所得、世帯と企業の金融資産の３つを悲惨な状態にする財政の破産を避け、ＧＤＰの実質成長率は２％台であっても、成長する日本経済になり得るかを検討するものです（後述）。

日銀の異次元緩和により「国債価格が下がってリスク証券になる悪い金利上昇」というパラドックスを生んでしまうことを懸念します。

なお日本経済がＧＤＰの実質で今後成長しないとすれば、どうなるのか。これはもう税収が減るために、政府財政の破産です（財政破産とは何がどうなることかも後述）。ＧＤＰの成長がないときは２０１５年ころから始まるでしょう。この意味で２０１３年と２０１４年の名目と実質ＧＤＰ、そして金利、税収がどうなるか、とても重要です。

日銀が実行を開始した異次元緩和は一見、攻撃的です。しかし国債のファイナンスで２０１０年代からは、１年に20兆円くらい貯蓄額が不足するようになったというマクロ経済の変化をみると（第２章の⑵）、国債の売りさばきの問題から攻撃的なみせかけをとったものが異次元緩和ではないかと思えるのです。「国債のファイナンスの財源が貯蓄構造の変化から減ったため、日銀が国債を買うのではない。２％のインフレを起こす」とカモフラージュするためということです。そうだとすれば、異次元緩和は、筋がいい金融・経済策ではない。

期限別国債の残高とイールドカーブのフラット化の危険

「普通国債」と言ったときは財投債や国庫短期証券（ＴＢ）を含まず、残高は７０５兆円（図7-4：13年3月）です。もっとも少なく集計した国債がこれです。政府が国債残というとき、残高を小さく見せる意志が働くようです。全体の政府負債は借り入れ金１６１兆円、国債を含む証券９４０兆円、その他21兆円で合計１１２１兆円です。

満期までの平均残存期間は７・３年です。７０５兆円の普通国債では毎年１００兆円の満期がきます。これは借り換えます。当年度の財政赤字をまかなう45・５兆円（13年度）の国債とは別に借り換え債（財投債を含むと約１２０兆円）を発行します。

わが国の総資金の流れのなかで（大きな川をイメージ）、突出して大きなものが国債に行く水流です。商品の流れはＧＤＰ（４７５兆円）ですが、資金の流れ（フロー）が商品と金融商品を含む全経済ですから、経済のなかでもっとも大きいのが国債です。

①短期債２７１兆円

図7-4の残存期間を短期、中期、長期にグループ化すると、３年以内のものが２７１兆円（構成比38％）です。海外投資家（国債保有額84兆円）、メガバンク（同１２０兆円）、およびかつての日銀（同１４５兆円）が中心に売買しています。３年債以下の金利は０・１％～０・２％であり、売買の事務

図7−4　普通国債の残存期間別の残高
（財投債と国庫短期証券はここでは含まない）

（単位：億円）

残存期間	普通国債残高（平成25年3月末）	シェア
1年以下	1,264.402	17.9%
1年超〜2年以下	875.142	12.4%
2年超〜3年以下	574.232	8.1%
3年超〜4年以下	574.350	8.1%
4年超〜5年以下	548.704	7.8%
5年超〜6年以下	311.574	4.4%
6年超〜7年以下	317.268	4.5%
7年超〜8年以下	372.851	5.3%
8年超〜9年以下	331.964	4.7%
9年超〜10年以下	301.483	4.3%
10年超〜20年以下	1,103.231	15.6%
20年超	474.872	6.7%
合計	7,050.072	100.0%

経費を引けば事実上、収益ゼロでしょう（図7−2：イールドカーブを参照）。例えば1億円の国債が1年で10万〜20万円の金利しかない。円資金への一時的な避難にしか見えない金利です。実はこれは、日銀当座預金につく金利と変わらないのです。

金融機関が日銀の当座預金にお金を預けておくと、08年からの特例の「補完当座預金制度」として金利が0・1％つきます。この特例金利の制度は経済マスコミの多くには知られていません。日銀の当座預金が83兆円（13年6月）と異常に大きく「ぶた積み」されている理由は当座預金の0・1％の金利があるからです。なぜ日銀はこれをやめないのか。

この特別制度は、日銀が国債を買って金融機関に流動性を与えながらも、当座預金に残せば金利もつけるということでした。リーマンショック後の緊急対策だった制度をその後5年も続けているのは、金融機関から国債を低い金利でスムーズに買うためです。短期債を売った金融機関はあたかも3ヶ月国債を持っているのと同じ金利が得られるからです。この制度は実体経済にマネー供給を行うためには廃止すべきものです。

マスコミや政治家もこの特例制度の存在と意味を知らず、未だに放置されている感じです。

日銀当座の準備預金は83兆円もある必要はなく、本来は5兆円規模でいいはずです。事実、1990年代の日銀当座預金が約5兆円だったのです。0・1%付利の制度を続ければ、日銀の国債買いによって増発されたマネーのうち78兆円が日銀に準備預金として留まるという金融引き締めになってしまいます。日銀が預金準備率を銀行預金の10%に引き上げたのと同じ残高だからです。78兆円は政府の一般会計の80%にも当たる巨額なマネーです。

②中期債212兆円

残存期間3年超から8年の中期債は212兆円（構成比30%）です。金利は0・2%から0・8%の範囲です。短期債より金利上昇リスクは高く、長期債よりは低い中間的なものです。

地銀・第二地銀・信金（国債保有36兆円：平均残存期間4年）、農林系や共済保険（同68兆円：5年）、ゆうちょ銀行（同168兆円：3年）の主たる運用がこの中期債です。

中期債での0・2%から0・8%という金利は、資金運用コストが1%の金融機関にとって、すでに利益採算がとれないものです。このため10年以上の長期債に傾斜していきます。しかし長期債は一方では、〔物価上昇の認識→期待金利上昇〕による国債価格下落のキャピタル・ロスが大きいのです。

地銀・第二地銀の運用担当は金利上昇が懸念されるときは、損をしないため自分だけは早期に売り抜けることができると考えています。

ところが実際に生じるのは「合成の誤謬」です。他行や生保のファンド・マネジャーも同じ考えなので、売るときは一斉になって、下がった国債に買い手がなく価格が一層下がることになります。売りが日銀が買う金額を超え、金利が一層上がって、国債価格を下げるのです。

③長期債221兆円

8年以上の長期債から超長期債は221兆円（構成比31%）です。生命保険（保有国債184兆円：平均残存期間10年）、公的年金（同68兆円：7年）の運用の中心がこの長期債です。利回りは0・8〜2%付近です（13年6月）。異次元緩和では、昨年までは日銀が買わなかった長期国債を巨額に買います（図7-1）。

2013年度の日銀の予定では、期間5年以上の国債の買いが約50兆円です。86兆円の年間購入額の58%を長期債が占めています。日銀は従来、残存期間5年以上の国債はほとんど買わなかったのです。

この転換は国債市場で、何を意味することになるか？

既発の長期債に対して、日銀の異次元緩和による巨額の買いが今後2年入り続けます。そうすると「買い>売り」の市場原理から、長期国債の価格は上がって、1〜2%あった長期債の利回りが1%を割るように向かうでしょう。

生じるのは前述した「利回り曲線（イールドカーブ）の平坦化」です。

利回り曲線の金利差が減ってフラット化に向かうとき、長期債・超長期債の利回りが下がる過程で国債価格が上がります。しかしそれとともに、価格が上がった長期国債・超長期債の将来リスクが大きくなります。

0・8％という低い金利が向こう15年、20年も固定される債券を想像してください。金利0・8％の超長期債券は今後15年や20年、市場の期待金利は上がらないと想定しているものです。途中で金利が上がれば、大きな損をかかえます。計算してみます。

【低金利長期債のリスクを計算すると、改めて驚く】

日銀の異次元の買いにより、20年債の金利が1％に下がったと仮定します。そして3年目にはマネーが潤沢に実体経済に流れ、2％のインフレが確実になって、期待金利は〔実質GDP成長率（1％）＋期待インフレ率（2％）↓〕名目金利3％の原理で3％に向かったとします。

満期まで20年ある国債の価格は、〔（1＋1％×20年）÷（1＋3％×20年）＝1・2÷1・6＝0・75〕……25％も暴落します。

国債での25％の暴落は2010年のギリシャや2011年のスペインで起こったものに匹敵します。日本の超低金利の長期国債は市場の期待金利が3％に上がっただけで、南欧債と同じくらいの下落をします。ここも肝心な点です。長期債の金利が1％やそれ以下と低すぎるからです。

2ポイント（%）の金利上昇が起こると、20年債は25%も価格が下がってしまいます。経済成長とインフレは期待金利を上げます。その期待金利の上昇が、残存期間の長い長期国債の価格を大きく下げてしまうのです。不良債券ではなくても下落率で見ると、不良債券と同じです。

「2%のインフレ実現を目指す異次元緩和は正しい。しかし条件がある。GDPに対する国債残が1倍以下の国でなければならない」

年70〜80兆円規模の異次元緩和の買いでは政府の新規国債発行の70%も占めてしまうので（図7-1）、短期債だけで足りず、今まで買わなかった長期債を日銀が買わねばならない。しかし長期債を大量に買えば、長期債の価格は上がるが金利が下がり、イールドカーブがフラットに向かう。10年以上の長期債の金利が低いと、将来の金利上昇リスクをカバーできない。

つまり、長期国債がリスク証券化することに向かう。

長期債を買ってきた生命保険（国債保有額184兆円）、公的年金（同68兆円）、農林系や共済保険（同68兆円）、地銀・第二地銀・信金（同36兆円）にとって1%以下の長期債、1%の超長期債では、営業利益が赤字になります。そうすると売られる。売られれば、金利は上がり価格は下げるという方向に向かっていきます。

(3)異次元緩和で変化してしまう国債市場

新規に発行される、40兆～50兆円の国債を買う原資になるのは、
①世帯の預金の増加、
②企業の預金の増加、
③国の経常収支の黒字です。

第3章の(2)で数値的な根拠をもって示したように新発債をファイナンスするのに、①世帯預金、②企業預金ではほぼ20兆円不足します。③の経常収支の黒字は20兆円から半減したものの、まだ10兆円／年はありますが、これはドル債の増加保有に流れるので国内の国債をファイナンスする財源にはならない。経常収支の黒字は、資本収支（お金の流れ）では赤字になります。

このため国民経済での、財源が不足する国債20兆円の買い手は日銀しかありません。日銀以外の金融機関の増加買いの余力は今後、20兆円しかないからです。

国債買い受けの基盤の構造が２０１０年代に後戻りをしない変化をしたあと、本章(1)で論証した長

期債の保有および購入の困難さです。政府・日銀が以上を無視し「異次元の量的緩和（80兆円の国債の純増買い）」を無闇《むやみ》に実行すると、インフレ傾向のなかの超低金利という矛盾を大きくします。

結果は、物価上昇が招く金利上昇によって生じる国債のキャピタル・ロスを恐れた金融機関が売る市場になってしまいます。

そして結局……買い手は日銀だけということに向かいます。

金融機関が売り越して、日銀だけが買う国債市場です。実は平均残存期間7年の普通国債は、金融機関が新たに買わないと、1年に100兆円くらい満期がきて政府から償還されます。このため買い増しをしない限り、100兆円売ったことにもなるのです。これに加えて売りが出れば、日銀が行うべき買い支えの金額はすぐに120兆円、130兆円と増えていきます。

長期債を長期保有してきた生命保険、公的年金、農林系や共済保険、地銀・第二地銀・信金は長期債の金利が下がると、平均営業費の1％を割って赤字になり、経営上では売らざるを得なくなります。巨大な売りに対抗して、このように日銀だけが買うことになるのか？　日銀が買い支えきれないと、どうなるか。

国債価格の暴落と金利の高騰です。価格が下がって金利が上がると、それに利益を感じる金融機関が出て売買は均衡します。ところが国債を持っているところのキャピタル・ロスは巨大になり、最近の例では南欧のような金融危機を招くのです。

２０１０年のギリシャ、スペイン、イタリアの南欧債で起こったことですから、記憶に新しい。この南欧債は欧州ＥＣＢ（主導権は、ドイツのブンデスバンク）が買って信用供与し、つかの間の危機の収束をみています。しかし、日本には、ＥＣＢもブンデスバンクもない。

日本の長期国債が生命保険、公的年金、農林系や共済保険、地銀・第二地銀・信金から、自分だけは損をしないようにと先を競って横並びで売られた結果、買い支えるのは誰か？　日銀以外にない。ＦＲＢ、ＥＣＢ、人民銀行が日本経済の支援のために、日本の国債を買ってくれるとは思えません。

そして日銀だけが残る……中央銀行しか国債（政府の負債）をファイナンスしなくなったときは、政府が財政信用を失ったことを示します。財政信用が失われることが政府財政の破産です。

インフレを起こすか、あるいは緊縮策をとって財政の再建

このときは政府は一般会計の支出（98兆円）を20兆円抑え、20兆円の増税をして40兆円の国債の新規発行をなくし、財政を再建する方向に向かうしかなくなります。

これが現在、南欧諸国が行っている財政緊縮の方向です。新規国債を発行して、補えばいいではないかと考える人もいると思います。この結果は南欧諸国が財政赤字を減らす再建策をとらず、赤字をそのままにして国債を増発したときのことを想定すれば分かります。南欧の新発国債はさらに価格を

下げ、既発国債を暴落させ（数十％の下落）、金利を7％付近に高騰させることになるでしょう。これも財政破産です。

国家は支払いができなくても、企業のようには倒産はしません。代わりに、国民と企業に大きな迷惑をかけます。

国債が売れにくくなっていくと、

・国民に支払いを約束していた年金（53・8兆円：受給者数3703万人、公的年金の受給者は、1年に110万人（3・1％）増えるペースです）、
・医療費（35・1兆円：国民1人当たり平均28万円）、
・介護費、福祉等（20・6兆円：いずれも13年3月期予算）、
・国と地方の公務員（538万人：05年：『公務員数の国際比較』：野村総研）の総報酬（約40兆円）、

以上の合計で149・5兆円が支払えず、どこかを重点的に、または平均的に20兆円（平均で13％）は支出を減らさざるを得ないことになります。この20兆円は消費税では10％分です。

国債を日銀に売って、財政を賄《まかな》う間接的な方法ではなく、赤字分の政府紙幣を発行して払うのか……方法としてはこれもあるかもしれません。

しかし結果は、4章の(2)で示したようにおなじです。国債が売られて政府紙幣にどんどん振り替わっていきます。政府紙幣にも事態を改善する力はない。

(4)いずれは必ず行わねばならない出口政策の問題

出口政策の前提

インフレ目標の政策が政府の狙いどおりいき、2015年の年初には物価が前年比プラス2%になったとします。そのときにはマネー・サプライが現在の1152兆円より2年分で140兆円（12%）増え、日銀のマネタリー・ベース（負債勘定）は140兆円増えて、280兆円になっているでしょう。

この2年間の日銀によるマネー増発が140兆円です。日銀の保有国債（資産勘定）の増加は140兆円になります。GDPの名目成長は3%で、実質成長1%、物価上昇が2%とします。いずれも政府の目標です。

政府はアベノミクスや異次元の緩和は言っても、肝心な数値明細の入ったGDP見通しをまだ出していません。内閣府（旧経済企画庁：何のためにあるのか？）が職責として行わねばならないことです。企業の経営企画部が作る中期経営計画の売上げ、粗利益、経費、利益に該当するのものが政府にとっての、国のGDP予想です。企業の設備投資の判断にもこれが必要です。異次元緩和でGDP、物価、金利がどう変化するのか。ここは国民の関心が高いところです。

実際に上記のようになると、マネーを絞らねばなりません。もともと異常な額（1年に70兆円増加）

のマネー増発です。何年も続ければインフレが3%、4%と亢進《こうしん》します。この時点で、期待インフレが2%になっています。このため債券市場では、期待金利が3%になっているでしょう。

米国FRBもゼロ金利策をとっていますが、米国の長期金利（10年債の利回り）は2・5%付近です（13年6月末）。中央銀行がゼロ金利策をとっても、インフレ率と市場の期待金利が高いときは、長期債の金利は3%や4%になることがあります。米国の資産インフレ（住宅・株）とは違う原因ですが、南欧のように財政リスクが高まると、長期国債の金利は7%（スペイン：2011年）や数十%（ギリシャ：同年）にも上がります。この場合の名目金利（10年債の金利）は、〔実質GDP成長率＋期待物価上昇率＋財政リスク率〕です。

2015年までには、政府による45兆円の新規債発行が2年続いています。国債残は〔950兆円＋90兆円＝〕1040兆円に増えます。長期金利は現在の0・8%から3%に上がっているとします。1040兆円（平均残存期間7年）の総価格は、〔（1＋0・8%×7年）÷（1＋3%×7年）＝1・056÷1・21＝〕0・87で13%下がっています。

金額では135兆円のキャピタル・ロスを金融機関全体で蒙っていることになります。わが国の金融機関の自己資本（約100兆円）を帳消しにする額です。このため政府が以下に示す2つの対応策をとり、金融危機を鎮めるとします。

【ケース1】

国債は売らずに満期まで持つことを金融機関に勧告し、金融機関の保有国債の時価評価は、停止する。

国債は将来の満期日に、政府から額面金額が100%償還されます。これは一見、損がないように見えますが、市場の長期金利が3%に上がったなかで、満期まで10年の残存期間があり、金利が0・8%の国債を10年保有し続けると、金利差で額面の22%の損（金利差2・2%×保有期間10年＝22%）が発生することになります。市場の金利が上がったということは、今日、別の国債を買えば、買った金額の3%の金利があるという意味だからです。

にもかかわらず市場で売れば額面の10%以上の損が確定するので、政府の奨めに従って毎年2・2%損をしながら、売らないとします。金利が上がったなかでは、過去の低利の国債は保有すれば金利差の損が出て、売れば額面割れのキャピタル・ロスが出ます。計算すると、売っても保有を続けても、事実上の損失の額は、ほとんど変わらない。

・保有を続け、上がった市場の金利との差の損を累積するか、
・売って、一度に損を確定するかの違いがあるだけです。

以上を申し上げる理由は、市場の金利が上昇して保有国債の時価が下がっても、売らなければ損はしない。満期まで持ち続ければ損はないと思っている人が多いからです。実際に国債を売買するファンド・マネジャーにとっても重要なことなので計算してみます。

【条件】保有国債の表面金利（買った金額に対する金利：13年6月）は0・8％の10年債とします。3年経って満期が7年後になった2015年に、市場の期待金利が3％に上がって、それ以降しばらく3％が続いたと仮定します。

【売った場合の損得計算】

売った場合の損は、〔（1＋0・8％×7年÷（1＋3％×7年）＝1・056÷1・21＝0・87〕……13％です。元本の13％の損が確定します。

しかしその直後に同じ長期債を買えば、あとの7年間、3％の利回りが期待できます。長期債の金利が3％に上がっていると仮定したからです。0・8％の国債を向こう7年持ち続けたケースに対し、〔金利差2・2％×7年＝〕15・4％が回復できます。

買い換えた元本は13％減って87％ですから、7年後の元利合計は〔元本87％×（1＋15・4％）＝〕100・4％です。つまり、いったんは13％の損をしたように見えますが、売って回収した元本は3％の国債金利で運用できます。この金利で7年後には最初の元本だった100・4％に回復します。以上が売った結果です。

【満期償還日まで保有し続けたときの損得】

額面は100％を維持します。7年後の元利合計は〔100×（1＋0・8％×7年）＝

105・6〕……7年で5・6％の利回りです。一時的には損をして売ったときの7年後の元利合計100・4と、満期まで持ったときの105・6の差は1年間当たり0・7％の微差です。売ったときと、保有し続けたときの7年目の結果はほとんどおなじと言えます。実際の向こう7年の金利は変動して一定ではないので、予測誤差のほうがはるかに大きいからです。

つまり売って損を確定しても、満期まで保有し償還を受けても、損失の想定額はほぼおなじです。低い金利の国債を満期まで持ち続けると、上昇した金利に対して機会損失をするからです。

【結論】

市場の金利が上がると既発の低金利債は、売っても保有を続けても、上がった金利に対し、1年に金利差の損を続けます。市場の金利（例えば3％）－保有国債の金利（0・8％）＝金利差損2・2％です。両方ともほぼ同じ損をします。つまり金利が上がる時期は国債を持ってはいけないのです。持っていたら早く売らねばならない。わが国の長期金利は、1985年からほぼ28年間も下がり続けてきました。このため、国債を持つことは有利な選択でした。2013年以降、これが逆方向に変わったのです。

計算すれば、金利と債券の関係は面白いものです。金利が上がった場合、その上がった金利が同じで続くなら、売っても保有を続けても、最終結果はほとんど同じです。

国債は金額が大きい。例えばある生命保険が金利が3％に上がったとき、０・８％の10兆円の長期国債を持ったまま保有を続けると、毎年、市場金利との差２２００億円の事実上の損です。向こう10年間では2兆２０００億円にもなる巨額です。この事実上の損失にいつまで耐えられるかは、生命保険会社にとってこれからの最大の経営問題になります。

【ケース2】

信用不安から銀行間の短期金利が高騰した、あるいは高騰の気配がある金融機関に対しては、日銀が債券担保で１００％の特別融資をすることを宣言する。政府が銀行を救済するという宣言になります。金融危機のときのお定まりの手段です。

要は、金融危機を表面化させず先延ばしする策です。資産バブル崩壊後の不良債権からきた危機に対し、１９９０年代の末から２００５年までには公言せずとも事実上、行っていたことでもあります。

なお現在は、世界的に金融機関の保有する債券や金融派生商品については、時価評価は理論価格の自己申告制になっています。極めて政治的で恣意的ではありますが、デリバティブが大きく、満期前、契約日前、清算前のものは時価評価が困難なので理論価格でよろしいという理由からです。

必ず実行せねばならなくなる出口政策

次に問題にしなければならないのは異次元緩和の実後によって、日本経済が2％のインフレに達したあとのことです。政府・日銀の目標では2015年です。その後はどうするのか？　黒田総裁は記者からの質問に対して、「これから行うことだから、時期尚早だ」と答えています。質問へのはぐらかしであり、時期が早すぎるというのではありません。それまでの不確定な要素が多すぎ、分からないということです。確かにそのときのことを数値で具体的に想像するのは、消費税の増税（実施できるかどうか）、金利、物価、為替、中国経済、米国と欧州の株価や景気などを含む仮定条件が多く、誰にとっても難しいことです。しかしそれが2015年（2年後）なら、2年の時間はすぐにきます。あとは野となれ山となれでは無責任でしょう。出口政策がどうなって、金融・経済がどうなるか想定してみます。

〈仮定〉消費者物価上昇が前年比2・5％の勢いになった。不動産も上がっている。市場の期待金利は3％に上がった。異次元緩和を停止（あるいは縮小）しないと、インフレが昂進し、円はもっと安くなって円安の要素で物価が上がり、結局、期待金利が上昇することになる。

〔米国FRBの出口政策〕実例を言えば、米国では1ヶ月で850億ドル（8・5兆円）、1年で1兆ドル（100兆円）の量的緩和であるQE3（12年9月以降）により、毎月400億ドル（4兆円）のMBS（住宅ローン担保証券）を特例として買ったため、住宅資金が30兆円（100万軒分）供給されて、13年4月の住宅価格（ケースシラー指数：全米20都市）は前年比12・05％も上がっています。

FRBがQE3を続けると、住宅価格や他の資産（株価）のバブルが膨らみ、また2007年から08年のようにバブルが崩壊する恐れが出ます。このためバーナンキ議長は、「QE3を、順次縮小（tapering）してゆく出口政策」をほのめかしています。

このQE3の縮小観測を受けて、世界の株価が下がった（2013年5月23日）のは記憶に新しい。申し上げたいことは、マネー増発策は崩壊で禍根を残すバブルも生むので、停止すべき時期がくるということです。なお、FRBは、QE3の縮小は、2014年からと言っています。2013年中は続けるという意味です。経済事情の急な変化により、途中変更があるかもしれません。

なおFRBのように、中央銀行が国債を多く買い、短期金利をゼロに誘導しても、長期国債の売りと買いの量で決まる長期金利は2％や3％に上がることは、十分にあります。財政破産が懸念されるときは、別の要素である国債の償還リスクによって、2011年の南欧債のように7％や2桁、あるいは30％に上がることすらあります。政府財政の危機のときは、最後はECB（欧州中央銀行）が下がった国債を全部買って救済するだろうという観測があっても、市場の金利は高騰します。

以上から、インフレ目標2％を達成した日銀が出口政策を決定したとします。異次元緩和での日銀の国債の買い（保有の純増）は1年に70兆円規模です。これを2012年の水準であった20兆円に戻したとします。

【量的緩和停止の経験　２００６年】

日銀は２００６年の3月9日まで実施していた「量的緩和」を停止して、その後3ヶ月くらいの間に総資産を１４７兆円から１１５兆円（06年7月）に減らして、32兆円のマネー量（マネタリー・ベース）を絞ったことがあります。

この時期、32兆円のマネー増は国内ではなくドル債の購入に向かっていました。日銀の量的緩和の円が米国に流れていたのです。日本から米国にマネーが流れるとは、円が送金されるわけではない。米ドル預金、ドル債、米国住宅証券の購入をすれば、それが円からドルへのマネー移動です。このときは「キャリー・トレード」と言われました。ほぼゼロ金利の円を短期で借り、ヘッジファンドや投資銀行がドル債を買ったからです。このためこの後の日銀の「量的緩和の停止（1ヶ月10兆円分）」は米国の住宅ローン資金を減らすことになって、06年7月からの、米国住宅価格低下のきっかけになったのです。

このマネー縮小の多くが米国からの資金引き揚げになったにせよ、国内でも長期金利は１・５％から２・０％に上がりました。日銀が国債を売ったからです。

このように金融引き締めの効果はすぐ現われます。

【２０１５年から16年の出口政策の結果の想定】

06年初夏の量的緩和からの引き締めより、今回の異次元緩和からの出口政策（２０１５年以降）は、はるかに金額が大きくなります。異次元緩和は1年70兆円の純増での国債買い（2年で１４０兆円）です。

出口政策も、1年でやはり70兆円の規模の巨大なものになるでしょう。

２００６年当時と国債をファイナンスする構造は大きく変わっています。06年当時は景気も順調に拡大し、世帯の預金、企業預金が増えていました。このため金融機関は日銀が売る国債を買う余力がありました。しかし２０１５年時点では新規国債の必要発行額想定40兆円に対し、やはり20兆円くらい不足するでしょう。

こうしたなかで日銀が70兆円の手持ち国債を1年間の売りで超過させるのが、出口政策です。２００６年との国債の引き受け状況の違いと、日銀によって1年に70兆円規模で売られる国債の買い手難の問題から、２０１５年以降の出口政策では長期金利は３％から６％、あるいは７％に高騰する可能性があると見ます。異次元緩和が大きい分、日銀の金融引き締め、つまり国債売りの金額が巨大にならざるを得ないからです。


もう計算しなくてもお分かりでしょう。長期金利が６％に上がると、２０１５年で１０５０兆円の残高に増えている国債は０・８％の現状金利に対しては、〔（１＋０・８％×７年）÷（１＋６％×７年）＝１・０５６÷１・42＝74％〕……マイナス26％で金額でいえば２５０兆円規模での下落です。

２０１５年までに長期金利が３％に上がったとしたとき〔（１＋０・８％×７年）÷（１＋３％×７年）＝１・０５６÷１・21＝〕87％で13％の損失が生じています。その後、２０１６年に長期金利が６％に上がったとき〔（１＋３％×７年）÷（１＋６％×７年）＝１・21÷１・42＝〕85％で15％の価格下落です。


いずれにせよ、１０００兆円のスケールに巨大化した国債の出口政策を想定した金利上昇による下落には、国債を持つ金融機関の資本が耐えきれません。合計で150兆円規模の債務超過に陥るからです。では、こうした出口政策は今後、ずっと実行できないということなのでしょうか。

これから10年、出口政策をとらないと、どうなるかです。

これは国債のほぼ全部を日銀が買い取るということに向かうことになります。

国債の市場での買い手が少なくなると金利は上がり、国債の保有が急激に増える日銀が巨大損を蒙ります。中央銀行の信用の低下は、政府の財政信用の低落と同じ意味です。

この結果は、

①日本政府の財政信用の低下、
②そのための円の下落、
③そして金利の高騰です。

まとめて言えば、このときは通貨市場がコントロールを失います。そうなると上がった国債金利の要因から、政府の新規国債発行が困難になり、政府財政は赤字のままになります。これはどういうことでしょうか?

(5)財政信用とは何か

財政信用は、その国の国債と通貨信用の元になるものです。政府の機関である中央銀行が通貨を発行するからです。国債も通貨も、本質では政府部門の負債である点でおなじです（第4章）。従って通貨信用も、その元は国の財政信用です。

通貨信用と国債信用は両方とも、政府の財政信用からくるものでおなじです。

では財政信用とは一体何か？　ここも検討しておく必要があります。

ある国に財政信用があるとは、どういうことか。以下の条件が考えられます。

民主政体では国家と言ったとき、通貨発行、年金や医療を含みすべてを覆うようで、あいまいで分かりにくくなっています。そこで国家をルイ王朝や徳川幕府と考えればいい。ルイ王朝の財政信用、徳川幕府の財政信用と、発行する通貨の信用と考えれば、以下が分かるでしょう。わが国の教育ではなぜか「国家とは何か？」を教えません。主権者は国民と言う。国民が主権者なら国民が国家ですが、それは違います。国家は政府です。政府は官僚機構であり、国民ではありません。

【財政信用の元になること】

①政府財政が「収入∨支出」で黒字であり、将来も黒字傾向であること。
②政府財政が赤字でもその赤字が経済成長（＝税収増加）により減る傾向であること。
③政府財政が赤字で経済成長は低くても、国債増発を抑える増税を実行できること。
④財政赤字が大きくても、新発国債を国内の貯蓄増加でファイナンスでき続けること。

日本は、①の財政の黒字と②の経済成長の条件は持つことができませんでした。しかし00年代までは、④の国債のファイナンスの条件は満たしていました。

ところが2010年代になって、国民の貯蓄の増加だけでは40兆〜50兆円規模のファイナンスができなくなって1年に20兆円くらいは不足しています。

このため2010年代からは、④の国内貯蓄でのファイナンスという財政信用の条件を満たせず、日銀が通貨を増発してファイナンスするようになっています。

比較すれば、国債が大きく下落した南欧（ギリシャ、スペイン、ポルトガル、イタリア）でも国債の国内ファイナンスという条件を満たせませんでした。国債を海外に売っていたため、その財政危機を早く感じた海外銀行やヘッジファンドの売り（先物売りや売りオプションを含む）から国債金利が7〜30％に高騰し、国債価格は暴落しました（2011年）。

2012年末以降、ユーロの中央銀行であるECBが南欧債を無制限・無条件で買い取ると宣言し、買いを実行したため、一時の落ちつきを見せています。しかし南欧の財政再建が進んでいるわけではないのです。財政を緊縮して、政府支出を減らすとGDPが低下して、所得税収が減るため予定した赤字の削減ができないからです。

ユーロ圏ではドイツの信用がユーロという通貨の信用です。ドイツの信用をECBが南欧に供与したため、危機は先送りされています。南欧が経済成長に転じ、自国のGDP成長または財政支出のカットによって財政赤字が小さくなるまでは南欧債に生じた信用の危機は克服できません。

わが国の場合、前記の①から④の政府財政信用がなくなったとき、信用が落ちた国債を買い取るのに、欧州のECBや米国のFRB、または中国の人民銀行からの買い（支援）を期待することはできません。日銀しかない。ところが日銀も4章で述べたようにその信用は政府と一体であり、日銀が独自に信用を持つわけではないのです。

ここに南欧債とは違う困難点があります。わが国の財政信用での④の条件、「財政赤字が大きくても、国債を国内の貯蓄でファイナンスでき続けること」があやしくなったのが2010年代です。このため財務省は2012年に「消費税増税5％（10兆円の税収増）」の政策をとったのです。

【ハイパー・インフレはない】

日銀が国債を大量に買い取ることを続ければ、通貨量がどんどん増え、日本の敗戦後のようなハイパー・インフレになるという人がいます。ECBによって救済され、財政緊縮策をとっている南欧債とはおなじ条件ではないので、これを検討しましょう。

ハイパー・インフレを物価が数倍以上に上がる超インフレと定義すれば、物価が数十％上がるインフレになることはあっても、超インフレはないと思えます。ハイパー・インフレは戦争や大災害などによる商品生産力の破壊があって、一方では満期が来る国債の償還のためのお金が政府にないため、代わりに中央銀行がマネーを増発して償還するとき起こるものです。

現代の世界は経済はグローバル化し、大きな輸出入があります。しかも世界の商品生産力は、需要を超過するくらい大きくなっています。この意味は、ある国が（例えば日本が）通貨発行量をどんどん増やしたときは、その国の通貨の下落によって、輸入物価が数十％や2倍に高騰することによるインフレはあっても、ハイパー・インフレになることはないということです。

必需商品が需要に対して大きく不足するような、生産力の破壊と通貨の増発が重ならないと、ハイパー・インフレは起こりません。現代では世界の商品供給力は過剰なくらい多い。このため通貨を発行しすぎた国では通貨が大きく下がることによる輸入物価からのインフレはあっても、過去のようなハイパー・インフレにはならない。

そしてその通貨安でも日本の場合、まだ強い商品の輸出力があるので円が大きく安くなると通貨が高くなった国への輸出が増えます。このため下がった円も外貨（ドル）とバランスする点があります。一部の人が言っている1ドルが500円や1000円になる円安パニックはけっして起こりません。経常収支で赤字国のドルはそんなに強い通貨ではなく、大きな円安になれば輸出が増える日本の円はそんなに弱い通貨ではないからです。

国債の金利が高騰したとき起こるのはハイパー・インフレではなく、それとは逆の財政赤字を減らすための政府支出の縮小です。これは可能性が高い。どういったことになるのでしょうか？

【ハイパー・インフレの代わりに、財政支出の緊縮を迫られる】

インフレになり、金利が上がって国債の新規増発が困難になると、前半部で示したように、

①国民に支払いを約束している年金（53・8兆円）、
②医療費（35・1兆円）、
③介護費・福祉等（20・6兆円：いずれも13年3月期予算）、

④公務員・準公務員の総報酬（約40兆円：400万人）、以上合計で149・5兆円が支払えず、合計で20兆円（平均で13％）以上は支出を減らさざるを得ないことになります。

国債の金利がここで想定しているような政府の財政信用の低下という要因で上昇した場合、政府の支払いが不足するからと新規国債を発行すると、金利はいっそう上昇します。このため、政府は新規国債の発行ができなくなるのです。

いったん財政信用の問題にまで至ると、支出の削減に合意するとかしないとか、政党が変わればいいという次元の問題ではなくなります。財政の信用問題に至ったときは、南欧のように誰が首相でどうやっても、上記支出の13％（20兆円）くらいの削減を実行せねばならなくなります。

行うか、行わないかということではない。どう20兆円を減らすかという問題になります。これと同じことは社会保障が厚く、GDPのなかの公共事業（政府が管理する事業）が多く、公務員が多い南欧諸国が2012年の後半から実際に行っていることでもあります。

【本章を約400字にまとめれば】

本書の2つ目の核になるのが以上の7章でした。データで実証し、論理的に詳細に述べたため、若干、長くなりました。次への展開のために、短くしたまとめを行います。本を読んでいると、前の部分を忘れ、次の章につながらない経験を筆者もすることが多いからです。短くまとめます。

まず日銀が異次元緩和を推進し、長期債を大量に買い続けたときに、国債市場で起こる変化です。日銀が長期債を大量に買うことによって価格が上がり、その利回りが1％を割るようになると、長期安定保有者（生命保険184兆円、公的年金68兆円、農林系と共済保険68兆円、地銀・第二地銀・信金36兆円：合計356兆円）にとって、長期保有が採算上、赤字になるという変化が起こります。赤字の資金運用はできない。となると、株式市場から株を売って退出を続けたように、国債市場から退出するか、あるいは少数が国債先物やオプションの売買で価格差から生じるキャピタル・ゲインを狙う短期所有者に転じるかです。

金利が低くなった長期債の長期保有者が大きく減ってしまい、長期保有者が持つ長期債356兆円が売られて流動化することに向かいます。これは国債の金利高騰につながっていきます。以上はどうやっても避けねばなりません。

このためには異次元緩和は妥当な金額、言い換えれば70兆円ではなく、年間20兆円の買いに戻し、長期金利を1～2％で維持せねばならないということです。

次章では異次元緩和をどう修正するか、そして長期的に言うと財政破産を防ぐ唯一の策であるわが国経済（GDP）の実質成長のために、政府は何をしなければならないかを述べます。

第8章

財政破産を避けるために必要な日銀の政策修正

【異次元緩和】

２０１３年４月からの異次元緩和は、日銀が１年に70兆円を増刷して円の価値を下げ、２０１５年には消費者物価を２％は上がる経済にするというものです。日銀が通貨量を増やすときは国債（９５０兆円）を買い取り、その代金を国債を売った金融機関の日銀当座預金に振り込みます。日銀からその当座預金への振り込み額が通貨の増発分です。

紙幣発行額（84兆円）と日銀当座預金（85兆円）の合計がマネタリー・ベースであり、13年6月30日は１６９兆円です（日銀営業毎旬報告）。２０１３年の年初は１２８兆円でしたから、日銀はすでに半年間で41兆円（32％）のマネーを増発しています。

２０１３年末にはマネタリー・ベースを２１０兆円に、14年末には２８０兆円と増加させるために、日銀は国債を買い続ける計画です。このマネタリー・ベースから、世帯と企業が商品購買や投資（設備投資と金融資産の購入）のための預金として使うことができるマネー・サプライ（M３：１１５２兆円：前年比＋２・８％：13年5月）の増加までの仕組みは、図4-3を参照してください。増えたマネーも日銀当座預金の増加としてとどまっているだけでは、金融機関の持つ日銀当座預金が「ぶた積み」で増えるだけです。

目的としている名目ＧＤＰ（実質成長率＋物価上昇率）が伸びるには、このマネタリー・ベースが貸付金の増加になり、世帯や企業に流れなければなりません。世帯や企業が借り入れを増やさねば、マネー・サプライは増えず、目的とする買い物や投資も増えないからです。

【目的はGDPの増加】

GDPの増加は、消費と設備投資の増加です。マネー・サプライを増やす政策をとるのは世帯には消費増を、企業には設備投資を促すことを目的としています。これによって潜在GDP以上に実質GDPの増加を図り、物価も2％は上昇させるというものです。

潜在GDPは生産要素（資本と労働力）を過去の傾向から見て平均的な水準で活用したときのGDP額（商品生産額）です。簡単に言えば物価を上げないで、商品生産量を増やすことができる水準です。内閣府の試算によれば、2012第4四半期における潜在GDPと実際のGDPの差（GDPギャップ）は約3％です。GDPギャップは概算でしか出ませんが、ほぼ3％の設備と労働力の余力があると見ていいでしょう。実質GDP（商品購買と設備投資）が現状より3％増えても、物価上昇をもたらすことはありません。3％以上GDPが増えるとき、需要が引っぱる良好な物価上昇になります。

以上のようなGDPの増加を考えるには、新聞に出ない日がないGDP（国内総生産）がどんなもので、GDPの増加とは何がどう増えることか。増えるには、何がどうならねばならないか。こうしたもっとも基本的なところを、予備知識にしておく必要があります。マクロ経済学が対象にするものがGDPです。個人の所得が減った、あるいは伸びが低いという問題点も、GDPのなかにあります。実際の数値を使い、意味を端的に示します。

(1) GDPとは何か

図8-1の⑴に、475兆円の「需要面のGDP」の項目と内容を示しています。この需要面のGDPが一般に報道されるものです。内閣府は四半期毎に年4回、計算して発表しています。

（内閣府 国民経済計算13年分 →http://www.esri.cao.go.jp/jp/sna/data/data_list/sokuhou/files/2013/qe131_2/pdf/jikei_1.pdf）

【民間消費291兆円 GDP構成比61%：名目】

①民間消費291兆円は商品とサービスの需要額です。世帯の消費は店舗で買う商品が約50%（140兆円）、無形のサービス（電気、通信、交通、医療、教育など）が約50%です。GDP（475兆円：13年3月）のなかで61%を占めるのがこの民間の消費です。5000万世帯の、1世帯平均で582万円の消費です。

世帯の所得（所得面のGDP→雇用者所得が245兆円、財産所得が23兆円）が増えないと、民間消費は増えません。世帯の所得の増加がGDPの増加の鍵です。これをどう増やすか、国民経済の課題とすべきことがこれです。この件は所得面のGDPの項目で述べます。

（注）金額は以下も含んで全部、物価の上昇・下落を含む名目です。

図8―1 GDP(国内総生産)の内容と三面等価、および生産性

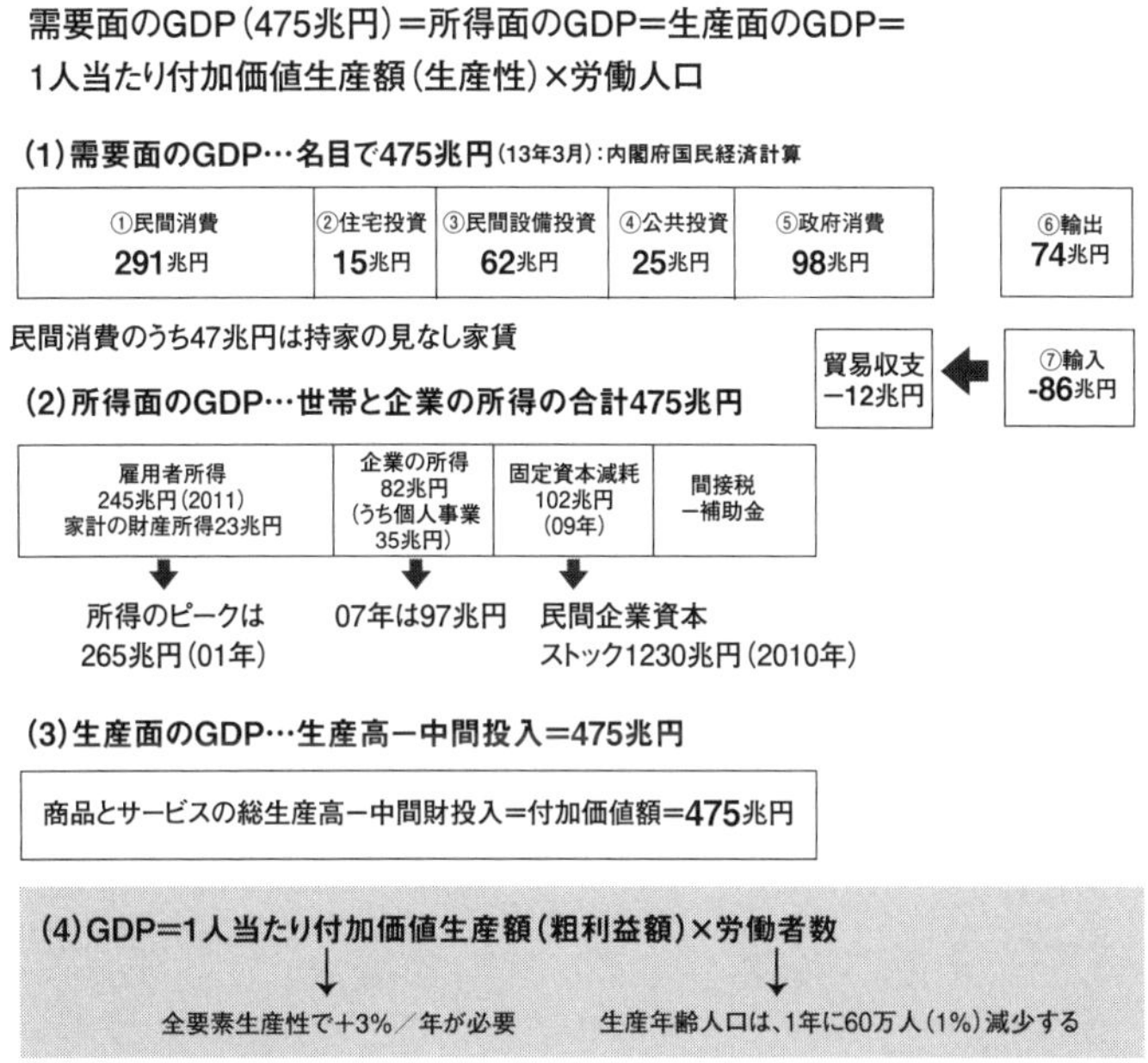
需要面のGDP（475兆円）＝所得面のGDP＝生産面のGDP＝
1人当たり付加価値生産額（生産性）×労働人口
(1)需要面のGDP…名目で475兆円（13年3月）：内閣府国民経済計算
①民間消費 291兆円
②住宅投資 15兆円
③民間設備投資 62兆円
④公共投資 25兆円
⑤政府消費 98兆円
⑥輸出 74兆円
⑦輸入 -86兆円
貿易収支 −12兆円
民間消費のうち47兆円は持家の見なし家賃
(2)所得面のGDP…世帯と企業の所得の合計475兆円
雇用者所得 245兆円（2011） 家計の財産所得23兆円
企業の所得 82兆円 （うち個人事業 35兆円）
固定資本減耗 102兆円 （09年）
間接税 −補助金
所得のピークは 265兆円（01年）
07年は97兆円
民間企業資本 ストック1230兆円（2010年）
(3)生産面のGDP…生産高−中間投入＝475兆円
商品とサービスの総生産高−中間財投入＝付加価値額＝475兆円
(4)GDP＝1人当たり付加価値生産額（粗利益額）×労働者数
全要素生産性で＋3%／年が必要
生産年齢人口は、1年に60万人（1%）減少する

【GDPは世帯と企業の所得でもある】

GDPが増えなくてもいいではないかという考えの人も確かにいます。所得が増えず商品の購入数が増えなくてもかまわない。人や家族の仕合わせにGDPは無関係という人です。GDPは所得です。所得は人の仕合わせと直接には関係がない。しかし所得が増えることは、仕合わせを高める条件の1つになるでしょう。5000万世帯の平均所得（549万円：2010年 厚労省調査）が減っていってもいいとは考えません。所得が減り、昨年より少ない商品や安いものを買う生活では、やはり仕合わせとは感じにくいと思うからです。実質GDPは増えたほうがいいのです。

２０１０年の世帯所得は65歳以上が世帯主の高齢世帯で３０８万円（うち年金が２１６万円）、児童がいる世帯で６９７万円、母子家庭は２６２万円、全平均が５４９万円です。総額で53・８兆円になった年金は、５０００万の全世帯平均に均等にならしても１００万円（世帯収入の約20％）の金額に増えています。

【住宅投資15兆円　GDP構成比３％】

②世帯の住宅投資は15兆円（着工数では90万〜１００万戸／年）と、少なくなっています。２０００年には20兆円ありました。08年９月のリーマン危機以降、12兆円台に激減したのです。

住宅を買うと同時に他の耐久財（家具、家電、家事用品）の購入も増えるので、住宅はＧＤＰを増やすときの鍵の１つです。米国で行われているように、２軒までの住宅ローンの全金利を個人所得から控除するというローン減税により、世帯の住宅購入を増やす方法を示します。この減税法は財務省がいつも抵抗していることですが、ここで提案する理由は、世論が強くなれば政治が実行できるからです。

【民間設備投資62兆円　GDP構成比13％】

③は、成長率が低くなった日本経済がかかえる最大問題である、民間企業による設備投資（62兆円：ＧＤＰ比13％）です。２０００年は、資産バブルの崩壊後でも70兆円ありました。２０１２年度は62兆円に減っています。

確定的に言えるのは、民間企業による新しい設備投資が減れば、「絶対にその国の経済は成長しない」ことです。GDPは、企業の設備投資で成長します。

企業の設備ストックは所得面のGDPに注記したように1230兆円です（1社平均4・7億円）。1年に、102兆円分（8％）くらいは、使っている設備や機械の劣化（固定資本減耗つまり陳腐化）があります。民間企業の設備投資が1年に80兆円はないと、企業設備が老朽化し経済は衰退に向かいます。現在は、20兆円くらい不足しています。

［増えた海外直接投資］ 2000年代に日本の260万社の民間企業が総じて設備投資を減らしたのかというと、実はそうではありません。輸出企業は国内投資を減らし（工場、設備の増設は行わず）、海外での設備投資を増やしています。2005年まで1年に2・5兆円水準だった海外直接投資（ネットの純増額）は08年には最高額の13兆円に達しました。グローバル化が希望のように言われたときでした。リーマン危機のあと、企業収益の減少のため5兆円付近に減りました。海外設備投資の残高は90兆円にふくらんでいます（財務省：本邦対外資産負債残高）。

海外に設備投資をしても、国のGDPの増加にはなりません。中国への投資では中国のGDPと雇用が増加するだけです。ただし企業は外国が好きだから海外投資を増やしたのではない。海外が投資収益（予想利益÷投資額：ROI）で有利だったからです。国内投資の有利さが増すような税法、減価償却の特例措置を講じれば、海外はリスクもあるので国内投資への回帰も増えます。本章の後半部で成長戦略の一環として提案します。

強調して申し上げたいことは、実質ＧＤＰを増やし、働く人の生産性を高めるには、２６０万社の民間企業が商品とサービスの生産力の増加になる設備投資を増やすこと、新鋭の設備を作ることが必要であることです。これがないと実質ＧＤＰは減り、人々の所得も減ってしまいます。

【公共投資25兆円　ＧＤＰ構成比５％】

④は政府部門の公共投資の25兆円です（ＧＤＰの５・３％）。経済効果が低くなっている箱物や道路、河川、ダム、災害対策などです。

90年代はこれらが40兆円レベルと大きく、２０００年は経済の振興策のため、36兆円でした。01年からの小泉改革では約10兆円減らし、公共投資に依存している地方経済を不況化させながら、25兆円レベルに減らして現在に至っています。10年で累計額では１００兆円も減っています。

［公共投資の波及効果は減った］政府の公共投資は、不況対策として行われます。しかし２０００年代の公共投資の多くは、日本経済の生産性を上げるものではなくなっています。その年度の不況対策（総需要増加策）にしかなりません。しかも投資された設備はかつてのようには生産性が高くなく、運営での維持費（赤字）もかさむため、長期的には日本経済を停滞させるものになっています。

公共投資がその後のＧＤＰを成長させる乗数効果は、土木・建設業の赤字と借金返済の補填になる分が多くてあとの消費には向かわないため、リーマン危機以降は１～１・４倍しかないと試算されています。

公共投資はその年のGDP低下分は補う。しかし次年度のGDPの波及的な増加には効果が薄いという意味です。80年代までは高かった公共投資の乗数効果〔公共投資額÷（1－限界消費性向）〕は、90年代、00年代と次第に経済効果が低いものが多くなって、大きく低下してきたのです。

自民党は今後10年で200兆円（毎年20兆円：GDPの4％）の土木・建設工事を行う国土強靱化計画の案も持っています。具体的には、老朽化して危険になったトンネルの更新・補強工事などです。国と地方の公共設備の更新を全部行えば、2013年以降には毎年10兆〜17兆円（年度平均14兆円）が必要と試算されています（国土審議会政策部会）。これらは現在の公共投資に加わる必要な公共投資ではあっても、その経済効果は限定されます。なおこの計画が実行されると、国債発行が55兆円くらいに増えます。このファイナンスはどうするつもりでしょうか。

【政府消費98兆円　GDP比21％】

⑤政府消費の98兆円はGDPの21％を占めます。2000年は84兆円でした。当時の511兆円の名目GDP（2013年3月現在の475兆円より8％も多い）に対して16％でした。構成比で5ポイント増えています。

政府消費は省庁・自治体が行う事業です。政府と自治体が分有して行っている医療、教育、防衛、経済支援、司法・警察、公共的サービス、環境保護です。これらが公共事業です。このうち3大部門は医療、教育、防衛で、3つで全体のほぼ70％を占めます。

政府の管理する保険である医療費が1年1兆円（3％）増えることが政府消費の増加する主因です。10年経つと、現在は35兆円（13年3月期：国民1名当たり28万円）の保険医療費が45兆円に増えます。なお一般会計から補填を受けて特別会計で実行される社会保障（年金53・8兆円、医療費35・1兆円、介護費・雇用保険・生活保護など20・6兆円）の全体は109・5兆円です。この社会保障費全体では1年に3兆円（3％）ずつ増え、その多くが政府消費の増加になります。社会保障費のなかで一番多く増えるのは、言うまでもなく年金です。

【輸出73兆円　GDP比15％】

⑥次は73兆円（13年3月：GDP構成比15％）に減っている輸出です。輸出のピークはリーマン危機（08年9月）前の96兆円でした。これが23兆円（24％）も減ったことがわが国GDP低迷の主因です。
2000年に54兆円だった輸出は、07年には93兆円まで39兆円（72％）増えました。経済成長率が2桁と高かった中国への輸出増が、08年8月までの日本のGDPにおける牽引車でした。リーマン危機のあと、中国、米国、欧州における商品需要減少のため、好調だった輸出が突然30兆円（GDPの6％）も減ったのです。73兆円（2013年3月）に回復しましたが、07年より20兆円減（GDPの4％）のままです。こうした輸出の減少が、わが国GDP停滞の主因です。2000年代の日本は内需（民間消費と投資）ではなく、中国や米国の外需増加による成長だったのです。

「2012年11月から日銀の量的緩和期待による円安で生じる輸出効果」 2012年11月からの1ドル80円レベルが100円に下がった円安により、米ドルは円に対して20%切り下がっています。おなじドル金額を輸出すれば、円では20%輸出が増えたように見えます。この円安効果で、2013年5月の円ベースでの輸出額は前年比で10%増えています（財務省：貿易統計）。年間に延長すれば、輸出額をほぼ7兆円（GDPの1・4%）増やす要素になります。

ところが円安によりドルベースの価格が下がったにもかかわらず、数量での伸びは前年比0・6%に過ぎません。つまりドルでの価格低下の分、輸出数が増えるという構造ではなくなっています。原因は、2013年の米国、欧州、中国の景気が弱いことです。米欧は08年9月以降の金融危機を、中央銀行のマネー増発によって蓋《ふた》をした状態を続けているだけだからです（米国FRBが3・5兆ドル〈350兆円〉、欧州ECBが3・2兆ユーロ〈416兆円〉という、平常時の3倍のバランス・シートでマネーを供給：13年6月）。

「2013年からGDP成長率が4～5%台に下がる中国」 輸出先で1位になっている中国（日本からの輸出額11・5兆円：2012年）では不動産バブル崩壊で、「影の銀行の潜在不良債権」が36兆元（1元＝16円：580兆円）という観測があります（JPモルガン・チェース：朱海斌氏）。

580兆円のうち最終的に50%（240兆円）が不良化すれば、盛んだった設備投資（現在200兆円）は150兆円規模に減って、GDPを10%も減少させる要素になります。

中国政府もGDP対策を打つでしょうが、中国経済は一人っ子政策のつけで生産年齢人口の増加が減るという構造要因から、7%や8%の高い実質GDP成長は無理になり、5%以下に低下します。

（注）中国政府から素早く発表されるGDPは動力用電力の使用量などの伸びとの矛盾から、2%から数%は過大と推計され、割り引いて見るのが中国内でも常識です。

中国のGDP成長率の一段の低下は、1年や2年の短期ではすみません。どの国でもGDPは生産性の面でいえば、「1人当たり全要素生産性×労働人口」です（図8-1の(4)を参照）。全要素生産性は最大でも1年に2～3%しか上昇しません。

中国の生産年齢人口（15歳以上65歳未満）は、2015年の10億人が頂点です。1980年から2015年までは合計4億人（毎年1150万人）も増え、多くは内陸部からの出稼ぎ工員の増加となってGDPの急増（商品生産数の増加）を支えていました。これが10億人を頂点に2020年は9億9000万人、30年9億7000万人、40年9億人と減っていき、急速な高齢化が生じます。

中国がGDPで2桁付近の高い成長をする時代は、ほぼ2013年で終わりました。これは断言です。25歳以下の年齢が大きく減って、65歳以上が増えるからです。また中国の特殊事情を言えば、完全退職年齢の平均が53歳（02年～07年平均）と極めて低いことです。比較すれば、インドネシア55歳、インド59歳、欧州61歳、米国64歳、日本68歳です。これも中国の高齢化を他国より10年くらい早める要素です。

今後の日本のGDPで肝心になる生産性について言えば、日本の全要素生産性の上昇は、1990年代は97年や98年の不況期を除くと3%上昇に近い年もありました。2000年代の10年は伸びる年でも1年に1・2%~1・5%に低下しています。現在の設備投資傾向から、生産性の上昇を最大で1・5%とし、労働人口の増加を±0%とすれば、日本の実質GDPの増加は1・5%が最大になります。生産性上昇の実績値は06~11年の平均で1・1%でした。参考のために言えば米国も+1・1%でした。日本では労働力が1%ずつ減るため、1人当たりの生産性で2%以上の伸びをはたさないと、GDPは成長しません（日本の生産性の動向：2012年版：日本生産性本部：http://www.jpc-net.jp/annual_trend/annual_trend2012_full.pdf）。

【輸入86兆円　GDP構成比18%】

以上のように輸出額は、08年の93兆円から13年3月時点は73兆円に減っています。逆に増えたのが輸入です。主因は資源・エネルギー価格の高騰です。このため、ついに日本は2011年から貿易赤字になっています（11年7兆円：12年11兆円）。

対外純投資（296兆円：12年末）から生じる所得、配当、金利の黒字が15兆円（2013年3月：総平均利回りは5%）あるので、経常収支としては4兆円の黒字です。しかし貿易では11兆円の赤字です。20%の円安なら、金額が増えてきた輸入（名目79兆円：2012年暦年）が95兆円にふくらみます。

円安では、わが国の貿易が黒字にはならないという構造変化が起こっています。日本は貿易黒字大国という通説は変更せねばならないでしょう。

【根底は生産性の問題と新規の民間設備投資】

7項の内容から需要面での名目GDP475兆円を見てきました。図8-1に示すように、需要面のGDPは所得面のGDP、生産面のGDPと一致します。

需要面のGDPの増加は、図8-1に示すように世帯の雇用者所得（245兆円：2011年）と企業所得（82兆円：2011年）の増加でもあるのです。

さらに言えば、所得面のGDP（3）は、（4）の〔1人当たり付加価値生産性×労働者数〕と一致します。実はここまでのGDPの関係を導くことが目的でした（図8-1を参照）。

GDPは、個人が経済活動をする場である会社の売上・粗利益とどう関係するのか。会社の売上から仕入原価を引いた粗利益が、GDPの付加価値生産額に相当するものです。

15歳から65歳未満の生産年齢人口は、2012年から1年に60万人（働いている6000万人の約1％）減っていきます。女性労働の活用や70歳定年という方法はあります。しかし労働人口が減る傾向は変えることができません。今後のGDPの増加、そしてそのなかの個人所得の増加は、ひとえに図8-1-（4）で図示した「1人当たり付加価値生産額の上昇」にかかっています。

付加価値の生産額は企業会計で言えば、前述のように〔売上－商品原価＝粗利益額〕です。必要なことは、260万社（雇用数約5000万人）と法人化されていない個人事業者600万人（2010年：総務省）の1人当たりの生産性の上昇です。開業医、弁護士、税理士などは個人事業に属します。

1人当たり生産性の金額が2％以上増えることによって、個人の給料・賞与が平均で毎年2％は上がるという経済でなければならないのです。

現在、個人の現金給与の増加は、年率で0%からマイナス0・5%に過ぎません。大手企業の正社員（1000万人）では1年に2%くらいの給料増加はありますが、それ以外の全雇用のほぼ80%（4000万人）では賃金はマイナスになっています。

1人当たりの賃金が増えないと、GDPで61%を占める民間消費（291兆円：13年3月）が増えることができません。所得が増えず、貯金の取り崩しで増えた民間消費は、貯蓄が取り崩せないと感じる金額になると減ってしまいます。取り崩しは一時しのぎです。世帯所得を増やさねばならない。

ところが1990年以降の23年間、賃金の原資になる、企業の人的生産性が減ってきました。企業が賃金を下げざるを得なかったのは、売上収益（粗利益額）が減ったからです。賃金を下げ企業が利益を増やしたわけではありません。企業の人的生産性の上昇がなかったから、GDPの増加がなかったのです。この傾向のままでは良くない。

必要な260万社の新規設備投資

経済学でいう全要素生産性は企業でいえば1人当たりの生産性です。企業の人的生産性を上げるには、5000万人を雇用する260万社の、新しい設備投資額が減価償却費（GDPでは固定資本減耗）を上回ることが必要です。ビンテージ化し陳腐化した設備・機械での生産性は低いままだからです（図1-9を参照）。

老朽化した設備のままなら家電で起こったように、韓国や中国のもっとも新しい機械を使う新鋭工場の高い生産性に負けてしまいます。

以上から政府はわが国経済の成長のために、2000年代に70兆円台、60兆円台へと減っている企業の国内設備投資（13年3月は61兆円）を80兆円以上に向かい大きく増やすことを、他の何より優先して支援する政策をとらねばなりません。この課題は異次元緩和に必要な修正を述べたあと、詳述します。働く人の生産性を高めてGDPを増やすのが本筋だからです。GDP＝1人当たり生産性×労働者数です（図8－1）。

(2)異次元緩和によるインフレ目標2％がもたらす問題

日銀が異次元緩和として国債を1年に70兆円買い増しして、円を増加供給する目的は2015年にインフレ目標2％を達成するためです。さらに言えばインフレ目標の目的は、GDPを名目で3～4％（実質1～2％＋物価上昇2％）上昇させることです。

政府が物価上昇を言い続け、日銀が異次元緩和としてマネーを大量供給し、実際にインフレになったと認識されると、人々は将来の物価が上がるという予想をいだくようになる。来年は2％の物価上昇と予想されると、世帯は消費を先延ばしにはせず商品を買うだろう。これによって消費支出（291兆円：2013年3月）が増える傾向になる。

企業にとって、GDPの民間消費が増加することは売上収益の増加である。価格の上昇と将来売上の増加が期待できると、企業は設備投資を増やし賃金も上げるだろう。このようにして、名目GDPの3~4%の増加が長期で達成されるようになる……以上を目的にしているのが、インフレ目標2%の政府政策です。

医療用医薬(市場規模7兆円)ではなく、医師の処方箋がいらない大衆薬(市場規模は7000億円と小さい)のインターネット販売などが成長策とされます。経済全体に対する実際の効果は極めて小さいため取りあげるに値しません。政府政策では2年間で140兆円のマネーを増発する異次元緩和がもっとも影響が大きい。

【政府の前提の誤り】

残念ですが、政府の前提には誤りがあります。その第一は消費者物価の上昇が予想されると、世帯が買い物を急ぐから、消費支出(291兆円:2013年3月)が増えるという想定です。

例えば物価が上がる消費税の3%増税の前は、世帯は確かに駆け込み需要をします。ただしその前後の3ヶ月間くらいを合計した消費支出は減ってしまいます。世帯所得が増えていないため、前倒しで買った商品の購入を、上がったあとに減らすからです。

この消費収縮は1997年の橋本内閣で消費税が3%から5%に上がったとき、顕著に見られた傾向でした。増税で物価が2%上がったあとの落ち込みが、駆け込みの売上げ増より大きかった。税収でも所得税の減少分が消費税の増税分(2%で4兆円)より大きく、税収全体は逆に減ってしまったの

図8−2　世帯所得1985～2009（厚労省 世帯の現況　平成24年）

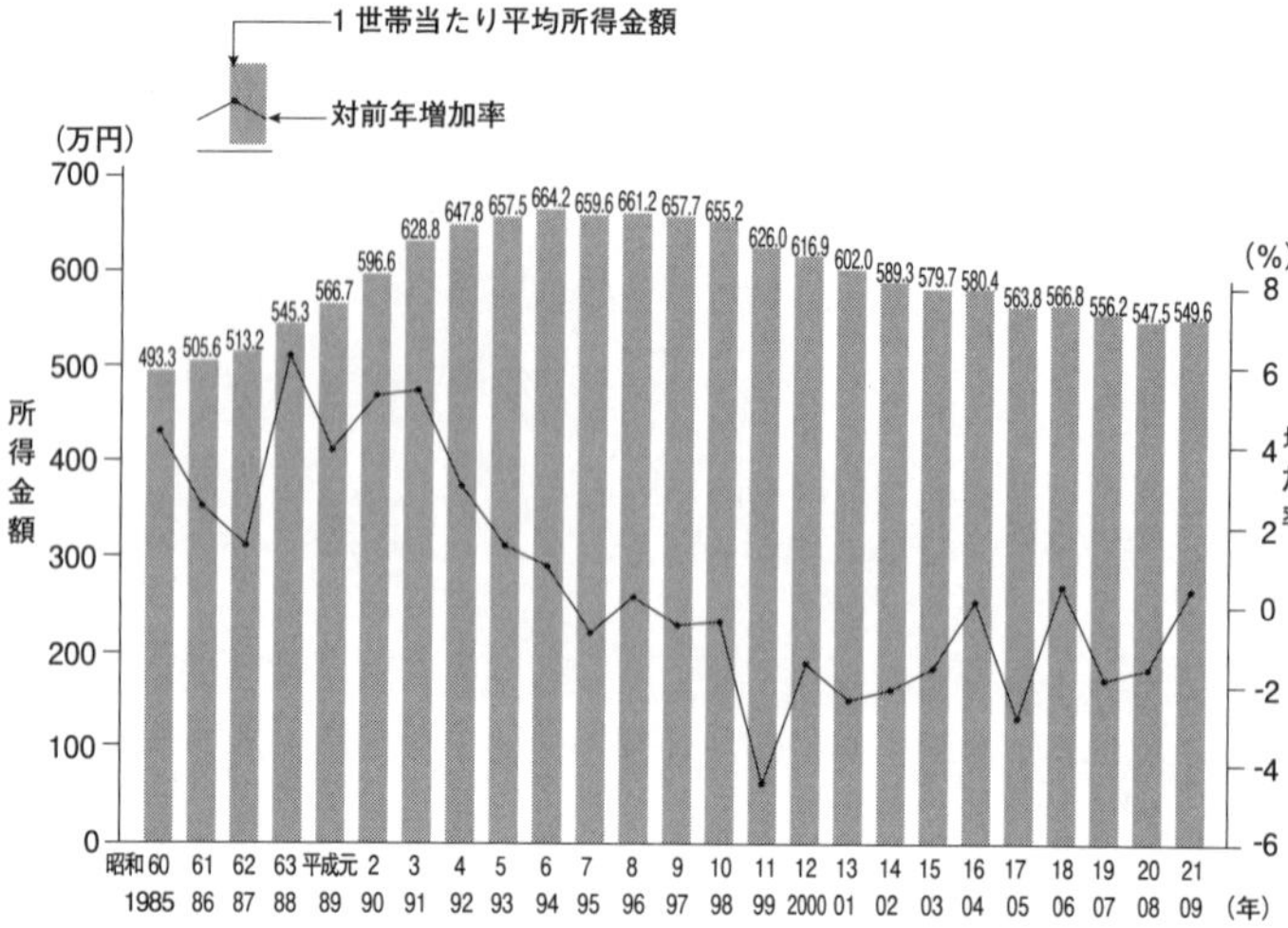

です（図8-2　世帯所得1985～2009：厚労省：世帯の現況平成24年）。

ただしその8年前、世帯所得が伸びていたバブル期は違っていました。竹下内閣の1989年4月の消費税3％創設のあとは、消費の落ち込みはなかった。理由は世帯所得が年4％くらい増えていて、その前後の2年でプラス8％であり、消費税増税分をカバーできたからです。

図8-2に見るように、1988年の世帯所得は545万円でした。89年は566万円（＋3％）に増え、90年は596万円（＋5％）に増加していました。資産バブル崩壊から4年目の94年には664万円まで世帯所得は増えていたのです。

（注）この664万円が日本の世帯所得の頂点です。2009年の全世帯の所得は平均で549万円です。ピークから18％（115万円）も減っています。

世帯所得が減り始めたのは1995年からでした。

90年からの資産バブル崩壊で企業の利益が低下してから5年後です。97年に消費税が3%から5%に上がったときは、わが国の世帯所得が減っていた時期です。このため前倒し消費の増加はあっても、その後の消費はそれ以上に減りました。所得が増えていないときに前倒し支出を増やせば、その後にそれ以上に買い物を減らさねばならないからです。

政府はこうしたとき、５０００万世帯の金融資産１５７１兆円の大きさを持ち出します（医師や弁護士などの自営業を含む：ローン負債は３６４兆円：純金融資産は１２０７兆円）。「日本の世帯は消費に使わないで貯める貯蓄が大きい。物価が上がるようになると、これが消費に向かう」。ここにも実際は嘘が含まれます。

世帯の貯蓄率が高かったのは、前述のように１９９０年代までです。２０００年代は世帯所得の減少に加え、年金世帯（65歳以上２０００万世帯：退職後世帯の年収は２６０万円）の増加が始まり、貯蓄は可処分所得の4%から2%に下がっています。

そして実はこの2%の貯蓄（年間15万円程度）には、住宅ローンの返済分が含まれています。住宅ローンの残高は２５０兆円くらいです。毎年の返済は15兆円でしょう。個人事業主と財産所得を含む世帯所得の合計３００兆円の5%に該当します。この意味は、世帯貯蓄増は実際は住宅ローンの返済分だけで、預金の増加はないということです。日本の世帯の現金性の貯蓄額は減っています。以上から「物価が上がると、世帯の貯蓄が消費に向かう。このため民間消費が増え、ＧＤＰが増える」という政府の前提は脆《もろ》く崩れます。

物価が2％上がると予想されるように変わっても、所得が減っているなかでは消費の前倒し分の増加はない。逆に所得が増えていない80％（4000万）の世帯は上がる物価のなかで商品の購買数を減らし、単価の低いものに切り替えるという動きになるでしょう。実際に店頭を見ると、こうした動きがよく分かります。全国100万店（総売上130兆円：商業統計）の店舗は、売上が減るので価格を上げることができないのです。

インフレにするときは、世帯所得の上昇がともなわねばなりません。しかし異次元緩和策で5000万の世帯所得がいつ、どれくらい上がるか。政府はまだ定量的な根拠と数値を言いません。数値を言わないのは、具体策がないからです。ここが異次元緩和によって物価を2％上げようとする政策の最大の問題になります。賃金が増える時期でないと、消費の前倒し効果はないからです。

雇用と賃金には、制度的かつ社会的な粘着性（硬直性）があります。企業の業績が下がっても、賃金はすぐには下がらない。逆に企業の業績が上がっても、賃金の追加的な上昇は遅れます。また社会的に賃金が上がる時期には自社の業績が悪くても、他社の平均に合わせて賃金は上がる傾向があります。現在のように賃金が社会全般で上がっていないときは、自社業績が平均を超えて良くても上昇は抑制されます。賃金の反応は遅れます。異次元緩和の効果が出て物価が上がったあと、それが企業業績の恒常的な上昇と見なされ、物価上昇を帳消しにするくらい賃金が上がるようになるにしても、その時期は2年や3年のタイムラグがあるということです。

経済でもっとも肝心なものとすべき賃金について、経営的な観点から注記します。経営（マネジメント）は業績を高めることです。業績は①会社の営業利益、②人的生産性、③売上高増加の3項でしょう。人的生産性（1人当たり付加価値額）を高め、それによって賃金を上げるということが経営の目標でなければなりません。

260万社のわが国企業の全体で言えば、図8‐1のGDPの三面等価で示した〔GDP＝1人当たり生産性×労働者数〕です。生産年齢人口は1年に60万人減ります。今後のGDPを実質で2％伸ばすには労働人口が1％減るので、1人当たりの生産性（会社の粗利益額÷8時間労働換算の人員数）を1年に3％上昇させることを基礎目標とする経営でなければならない。

経済は人間のための経済であるべきです。経済が目標とすべきは、賃金の上昇を果たす生産性の上昇です。経営の目標も、人が会社に勤め、会社の仕事の仕組み・方法のなかで働くことで個人より高い生産性をあげることができ、その生産性によって賃金を高くしなければならない。世帯の消費を続けて増やす財源は賃金しかないのです。そして生産性を上げるには、設備と機械の陳腐化である減価償却費（固定資本減耗）を上回る新しい投資と技術革新が必要です。

異次元緩和によるマネー増発策の本質は通貨価値を下げることです。これによってインフレは起こせても、政府の経済政策の目標であるGDPの実質成長は果たせません。

(3)政府による円安という政策の利益と損失

【政策的な円安20〜25%を政府が実行できた背景】

政府は2012年11月から顕著な円安政策を取り、推計30兆円スケールの為替介入（円売り・ドル債買い）で円安・ドル高を誘導してきました。

［2つの方法］円の価値を下げるための円の増発には①国内では円国債を買い、②海外からはドル債を買うという2つの方法があります。日本の政府（財務省）がドル債を買うときは、国庫短期証券（TB）を日銀に買い取らせて、財務省が円を得て、その円でドル債を買うという方法をとります。

日銀のバランス・シートを観察すると、2012年10月の長期国債保有は63兆円、国庫短期証券は13兆円でした。13年7月2日では長期国債の保有が110兆円と倍増しています。あまり知られていない国庫短期証券は37兆円と3倍増です。

（日銀営業毎旬報告→http://www.boj.or.jp/statistics/boj/other/acmai/release/2013/ac130630.htm/）

この国庫短期証券で増えた25兆円が財務省による円売り・ドル債買いの外為介入の資金です。この介入資金が先鞭《せんべん》をつけ、内外の機関投資家とヘッジファンドからの同調した円売り・ドル買いを誘い、「1ドル80円から95円、100円への円安大修正」が行われたと見ています。

こうした政府の大規模な介入は普通の時期なら「為替操作国」とされ、国際的に強い非難をうけます。貿易の制限にまでいくかもしれないことです。しかし、国際社会は、2012年11月からの円安介入を非難していません。この理由は日本がドル債を買う必要があったからです。以降で、米ドルをめぐる事情を示します。

中国の貿易収支の黒字減少とドル国債の売り

中国は1兆2649億ドル（126兆円）という世界最大の米国債保有国です。2位は日本の1兆1003億ドル（100兆円）です。日本が貿易黒字を減らしたあとは中国が米国債を買ってファイナンスしていました。

ところがピークでは3000億ドル（30兆円）もあった貿易黒字は1000億ドル（10兆円）に減少し、2013年4月の中国の米国債買いは一転して54億ドルの売り越しになったのです（米国財務省）。米国は政府財政の赤字を続け、1年に日本の2倍である1兆ドル（100兆円）の国債を新規に発行します。約5000億ドル（50兆円）は米国内で引きうけますが、残り5000億ドルは中国、日本、中東からの買いに依存してきました。このなかで、買い手だった中国が米国債を増加購入できなくなったのです。2012年は保有する米国債の売り手になることもありました。

このままでは何が起こるか？　ドル国債が売れ残れば①売れる価格までドル国債価格が下がり、②

他方でドル金利は上昇する、③そしてドルの下落です。

そこで2012年9月からは、米国FRBは海外に売れにくくなってきた国債を毎月450億ドル（4・5兆円：年間で54兆円）買い続ける量的緩和第3弾（QE3）を開始しました。同時に住宅ローンの回収権を担保としたMBSを毎月400億ドル（4兆円：年間48兆円）も買い、60％に下がっていた住宅証券を額面で買って（その損害はFRBが負担し）、住宅資金を供給することでした。その目的は米国の金利を上げず、ドルを下落させないことです。

通貨の増発の本質と日本の米国債買い30兆円

中央銀行の国債買いはマネーの増発です。本質的には「通貨の価値を水割りして増やして、下げること」です。FRBが米国債買いを1年間に54兆円、MBS（住宅ローン担保証券）の買いを48兆円ペースで続ければ、112兆円のドルを米国と世界に向かって増やすことです。価値が下がるドルは売られて下がり、金利は上昇に向かうようになります。

これが起こるのは世界の外為市場が、「FRBによるドル増発は本質ではドルの価値を下げる」と見始めたときです。このためFRBと米政府は、「中国に代わって日本政府がドル債を30兆円規模で買い、円を売って円安にすることを求めた」と推測します。日本の財務省と米国はいつも電話で連絡し合っています。

米国FRBの意向は、「自分たちは、08年10月以降、2・5兆ドル（250兆円）という過重に思えるドル増発を行ってきた。ＱＥ３とは言いながらこれ以上やれば、ある時点からドル債が売られて金利が上がるドル危機になって、ドルが下がり世界貿易と経済が混乱に向かう。日銀がＦＲＢの50％くらいを肩代わりしてくれ」ということだったのでしょう。

以上から、Ｇ８においても安倍政権の為替介入への非難はなかったのです。「米欧は日本のインフレ目標と異次元緩和を歓迎する」ということでした。日本が中国に代わって、日銀が増発した円で米国債を買うという意思表示があったからです。

これが２０１２年11月からの円安の原因です。数ヶ月間の短期間で20％を超える一本調子の円安は、政府による通貨切り下げの意思を持った介入がない限りは実現しません。円・ドルのレートでは、１ドル95〜１００円付近に政府間の合意点があると見ます。外為市場で95円以下や１００円以上になったときは、その範囲に戻すための売買があるという意味です。

【20％の円安を原因に株価は50％上がった】

２０１２年の10月まで、１ドルの平均レートは80円付近でした。13年１月に90円を超え、５月からは95〜１００円付近の円安になっています。20〜25％の円安です。

①日本政府によるドル買い・円売り介入30兆円、②異次元緩和による円価値の低下期待から、円の価値が25％下がったのです。

この水準が２０１３年中も続くと、輸出に関係する企業の売上（輸出総額68兆円：２０１２年暦年）は一変します。ドルベースで8500億ドルとおなじであっても、円が25％も下がったことで85兆円へと25％も増えた勘定になります。国内の経費支払いは人件費を含めて25％下がった円です。このため輸出企業には、為替差益の大きな利益が出ます。

この円安のため上場企業が経営計画書として出す、2014年3月期の次期純益（税後利益）の予想額は合計で55％増でした（1600社集計：日経新聞）。内需企業の利益増加予想は小さいのですが、上場企業には輸出の大手企業が多いからです。

2013年の円安効果で次期予想純益は55％も増えるということから、株価も55％上がることが正当化されます。5章で示したように、〔1株当たり次期予想純益（＋55％）×PER倍率（15～18倍）↓株価（＋55％）〕だからです。この時点での次期とは、14年3月期決算のことです。

なお相場性のあるものは、2013年の世界的な株価基準と認められるPER15倍付近から、

①上がる相場のときはPERで20倍くらいまで上がって、ピークを形成し、

②そのピークで、買い上げてきた集団（ヘッジファンドなど）が利益確定して売って下げ、

③下げ相場のときは、PER15倍くらいまで下がります。

（注）日経225社平均株価で言えば、14年3月期の予想純益に対して、PER15倍の株価が約1万2000円、PER18倍が1万4400円、PER20倍が1万6000円くらいに該当します。PER1倍が800円くらいに相当します。

円安は輸出企業の為替差益を増やすため、企業利益が増えると予想されました。海外投資家はこれ

を利益の機会と見て2012年11月からの7ヶ月で10兆円の買い越しをし、株価は上がりました。国内の金融機関、法人、個人は10兆円の売り超だったのです。〔円安↓輸出企業利益増↓株価上昇：円高↓輸出企業利益減↓株価下落〕の単純な構造での株価変動です。

55％の株価上昇によって、260兆円だった東証1部上場企業（1722社：1社平均1500億円）の時価総額は、400兆円へと140兆円も増えました。株主の資産が増えたのです。国内の金融機関・法人・個人が持つ株数が72％です。株主の資産は288兆円へと100兆円も増えています。海外投資家は28％のシェアで、株主価値は112兆円です。

株価が上がると、消費と投資の増加効果が出ます（資産効果）。このため「アベノミクスは日本経済を成長させる」と見なされています。

【株価上昇は月間平均1兆2500億円の海外投資家の買い超によるものでしかない】

株価上昇を牽引したのは、残念ですが海外投資家の昨年11月からの日本株の買い超《ちょう》でした。その金額は10兆円で月間で1兆2500億円、週間で3000億円です。日本の株式市場ではオフショア金融（租税と規制の回避地）である海外投資家の売買が50～70％を占めています。そのなかには、タックス・ヘイブン（租税回避地：世界の60ヵ所）に預けた日本の金融機関のお金も入っています。タックス・ヘイブンからのマネーの流れは、世界の全部のお金の50％を占めるくらい大きくなっています。

海外投資家が週間で5000億〜6000億円くらい買い越すと、その週の株価は日経平均で言えば500円（3・5％）くらいは上がります。逆なら下がります。国内で売買する日本人（金融機関、投資信託、事業法人、個人）は、株価が上がり始めた12年11月からの8ヶ月で10兆円の売り超でした。買い越す週があっても、翌週は売り越すということに過ぎなかったのです。

国内からの売買が少ないため、日本の株式市場は海外投資家が価格を支配できるマーケットです。外国人の売買が1回転する平均期間を計算すると、四半期の決算に符合する13週です。8週から10週の期間は買い越して株価を上げ（PER18倍付近まで）、次の2週から4週は売って、利益を確定するのが共通の行動です。今後も繰り返す、お定まりのこのパターンは株式投資をしている人にとっては記憶に値するでしょう。

海外投資家が2012年11月以降にオフショアから行ったのは、

①異次元緩和は円のドルに対する価値を下げる→「円売り・ドル買い」、

②円の価値が下がれば、輸出企業が多い東証1部企業（1722社）の次期予想純益は増える

→「日本株買い」です。つまり、「円売り・日本株買い」です。

他方で、国内の金融機関、投資信託、事業法人、個人は外国人の買い超（10兆円）に対応し、一貫して売り超（10兆円）でした。理由は2012年までの株の保有での含み損を、日経平均株価が60％上がる過程（13年5月まで）で売って取り戻す動きだったからです。

【為替差益と逆の円安による国民負担の増加（為替差損）がある】

円安は、以上のように輸出企業に為替差益の利益をもたらします。しかし国全体で言えば、輸出企業の為替差益分、輸入企業のエネルギー、資源、食品、商品への支払い額が増えることです。輸出企業の利益増がそっくり内需企業と世帯の負担増になるのです。

２０１２年の輸入額は名目額で79兆円（９８７５億ドル）です。輸出（68兆円）より11兆円も多い。円安では輸入物価が上がるため、国内に代わる商品があるものは輸入が減ると想定できます。しかし、わが国の輸入ではこうした商品は多くありません。推計で３００億ドル（３兆円）もないでしょう。これを引けば２０１３年の推計輸入額は９６００億ドルです。１ドルが年間平均で95円と仮定すれば、この輸入代金は91兆円です。支払いの増加分13兆円が為替差損による負担増です。

上場企業の為替差益と輸入による為替差損を加えれば、２０１１年から日本は輸入が大きくなっているため、合計すると国民の損になります。輸入される原料、エネルギー価格の上昇から、国内の物価が上がり、５０００万の世帯の負担が増えます。上場企業の為替差益が世帯にとって物価上昇の負担に相当します。

円安は①輸出企業には利益のプラス、②輸入企業と世帯にはマイナスになり、両者は国全体では相殺されるのです。

円安で利益が巨大化するトヨタ（次期営業利益２兆円）を筆頭にした輸出企業に対し、物価で負担が増える世帯は円高差益の還元を求めても正当です。これは個人の立場から発言しています。

20％円が下がることは国富の観点では、日本の富の20％の減少です。円預金で考えれば分かるでしょう。円そのものは名目金額は同じです。しかし国際的な基準通貨では円の価値が20％下がり、購買力が20％減っています。ドル預金なら、20％も円換算の預金が増えたことになります。

米国はわが国と対照的に、恒常的な経常収支の赤字国です。このためドル安は米国経済に対し、物価を上げるという悪い影響を及ぼします。米国では総体的に言ってドル安を好みません。日本では、為替差益で利益が増える輸出大手企業をマスコミが大きく取りあげるため「円安＝国益」という錯覚があります。

しかし国全体で言えば、本当は「円高が国益」です。自国通貨がとめどもなく安くなったとき（例えば1ドル＝150円以上）を想定すれば、通貨の弱さがもたらす負担が痛みとなって分かります。日本国全体の金融資産と所得にとって、自国通貨は高いほうがいいからです。

【円安による物価上昇はコスト・プッシュ型であり、企業の収益増にならない】

異次元緩和で通貨を増発するのは、

①民間消費（291兆円）、住宅購入（15兆円）、民間設備投資（62兆円：いずれも13年3月）を増やし、その需要増によって生産力はあるのに余っているGDPギャップ3％（内閣府）を解消し、

②需要増が引っぱることによる物価の2％上昇が企業の売上を上昇させ、売上が増える分、人的な生産性を高めて利益を増やし、

③2、3年後には賃金も上げることに向かうという良好な物価上昇を引き起こすためです。

端的に言えば、異次元緩和の目的はこの3段階の推移にあるでしょう。

ところが2013年から14年の日本に、円安のために確実に起こる物価上昇は、需要の増加が引っぱる良質なインフレではありません。20%の円安により、輸入される原油、エネルギー、金属資源、食料、電子機器、機械、有機化学品が、円では13兆円（GDPの2・7%）も価格が上昇するコスト・プッシュ型だからです。これらはいずれも国内の物価の構成要素です。13兆円分の全部を売価に転嫁すれば、物価は2・7%も上がってしまいます。とても上げられません。売上が激減するからです。企業が輸入価格上昇の40%部分のコストを合理化し、60%は売価に転嫁したと仮定しても1・6%の物価上昇に該当します。

円安が原因になる物価上昇では、海外への支払いも増加するコスト・プッシュ型です。このため企業数で約80%（200万社）の、内需企業の収益の増加にはなりません。物価上昇分の支払い増は、世帯が負担するしかない。そしてそれは輸入代金の増加として、海外に13兆円が流出します。内需企業も利益は増えません。230万社ある内需企業の利益が減るため、80%にあたる4000万世帯の将来の賃金上昇もないのです。

結果は、

- 内需企業が仕入代金の支払い増加で〔輸入金額増13兆円×40%＝〕5・2兆円を負担し、
- 5000万世帯では〔輸入金額増13兆円×60%＝〕7・8兆円も負担が増加します。

内需企業230万社（雇用4000万人）と5000万世帯（人口1億2700万人）が物価上昇として負担する〔5・2兆円＋7・8兆円＝〕13兆円が、逆に輸出企業（30万社：雇用1000万人）の円安利益です。通貨変動はこうした所得移転を生みます。

7・8兆円の負担増は雇用者所得245兆円に対し、3・2％に相当します。おなじ所得額での生活水準は3・2％下がります。物価は上がるのに、所得が下がる世帯が80％（1億人）になるのです。

輸入の為替差損として生じる13兆円（GDPの2・7％）の費用が230万社の内需型企業と5000万世帯による負担増分です。

ただしこの為替差損の13兆円分は74兆円を輸出する企業群（下請けを含む30万社）にとって、為替差益になっています。わが国の全社のうち、約20％の売上の輸出企業が利益を得て、80％の内需企業と5000万世帯がその分の損をする所得移転が理不尽に起こります。

異次元緩和と円安誘導の政策で、政府がここまで想定した上で実行に移したとは思えません。結果は輸入原材料と商品のコスト・プッシュでの物価上昇であり、賃金は増えないスタグフレーションだからです。

例えば輸入原油が20％上がり、電気料が上がっても、企業の所得と世帯の賃金は増えません。円安による国内物価の上昇分は国内にとどまらず、日本の所得の海外流出分だからです。

マネタリストが目的とするマネーの増加で需要が増えることによる物価上昇とは、まるで異なるものです。彼らの言う物価上昇は以下の式です〔M（マネー・サプライ量）×V（流通速度）＝P（物価水準）

×Ｔ（実質ＧＤＰ）」。

(4)物価の期待上昇と期待長期金利の上昇は、危険な水域に向かう

異次元緩和で増えた円の価値は下がって円安が続き、２０１３年の秋に日本の物価が上がることがはっきり認識されるようになると、市場の期待長期金利はどうなるか？

国債の価格を決めるものは、市場の関係者がいだく期待長期金利です。〔実質ＧＤＰ成長率＋期待インフレ率〕が高まると、金利は上昇します。ただしこの式のなかの期待インフレ率は将来のインフレ率ではない。経済データはすべて数ヶ月から１ヶ月前の過去のものです。期待インフレ率は過去からの傾向として、１年先くらいの将来に向かい、国債の売買をする関係者に予想され、国債の長期利回りに組み込まれるインフレという意味のものです。

この期待インフレ率は、ＢＥＩ（ブレーク・イーブン・インフレ率）とも呼ばれます。一般には①物価の期待上昇率とともに金利が上がる物価連動債と、②額面に対する金利が固定された普通国債の金利の差で求めて定量化します。わが国は９５０兆円ある普通国債の金利に、近い将来に向かう期待インフ率が上乗せされたもの（デフレ予想のときはマイナス）が物価連動債と考えられるからです。

このＢＥＩで示される期待インフレ率は、３年前の２０１０年７月はマイナス１％でした。当時は１％のデフレが予想されていました。２０１２年の３月に、ＢＥＩで示す期待インフレ率は０％まで一直線で上がりました。この時点で金利の上ではデフレは終わっています。日銀による異次元緩和が開始された13年４月にはこ

の期待インフレ率（ＢＥＩ）は急に2％に高騰し、その後は下がって、13年6月は1・1％くらいです。（日本相互証券株式会社のＢＥＩ→http://www.bb.jbts.co.jp/marketdata/marketdata05.html）

以上は、金融市場がこの先1年くらいの日本経済に対し約1％のインフレ（物価上昇）を予想していることを示します。

再度述べれば、〔実質ＧＤＰ成長率＋期待インフレ率〕です。13兆円（ＧＤＰの2・6％）の補正予算があるため、２０１３年度の実質ＧＤＰの成長を2％とし、物価の期待上昇を1％とすれば、〔長期金利＝実質ＧＤＰ成長率2％＋期待インフレ率1％〕＝3％に高騰する可能性があります。２０１３年度の実質ＧＤＰで2％成長とはＩＭＦの予想です。これは先進国でもっとも大きな実質成長です。直接の原因は東日本大震災の復興投資が補正予算で13兆円行われるからです。

長期金利が3％上がると、国債市場では国債価格の暴落と言っていい価格低下が生じます。

期待長期金利を決めるのは〔実質ＧＤＰ成長率＋期待インフレ率〕です。経済学の数式では数学的な一致はありませんが、〔実質ＧＤＰ成長率＋期待インフレ率〕が期待長期金利の水準をほぼ決めるとは言えます。ただし、期待長期金利がこの水準に向かうには、数ヶ月くらいの時差はあります。

【実質ＧＤＰは13兆円の巨大補正予算の実行で2％成長】

２０１３年度では、東日本大震災の復興費が補正予算として13兆円（ＧＤＰの2・6％）あります。公共事業、公共投資が13兆円増えるため、実質ＧＤＰでの2％成長（プラス10兆円）は確実です。

ＩＭＦも２０１３年度の日本経済の成長を2％として、日本が先進国中でもっとも大きな成長としています（米国1・7%、ユーロ17ヵ国はマイナス0・6%）。建築・土木業は東北の東海岸側に巨額な公共投資の受注をかかえています。

当年度のみではありませんが、福島原発での汚染地域で必要な除染費用を東電は10兆円と見積もっています。資産がなくなってしまった東電の負担では不可能なので、政府負担を要請しています。いずれ公共投資になります。1年20兆円の国土強靱化計画の一環として、実行せねばならないことです。どの政権もこれを放置はできないからです。ただし、10年で200兆円、1年20兆円の国土強靱化計画（自民党案）を政権が本当に実行に移すなら、政府の財政は2015年ころには破産への可能性が高まります。増加国債の買い手が市場からは消えるからです。

【期待インフレ率は1%と仮定しても……】

将来の約1年を見た期待インフレ率はどうか？　2013年6月時点では、すでにプラス1%付近です。これが13年10月から11月には1・5%に上昇する可能性は高いでしょう。ここまで期待インフレ率が高まるとちょっと大変なので、1%と仮定します。（期待長期金利＝実質GDP成長率は確実に2%＋期待インフレ率1%＝）3%です。

ここから言えるのは、わが国の期待長期金利（10年債の利回り）は13年6月の0・8%台から13年末から14年3月ころまでには2%を越える可能性もあるということです。「実際に国債の売買をするディーラーがいだく期待長期金利」が3%に上がると、950兆円の国債価格は827兆円へと123兆円分も暴落してしまいます。10兆円の長期国債を持っている金融機関が1兆2900億円もの損をするのですから、これはたまらない。金融機関そのものが破産します。

下落損を蒙るのは、国債を発行した政府ではない。短期では0・1%、10年債でも0・8%台の利回りしかない国債を保有してきた金融機関です。下がる債券は理不尽なもので、発行者の支払う金利は固定金利です。金利上昇の場合、保有者が①元本の価値低下と、②低い固定金利のリスクを負担します。

保有者は図6-2を参照してください。長期債の保有が多い、生命保険（184兆円：2012年保有額）、公的年金（68兆円）、農林系・共済組合（68兆円）、地銀・第二地銀・信金（36兆円）の損害はとりわけ大きくなります。

しかし金融機関側もそのまま保有を続け、みすみす損をするわけではありません。2013年の物価の上昇が明確になり（期待インフレ率の上昇）、実質GDPも補正予算の実行で2%は成長となると、国債市場で売買するディーラーがいだく期待金利が0・8%→1%→1・2%→1・5%→1・8%……と上がらないうちに、リスクの高い10年以上の長期債から売りに入るでしょう。実際、長期金利が上がるとき、残存期間が10年以上の長期債、15年、20年以上の超長期債の価格下落リスクは感覚では信じられないくらい大きいのです。


中間的な15年債の13年7月1日の利回りは1・3%です。10年債の期待金利が3%に上がったときは、15年債の期待金利は1・6倍くらいの4・8%でしょう。ある金融機関が、この15年債を利回りの期待から10兆円持っていると仮定します。毎年1・3%、つまり1300億円の金利の受け取りがあるからです。

（10兆円×（1＋1・3％×15年）÷（1＋4・8％×15年）＝10×1・195÷1・72＝6・9兆円……3兆1000億円の巨大損が生じてしまいます。金利がここまで上がるまで保有を続けるのは無理です。その金融機関は事実上破産したと見なされ、銀行間・金融機関間の短期取引から排除されるか、銀行間金利が10％といった高金利になります。このため金利上昇の気配が見えれば早めに売るという行動になります。

期待金利と国債価格の関係は国債のディーラーにとって分かり過ぎるくらいのことです。期待長期金利が上昇する気配が見えたとき、長期安定保有者だった生命保険、公的年金、農林系・共済組合、地銀・第二地銀・信金（合計で356兆円の長期債保有）は売りに入るでしょう。それも「先を争います」。買い手が減ったあとで皆が売ると、明日や明後日に国債価格がどんどん下がっていくからです。2013年4月5日の長期金利が急低下（0・3％台）した直後の高騰（0・6％台）や5月の0・8％台とおなじことが大規模に起こるからです。国債のリスク化が原因で起こる金利の上昇は、他の場合よりもはるかに早い。3ヶ月から6ヶ月です。

ディーラーにとって恐いのは、売って損をすることではありません。それなら損を確定できます。覚悟の損をすれば現金は入ります。最大の恐怖は「買い手が消えること」です。売れなくなり損害の見当がつかず、現金が不足することです。

こうしたとき日銀は、国債市場で「無制限買い支え」を行うはずです。金融機関から売られる長期国債を金額枠を設けずに買います。買わないと金利が高騰するからです。かつての米国や現在の欧州のように国債の空売り禁止、または先物売買の停止すら発動する可能性もあります。

日銀の買い支え額を1ヶ月で100兆円、3ヶ月で300兆円と仮定します。期間別発行額では、8年以上の長期債が218兆円（図7-4）です。300兆円とは中長期債のほとんどを日銀が買い受ける金額です。もともと2013年と14年での長期国債の買い切り額140兆円をほぼ2倍にするだけですから、黒田日銀がこの異常な額の買いを実行する可能性はないとは言えないでしょう。普通はあり得ないことです。

日銀がわが国国債（950兆円）のうち中長期債のほとんど（450兆円）を買い取ったと仮定します。これがはたして可能かどうかという議論はあります。現在、1万円札は83兆円（83億枚）発行され、買い物や投資で流通しています。それとは別に金融機関が日銀に持つ当座預金が84兆円あります。支払い準備預金としては5兆円で十分なのに、78兆円はリーマン危機のあとにつけられるようになった特例の金利0・1％があるため預けられています。紙幣と当座預金の合計がマネタリー・ベースです。これが167兆円と、13年の年初から41兆円も増え、「ぶた積み」されています。

もともと余剰な日銀当座預金が未曾有《みぞう》、驚天動地《きょうてんどうち》、前代未聞《ぜんだいみもん》……言葉を失いますが、384兆円という額になってしまいます。国債を売った金融機関に384兆円の預金が増えるということです。金融機関は巨大な現金をどうするか？

銀行を含む金融機関は、長期債を日銀に売ったお金の384兆円をやはり利回り1・5％で運用する必要があります。リスクを引いて最低でも超長期債の利回りだった1・3％で運用しないと、経営が赤字になってしまうからです。

(5) 2つのシナリオ

戦争などで国土が焦土になって生産力が破壊され、中央銀行が前項のような巨額国債買いを行い、現金性のマネーを増発したとします。このとき起こるのは、生きるために必要な食料、衣料、住関連などの商品への生産力を超えた需要です。そして商品の不足から起こるハイパー・インフレでした。

現代経済では、商品が不足することはない。世界の生産力は過剰で不足する商品が少し上がれば追加生産と供給が行われて、価格の上昇は収まるからです。

ハイパー・インフレの可能性が残るのは、中央銀行が通貨を増発しすぎて通貨の価値を下げ、通貨が5分の1や10分の1に下がったときです。これは輸入物価を上げます。そして5倍や10倍に高騰した資源の輸入ができなくなって、それを原材料やエネルギーとした必需商品の生産が不足します。しかし通貨が大きく下がらない限りは、こうしたハイパー・インフレにはなりません。

【ドル債に逃げる円】

2つのシナリオが想定できます。その1つは国債が国内の金融機関から売られる過程に同調した、あるいは売りを先導する海外投資家による国債先物の売りです。南欧債の危機のとき、南欧債を売った英米の金融機関（投資銀行とヘッジファンド）のイメージです。これは日本の金利上昇とともに、1ドル110円を超えた円安をもたらす要素にもなります。

南欧債が危機に陥ったとき、1ユーロは1・45ドル（2011年5月）から1・25ドル（12年9月）まで16％下落しました。これを円に当てはめれば、1ドル100円水準からほぼ115円です。

円安・ドル高は円を売ってドル債を買うことです。この円安の過程で、前項のように長期債を売って国内で過剰になった円が海外に流出するのは、外為で言えば水が高いところ（弱い通貨）から低いところ（強い通貨）に流れる自然なことです。国債を日銀に売った金融機関の過剰な現金は、金利ゼロでは放置できないものです。リスクを引いた上で、最低でも1・3％から1・5％の利回りが確実になるように運用せねばならないからです。

【再びの国債買い　10年債金利3％】

10年債の価格が12％下がって利回りが3％くらいに高くなり、30％下がった15年債が4％付近の利回りになると、いったんはは長期債を売った生命保険、公的年金、農林系・共済組合、地銀・第二地銀・信金に買い戻しの動きも起こるでしょう。

・日銀に預けておいても0・1％の金利しかなく、

・ドル債買いは為替リスクがあるからです。

このことは、金利上昇が大きかった南欧債で2011年から12年に実際、起こったことです。金利が上がるときは、3ヶ月から6ヶ月の期間です。下がるときも期間は3ヶ月から6ヶ月です。これは平均で1・5ヶ月という長短国債の売買における1回転の期間から生じるものです。

スペインの長期金利は、南欧債危機が認識される前の2010年8月まで4％台でした。ギリシャ、ポルトガル、スペイン、イタリアと拡大していったとき、スペインの長期金利は7％に上昇しました。10年物国債が18％下がったのです。

【財政のリスク・プレミアムが加わった7％という長期金利】

このときの南欧債の金利は、以下の原理によるものでした。

期待長期金利＝実質GDP成長率＋期待インフレ率＋財政のリスク・プレミアム

リスク・プレミアムは破産リスクの引き当て分です。CDS（債券のデフォルトのときに回収を保証する金融保険）の価格に相当するものがこのリスク・プレミアムです。2011年の南欧では（期待実質GDP成長率＋期待インフレ率）の要素は3％程度と低かったにもかかわらず、リスク・プレミアムが3％、4％……（ギリシャは30％）と上がっていったのです。

ユーロを解体させないという意志の欧州ECB（中身はドイツマネー）による「南欧債の無制限買い」の発表（2012年10月）を契機に、長期金利は4～5％台で落ちつきをみせています。スペインの国債価格も元に戻っています。

（注）今後、金融市場とECBに約束したスペインの財政再建（緊縮で社会保障をカットすること）が政治的にうまく行かないということから、再び2013年6月のポルトガルのように国債価格が下がり金利が高騰する恐れはあります。

「日本でいったん国債金利が上がると、一挙に国債が超暴落までいき、財政は破産する」ということはありません。南欧より日本の経済力ははるかに強いので、落ちつく点は10年債の利回りで3％と想定します。10年債の価格が2013年6月末に比べて13％下がった水準です。売り遅れた金融機関が合計で、ほぼ100兆円の国債価格の下落損をかかえることになります。そして今度は、国債を発行する側の政府にとって問題が起こってきます。

それは、

・長期債の短期化と、

・新発債の金利上昇という、大きな財政問題です。

ここから今度は日本の国債金利に従来はなかった財政のリスク・プレミアムが2〜3％くらい付加される恐れが生じてきます。

長期国債の期待長期金利＝実質GDP成長率（1％等）＋期待インフレ率（2％等）＋財政のリスク・プレミアム（2〜3％等）＝6％

(6)長期国債の短期化と短期国債の金利高騰 イールドカーブのフラット化

まだ起こっていないことは計算と論理で推理するしかありません。はずれるかもしれません。しかし金融（ファイナンス）に金利とリスク確率における合理性があるなら、以下のような進行になるでしょう。わが国では950兆円の国債の売買と流通は、全部の金融のなかでもっとも大きなものです（国債市場の売買は1ヶ月600兆円：株式市場の10倍はあります）。これが非合理なら、小川にあたる他の全金融も非合理な計算ができないものになります。これはあり得ないことでしょう。

時期も書きます。時期を示さねば具体性がないからです。ただしその時期は数ヶ月か、項目によって8ヶ月以上のズレはあるでしょう。これはいたしかたない。ズレが生じる理由は、経済は「人々の高い・安い・低いという認識」で動くからです。認識に違いがあるからです。それと、もっと大きな理由は途中で対策がとられるからです。文の末尾は「可能性がある」、または、「だろう」、「でしょう」と書くべきですが、うるさくなるので略しているところがあります。

2013年末以降にわが国の期待金利は、〔実質GDP成長率2％＋期待物価上昇率1％〕から3％付近に上がる可能性が高いことを示しました。これによって平均残存期間7年の950兆円の国債は、［（1＋0・8％×7年）÷（1＋3％×7年）＝］87％……13％下落し、123兆円の時価価値が減って827兆円くらいになるでしょう。

そして南欧でのECB（ユーロ17ヶ国の中央銀行）のように、日銀は長期国債を無制限で買い受けるという宣言をするでしょう。このため長期金利が3％に向かう上昇は、半年や9ヶ月くらい後の2014年6月、9月ころからかもしれません。

（注）すでに実行されている異次元緩和は、その金額からして、無制限購入に匹敵するものです。

確定的に言えるのは、異常に低い日本の長期金利が1％台、1・2％、1・5％と、期待インフレ率の上昇に合わせて上がっていくことです。円安による物価上昇が明らかなことから、長期金利を上げる期待インフレ率の上昇も明らかです。実質金利（名目金利－期待インフレ率）がクルーグマンも言うようにマイナスではあっても、名目金利が現在の0・8％を保つことは起こりにくいでしょう。

名目金利の上昇の過程で起こることは、保有リスクの高い15年債、20年債の金利が10年債以上に上昇することとです。具体的に言えば13年6月末の1・3％という利回りで、向こう15年も金利を固定する15年債は価格の下落リスクがとても大きいのです。10年債の金利が3％になれば、15年債の金利はその1・6倍の4・8％くらいです。

①10年債の金利が3％に上がると、10年債は［（1＋0・8％×10年）÷（1＋3％×10年）＝1・08÷1・3＝］83％に下がります。

②しかし前述したように、15年債は〔（1＋1・3％×15年）÷（1＋4・8％×15年）＝1・195÷1・72＝〕69％……額面から31％も下がってしまいます。国債が安全資産とはまるで言えなくなります。

これらが意味することは、10年債の金利が3％に向かって上がっていく初期の傾向が見えたとき、15年債以上の超長期債の購入は買い手にとって大きなリスクになることです。このため新規発行では5％や7％の高い金利をつけないと、市場で売れなくなるということです。これは政府にとって、現在は10兆円くらいしかない国債の利払いが借り換えのたびに増加していくことを示します。

現在の利払いの10兆円は、950兆円の巨大国債残に対するものです。現有国債の平均金利は〔10兆円÷950兆円＝1・05％〕と低い。13年6月現在の長期金利は0・8％台ですが、06年ころの発行分が1・5％～2％だったので平均は1・05％です。

【長期債、超長期債の大きな金利の上昇】

金利が上昇していく場合、1年に約120兆円の速度で満期がきたものに対し、従来のように期間10年以上の長期債の借り換え発行をすると、金利が3％台と高くなっていきます。国債を買う金融市場も、10年の長期債に対しては3％、15年債なら5％、20年なら8％の金利を求めるでしょう。こうした高い金利の利払いは中長期債が400兆円くらいと多くあるため、政府にとってその利払いは無理なのです。

【残存期間の短期化と利回り曲線の平坦化が起こる】

以上から政府の必要、そして金融機関の必要の両方から、満期がくる借り換え債120兆円、新規債45兆円、合計で1年に165兆円の新発債のデュレーション（残存期間）は短期化します。2013年6月現在で、国債残950兆円の平均残存期間は7年です。これが毎年、6・5年、6年、5・5年と順次短期化します。この意味は借り換え債がしばらくすると200兆円に増え、新規債50兆円と合わせ、1年に250兆円の発行に向かっていくということです。

金利を払う政府の側から言います。期間1年以内の短期債は1年内に借り換えですから、すぐに高い金利に上がります。1年債の現在の金利は0・1％と超低金利です。日銀当座預金に預けるのとおなじ0・1％の金利です。短期債も、〔実質GDP成長率＋期待物価上昇率＝〕0％だからこそ、0・1％という金利です。これが〔2％＋1％＝〕3％になると、やはり3％に向かい上がっていきます。

短期金利2％、10年債金利3％、15年債金利5％……という感じです。

これがイールドカーブ（長短の債券の利回り曲線）のフラット化です。

金利を支払う国家にとって現在は10兆円に過ぎない金利の支払いが、

・2013年度……10兆円
・2014年度……15兆円

・２０１５年度……20兆円
・２０１６年度……30兆円というように急激に増えていくことを意味します。
（注）消費税５％分が10兆円の税収に相当します。

残存国債の平均金利が、
・１２０兆円、１５０兆円、２００兆円と早くなった毎年の借り換えで上がっていき、
・利払いの急増の傾向がみえ始めて、暦年で２０１４年の末ころになると、
・今度は、日本政府の「財政リスク」が市場に強く意識されるようになります。

国債の金利が上昇し始め、それが政府の利払いの増加に向かったときは増税という手段があっても、増えた利払いで無効化されます。日本はＧＤＰに対して国債残が２・４倍もあり、それが毎年45兆円規模でふくらむため、経済成長があっても金利が上がると、金融市場に財政破産が強く意識されてしまいます。そうなると国債の金利は高くなったリスク・プレミアム（回収保証保険のＣＤＳの保険料）が付加されていっそう上がるという次のサイクルに入る可能性が高くなります。

なお先進国の政府負債のＧＤＰ対比は以下の通りです。日本２・４倍、イタリア１・３倍、米国１・１倍、英国１・１倍、フランス１・１倍、ドイツ０・９倍（いずれも２０１３年：ＯＥＣＤ）。

政府の債務限界がどれくらいかに対し、定説はありません。日本が世界の先進国で近代経済の歴史上、世界最高レベルであることは事実です。英国はナポレオン戦争（１８０３～15）と第２次世界大戦の後、現在の日本並みのＧＤＰの２・５倍の政府債務をかかえたことがあります。ナポレオン戦争の後は産業革命（蒸気機関）による高度成長で解消しました。

第2次世界大戦の後は①1945～1950年まで年平均10％台のインフレを起こして、政府債務を実質的に半分に減額し（名目GDP比で1倍）、②同時にポンドの大幅切り下げでデフォルトを避けています。日本も今後の経済成長が低いままなら、第2次世界大戦後の英国の5年間のようになる可能性が高い。それでも南欧よりははるかにいい、英国並みです。激しく悲観する必要はないと思えます。

(7)2016年までの国の一般会計の赤字の計算

前項で示したのは、名目GDPの年間増加を政府目標の3％としたときの国債金利です。2016年になってどれくらいの財政赤字か、概算なら以下のように5つの条件で計算できます。

経営企画部が企業の長期（5年）の予想損益を計算する程度のことです。イメージのわきにくい兆も1万分の1の億に変えれば、中堅企業の会計になります。以下を考えるとき、国債の発行にあたっている財務省理財局の担当官が「綱渡りです」と言っていたことを思い出します。

【条件】

①政府支出のうち社会保障費（109・5兆円：2012年度：年金53・8兆円、医療35・1兆円、介護他20・3兆円）は、1年に3兆円支出が増えます。このうち政府の一般会計からの社会保障費の補塡額は毎年1兆円増えていきます。

②金利の上昇と国債の短期化で、国債の利払い費は前記の試算のように２０１３年度10兆円、14年度15兆円、15年度20兆円、16年度30兆円と増えていくと仮定します。

③他の予算は緊縮し、合計で増やさないでいくとします。建設国債は２０１３年予算とおなじ5・7兆円レベルとして増やさないとします。建設国債を増やすことも一般会計の赤字増だからです。

④２０１３年度の国の一般会計では税収43・1兆円、国債発行45・4兆円、その他収入4・1兆円で、歳入の合計は92・6兆円です。歳出は92・6兆円で、一般会計の赤字が45・4兆円です（２０１３年度予算：財務省：日本の財政）

⑤名目ＧＤＰの成長率と税収増加の弾性値は1・1～3・5です（２０００～２０１２年：内閣府国民経済計算）。とても不定な値ですから、中間の2とします。意味は名目ＧＤＰが3％増えると、税収は所得税が大きく増えるため、弾性値の2をかけた6％増になるということです。

２０１３年度の税収予算が43・1兆円です。名目ＧＤＰが政府の予定のように毎年3％増えたとき、各年の税収増は6％（2・5兆円）です。２０１４年税収は45・6兆円、15年48・1兆円、16年50・6兆円になります。

以上から、各年度の一般会計の赤字は、以下のように推計できます。

①２０１３年度　政府予算　**赤字45・4兆円**（財務省：日本の財政）

②２０１４年度 予測

赤字48・９兆円

13年度赤字45・４兆円＋社会保障増加１兆円＋国債利払い費増加５兆円－税収増２・５兆円
＝48・９兆円

③２０１５年度 予測

赤字52・４兆円

14年度赤字48・９兆円＋社会保障増加１兆円＋国債利払い費増加５兆円－税収増２・５兆円
＝52・４兆円

④２０１６年度 予測

赤字60・９兆円

15年度赤字52・４兆円＋社会保障増加１兆円＋国債利払い費増加10兆円－税収増２・５兆円
＝60・９兆円

以上は日本経済が名目ＧＤＰで毎年３％という成長をしたと仮定したものです。名目ＧＤＰが３％成長を続けると認識されると、期待金利が必ず上昇するので、右記のように国債の利払費が増加します。この条件で国の一般会計の赤字を並べると、13年度45兆円、14年度49兆円、15年度52兆円、16年度61兆円……です（予測計算ですから数字を丸めます）。この間、消費税を５％引き上げることが実際にできれば、その税収が10兆円ですから、２０１６年分の予想赤字66兆円は56兆円へと減らすことができます。

ただし２０１４年４月に３％、２０１５年10月に２％の消費税を上げると、世帯所得が増えていないのに上がった1997年とおなじように、その前後で合計した消費・投資の減少により、GDPの名目成長3％は達成できません。このため所得税が減って上記の予想された税収の増加（毎年プラス2・5兆円）がなくなります。

衝撃的ですが、2013年から2016年までについては、
・予定が14年4月（プラス3％）と15年10月（プラス2％）の消費税増税を実施してもしなくても、
・国の一般会計における赤字の増加は変わらない可能性が高いということです。
増税が効果を生むのは、だいぶあとからです。

消費税を上げるときは、毎年1％という方法を推奨します。2％や3％と一度に上げる方法では、上げた後の世帯の消費が、前倒し需要を上回って減ってしまうからです。

13年度45兆円、14年度49兆円、15年度52兆円、16年度61兆円という赤字は、名目GDPが3％成長したとしても生じてしまいます。名目GDPが3％増えるようになると、税収増で財政赤字は減って国債負担は減ると言われますが、実際は数値的な根拠がないのです。

前記の、将来の赤字の増加は国債発行の増加です。毎年の赤字国債〔45兆円＋49兆円＋52兆円＋61兆円＝〕207兆円に、10兆円くらいの（4年間で40兆円）公共投資（国土強靱化）の増加が加わるでしょう。いったん行った10兆円の公共投資を減らすと、翌年の名目GDPの2％がマイナスに向かうの

で、始めるとやめられなくなるのです。

２０１３年の国債残は９５０兆円です。２０１６年では試算では２４６兆円が加わって、１１９６兆円になります。国債発行が増える過程で、国民経済の何の財源によってファイナンスするかという問題が起こります。国民の貯蓄残は２０１４年ころ食い尽くしてしまうので、日銀による国債買い受けと円の増発しかなくなります。

「ＧＤＰ比で現金性の貯蓄が世界一だった日本の財政も、国債額が世界でダントツの1位になっている。第2次世界大戦後の英国並みになった。名目ＧＤＰが３％伸びても、財政の赤字は増えた。消費税を増税しても、ＧＤＰが増えず税収の増加効果がない。つまり財政は破産する」となるでしょう。金融市場が以上のように認識すると、国債の金利は今度は財政のリスク・プレミアムをつけて上がってしまう。イタリア債が一時７％をつけたようなことです（２０１１年末：13年6月は４％台）。リスク・プレミアムがほぼ７％を上回ると財政破産でしょう。

長期国債の長期金利

＝実質ＧＤＰ成長率（1％位）＋期待インフレ率（2％位）＋財政のリスク・プレミアム（2～3％位）＝６％

異次元緩和を核とする金融政策を実行して続ければ、以上の結果が生じる可能性が高くなります。

政策は開始されたばかりですが、近い将来の企業活動と国民生活のために、修正を躊躇《ちゅうちょ》してはならないのです。

財政の破産はそれに近い状況でも、①高い金利、②社会保障の削減と保険料の増額、③増税という緊縮財政を余儀なくさせ、国民に悲惨を強いますから、やはり起こさせてはなりません。この3つは、国債の危機が起こった南欧で実際に強いられていることです。

重要なことを付け加えれば、GDPの2倍以上の国債残があるなかでは、過剰な量の異次元緩和（マネーの1年70兆円の増量）は3年も続けられないということです。2015年末までで、210兆円のマネー量（マネタリー・ベース）の増加です。物価が2％上がるようになれば、出口政策で停止せねばならない。米国FRBが12年9月に始めた量的緩和第3弾（QE3：毎月合計850億ドルの国債とMBSの買い）を停止すべき時期を探しているように「時期」がきます。

そのときは市場のマネーを絞る（日銀が買い込んで来た国債を売る）ので、インフレで上がった金利がさらに上昇します。これは2015年末までに150兆円は増え、残高が1100兆円（16％増）になった国債の金利の上昇、金利上昇による国債価格の一段の下落を意味します。

政府にとっては、2015年末までの3年間の借り換え分が上昇した金利での国債発行になるため、年間の利払い額が25兆円（現在の2・5倍）近くにふくらみます。誰がどう見ても財政の破産を認めるレベルになっていきます。

低利の国債の残高がGDPの2倍を超えているため、金利が3％以上に上がると、金融機関はキャピタル・ロスで危機を起こします。政府財政は利払いの増加で破産に向かいます。このような国では、異次元緩和は2年、3年と続けてはならない政策となります。

第9章

異次元緩和の修正と本筋の成長政策

(1)異次元緩和に必要な修正

日銀がマネーを1年に70兆円も増発する異次元緩和は、物価を2%上げることが目的ではありません。適度な物価上昇を目指し、マネー・サプライを増やす。人々の心理に生じたインフレ予想から、需要（民間消費と設備投資）が増えて生産を引っぱる。以上を通じ、経済を成長させることが目的です。マネー増発とインフレは手段です。

本書で検討したように、問題は手段の1つとしている「期待インフレ率」の上昇が金利の上昇を生むことです。そして普通ならわずかな金利の上昇も、0%台の金利しかない950兆円もの膨大な国債にとって、大きな金額の下落を生んでしまうことです。

国債の残高が90年代初期のようにGDPの1倍だったときなら、国債の金利上昇によって生じる、①金融機関の損失と、②借り換えのあとの政府の利払いの増加は、国民経済のなかで消化できたでしょう。

国債は途中で金利が上昇して市場価格が額面を割っても、満期には額面金額が政府から償還されます。政府は満期まで持つことが目的の国債は価格が下がっても、時価で評価しなくてもいいという特例措置を講じています。この点が時価評価が必要な株式とは違います。2000年代の金融機関が持ち合い株を売り続け、利回りの低い国債を買ったことには運用難以外に2つの大きな理由があります。①国債は時価評価しなくてもいいこと、②政府が保証する安全資産であるからです。また金融機関の自己資本比率（自己資本÷リスク資産）を計算するとき、資産のなかから引いていいとされています。このため融資を回収し、株を売って国債を買うだけで金融機関の自己資本比率を上げることができるのです。

金融機関にとって経営信用を高める自己資本比率の高さは、喉から手が出るくらい欲しい。つまり国債の保有は金融機関の経営に安定をもたらすという政府の施策もあったのです。それに金融機関の側でも、金利が上がり、国債価格が下がったときでも、保有を続ければ損はないと考えている人が多いのです。

これは間違いです。前述したように金利が3％に上がったとき、金利0・8％の国債を持っていることは〔3％－0・8＝〕2・2％の事実上の損です。ある金融機関で10兆円が0・8％の国債なら、毎年2200億円（10年で2・2兆円）、経営上の機会損失をします。市場で3％利回りの国債を買えば、1年3000億円の利回りを得ることができるからです。金利が3％に上がったインフレ率2％では1兆円の価値は毎年2％価値を減らして、10年後は8170億円に減価してしまいます。

以上を直感的に感じないのは約20年のデフレとゼロ金利に慣れ、インフレと金利、およびマネー価値への感覚が鈍くなってしまったからでしょう。

金利が上がり、価格が下がった国債を売れば損が確定する。このため金融機関は売らず、満期まで持ち続ける。国債が下がり始めても、金融機関が損を少なくしようと先を争って売るようなことは起こらないと言う人もいます。これも誤りです。

市場の金利が3％に向かって上がり、市場で買えば国債の利回りが3％になるなかで、例えば0・8％の利回りの長期国債を持ち続けることは金融機関の経営上、1年に2・2％、運用利回りで機会損失をすることに等しい。銀行にとって仕入れコストである預金金利は上がるからです。金利が上昇した場合、国債を持っている金融機関がそれを売って損を確定するか、満期まで持ち続けて低い受け取り金利で機会損失をするか、どちらも損する結果は変わりません。いずれにせよ、損です。例えば3％に国債の長期金利が上がると、金融機関にとっては預金の金利など調達のための金利が2％付近に上がり、低いままの運用金利との差の分が損になるからです。

長期債を多く持つ金融機関は金利上昇の兆しが見えると損を少なくするため、他のところより早く売る行動にでます。これが経営からみて、合理的な行動です。

【金融政策の修正】

異次元緩和が目的の効果を生み、物価のインフレに向かったとき、市場の関係者がいだく期待インフレ率の上昇から低利の国債が売られて、国債価格が下落します。0・8％から1％台の長期債・超長期債、約300兆円を持っている金融機関にとって、とりわけ大きな損失になります。これが異次元緩和が物価を上げたとき必然的に生じる副作用です。いったんこうなると、金利の上昇を戻すことは困難になります。

市場がそうならないうちに、日銀は異次元緩和を停止する方向へ政策変更を行わねばなりません。輸入資源・エネルギーの価格が円ベースで20％上がるコスト・プッシュ型の物価インフレは、2013年の秋から明確になってきます。輸入する企業は6ヶ月くらいの為替予約をしているからです。為替レートでの円安が輸入原価に波及するのには、タイムラグがあります。

おそらく2013年10月以降、市場の期待金利は近い将来の物価と資産インフレを折り込んで、上がっていきます。このため日銀が異次元緩和を事実上停止し、1ヶ月7~10兆円の国債購入を減らしていくべき時期は2013年の冬か14年の年明けにもくるでしょう。

市場に向かい、日銀が異次元緩和の停止を宣言する必要はありません。それを行えば、FRBがQE3の停止を宣言したかのように国債市場は驚いて、今度は「借り換え債・新規債の、一ヶ月合計10兆円の引き受け難」を感じて、国債価格の下落（金利の上昇）を予想したショック的な売りに向かうからです。

日銀は市場の金利の動きと国債の売買を見ながら、金利を高騰させないよう売買のオペレーションを実行しなければなりません。難しいことですが、これが必要になるでしょう。

もともと日銀は2013年4月4日に発表したような異次元緩和（内容はマネタリー・ベースを280兆円に倍増）を時間を示して言うべきではなかったのです。黒田総裁が4月に言った内容は勇み足でした。政府から要請されたインフレ目標2％へのコミットメントに、こだわりすぎでした。口に出したために修正が必要になる。以上の政策修正の場合も黙って行うことです。

(2)成長戦略の本筋は、民間設備投資と住宅の増加を果たす異次元の投資減税

これから先、実質GDPで平均2%の成長が続かないと、近い将来の財政赤字を試算したように（8章7項）、金融市場では財政破産への認識が強くなっていきます。

そうなると選択はせずとも、第2次世界大戦後の英国のように、自国通貨安と7〜10%を超えるインフレの5年で中央銀行が実質金利（名目金利－物価上昇率）をマイナスに保ち、政府借金の重みを2分の1に減らすということに向かわざるを得ないでしょう。

経済とはGDPです。GDPの成長は8章の三面等価で示したように〔1人当たり生産性×労働人口〕です。わが国では労働人口の元になる生産年齢人口が年平均で66万人減少します（2013年7899万人→2030年6772万人）。毎年、労働力の1%が減っていきます。この傾向は2060年（生産年齢人口4501万人）までおなじです（人口問題研究所『日本の将来推計人口』2013年1月：http://www.ipss.go.jp/syoushika/tohkei/newest04/kaisetsu.pdf）。

このため1人当たりの生産性つまり付加価値生産額が1年に3%上昇しないと、GDPは2%増加

しません。生産性（全要素生産性）は、何によって上昇するのか。①技術革新と、②新鋭の設備投資によってです。技術革新は企業が行います。

政府が関与して支援すべきは企業の設備投資の増加です。GDPの項目では民間設備投資です。260万社の民間企業の有形固定資産（設備・機械）の総ストックは1261兆円です。ソフトウエアなどの無形固定資産が42兆円です。両方を合わせたほぼ1300兆円が260万社の現在の資本ストックとみていいでしょう。イメージできるでしょうか。1300兆円の資本ストックが1年にGDP分（475兆円）の商品とサービスの付加価値を生んでいます。

130億円の資産を持つ中堅企業なら、平均で年間47億円の粗利益額（付加価値生産）です。粗利益率を25%とすれば、平均売上は188億円です。

わが国では260万の民間会社があり5000万人（1社平均19名）が雇用されています。1社平均での資本ストック（設備）が5億円で、社長・役員を含む従業者が19名平均です。年間の付加価値生産が1億8000万円です。

業種別の資本ストックを言えば、製造業406兆円、サービス業250兆円、運輸・通信業134兆円、電気・ガス・水道業127兆円、卸・小売業117兆円、農林水産業103兆円、建設業41兆円、金融保険業25兆円です（内閣府：2013年）。以上で、わが国法人・個人事業の具体的な全体イメージがわくでしょう。これら260万の法人と個人の事業がGDPを作っています。

（注）ここでは個人事業の資本ストック146兆円（700万事業：1事業平均設備2000万円）も法人分

に含んでいます。

（内閣府民間企業資本ストック：http://www.esri.cao.go.jp/jp/sna/data/data_list/minkan/files/files_minkan.html）

ＧＤＰが増加することは、企業が生む付加価値額（仕入れ原価を引いた粗利益額）が増えることです。そしてこれは〔１人当たり付加価値額×労働者数〕です。

何回も述べたように労働者数は毎年１％ずつ減っていきます。ＧＤＰを２％増やすには、１人当たりの付加価値を働く人の減少率（１％）以上に３％増やすしかない。１人当たりの生産性を年３％増やしてはじめてＧＤＰは２％増えます。

（注）物価が２％上がるなら、実質ＧＤＰで２％成長するためには、物価上昇を含む名目金額の１人当たり生産性では５％の上昇が必要です。

生産性の上昇には民間設備（資本ストック）の新鋭化、拡充、技術革新が必要です。

前述したようにわが国の90年代から２０００年代の23年間、民間設備への投資は減っています。

１９８５年には55兆円だった設備投資は１９９０年には90兆円に増えていました。１９８０年代は毎年９兆円も増えたのです。資産バブル崩壊後は減って、93年には70兆円になりました。その後、２０００年に72兆円まで増えました。さらに2年ごとに言えば02年64兆円、04年64兆円、06年70兆円となっています。08年には78兆円に増えたものの、２０１０年には59兆円に減って12年65兆円、２０１３年３月期は61兆円です。

海外への設備投資は08年は13兆円でしたが、その後は1年に5兆円くらい増えています。異次元緩和もマネーを増加供給することで、減ってきた企業の設備投資を増やすことを目的にはしています。

政府は、民間企業の設備投資を70兆円に増やすと言います。それには具体策が必要です。それが本項で言う投資減税です。日銀の異次元緩和は物価を上げる結果、金利を上げ、国債価格を下落させるという副作用を持っています。前項で述べたように元に戻さねばなりません。代わりに経済成長のために実行すべきは、かつてない規模と内容の「異次元の投資減税」です。

【異次元の投資減税を実施する】

有形固定資産（設備や機械）や無形固定資産（ソフトウエアなど）に企業や個人事業主が投資した場合、それを経費化するのは、国税庁が決めた耐用年数表に基づく減価償却率によります。鉄筋コンクリート作りの建物（事務所用）では50年です。使える年数を50年とし、定額償却なら1年に50分の1（2％）を均等にならして費用にしていきます。機械は3年から10年くらい、車は5年くらいです。定率償却で10年の耐用年数なら、1年に残存価格の25％を償却（税務上の損金に）します。

提案する異次元投資減税では、新規設備投資の減価償却を投資した年度で残存簿価を残し、95％行うことを可能にします。法人税の実効税率はほぼ40％です。10億円の申告利益の企業ならば法人税を4億円払っています。

この会社が10億円の設備投資をすれば、そのうち9億5000万円を初年度に償却できるとします。10億円の利益があっても、法人税の支払いは2000万円に減る計算です。これによって当年度は3億8000万円の節税が図られます。結果は、設備投資した企業にとって、10億円の設備が6億2000万円で入手できた感じです。10億円の新規設備なのに、簿価は5000万円であとの減価償却費はない。従って翌年から利益が出やすくなります。このことは、米国に比べて2分の1と低いわが国の投下資本利益率の大幅な改善も促すのです。これは経営上、設備投資を早く実行する強力な誘因になります。

異次元緩和のように、物価が2％上がることを見越して企業が設備投資をするという迂遠《うえん》なものではありません。高いからと敬遠されてきた国内の設備投資が35％くらい下がった感じになるのです。

【土地も減価償却を可能にする】

土地の場合は下がるからという理由でこの約20年、投資が敬遠されてきました。現在は償却資産とはされていない土地も、20年くらいで償却するのを可能とします。土地が減価償却の対象とされなかった理由は「土地は減価しない。地価は下がらない」という1990年までの前提に基づいています。

しかし人口の減少から日本の地価は、今後も長期傾向では下がっていきます。このため企業は土地を使う設備投資をためらっています。しかし買った土地も減価償却できるようにすれば、企業の不動産の買い方と設備投資は大きく変わってきます。

地価の長期傾向は、その地域の将来人口が決めます。2040年には、日本の人口は16％も減りますが、東京・神奈川・愛知・滋賀・沖縄の5県は減少率が3～8％と少ない。この5県は、地価が下がりにくいということです。

イメージとしては、日本全体を設備と不動産取得の減税特区にすることです。

これらによって、従来1年に5兆円から10兆円（GDPの1～2％）を海外に直接投資してきた60万社の輸出関連企業のうち約50％くらいは、国内投資に回帰する可能性が出てきます。日本全国が特典が与えられた中国の経済特区のようになるからです

同時に200万社の内需企業のうち、利益が出ているところにとって実質的な設備投資額負担が65％くらいになるので、ブーム的な設備投資が起こるでしょう。

日本の企業は過去20年、設備投資を抑制してきたため、225兆円という過剰な額のキャッシュ・フロー（現金・預金：2013年3月末：日銀資金循環表）を持っています。100兆円くらいは、すぐ設備投資できるものです。

以上の特例税法によって、2013年3月期で61兆円（1社平均で2400万円）しかない民間企業の設備投資が少なくみても80兆円には増えるでしょう。

20兆円の民間設備投資の増加はGDPを4％嵩上げします。そして日本経済の成長が続くためには、言い換えれば資本ストックが増加し1人当たりの生産性が3％の上昇を続けるには、最低でも年間80兆円規模の民間設備投資が必要です。

この異次元の投資減税を行うと、法人税は減ってしまうように見えます。しかし法人税は5%の消費税（同：10兆6490億円）のたった4%分でしかありません。2013年予算もたった8兆7140億円と少ないのです。

（注）長期的に言えば、国の税の基本体系を利益増加に対して、懲罰的にかけるような所得税から、消費税的なものに移行すべきです。

初年度償却の後、企業は大きく利益を出すようになります。このため向こう5年の合計で見た法人税は減るより、逆に増えるでしょう。減価償却は現在でも、利益から控除する経費です。ただし現在は長期間で償却しています。これを投資の初年度で95%を償却可能にします。

早期償却であり、長期でみた国全体の企業の減価償却費（現在は固定資本減耗で102兆円：09年度）は変わりません。従って単年度ではなく5年の期間合計でみたときは、所得税収が減ることにはならないのです。新設する土地の償却減税（5%償却・年）分の法人税が減りますが、それは設備投資の増加によるGDPの上昇がもたらす所得税増加で補うことができます。

金融資産の総額がGDPの3倍に増えた21世紀経済では、減税が設備投資と所得増を生む強い誘因になります。これはタックス・ヘイブン（世界60ヶ所の租税回避地）に世界の銀行資産（推計5000兆円）の50%が集まっていると言われることからも了解できます（ニコラス・シャクソン『タックス・ヘイブンの闇』）。なぜタックス・ヘイブンといった面倒なところにマネーを移すような、どこかにうしろめたい心理をいだきながら、税や規制を逃れるのか。

金融資産の運用でも、税が利回りよりはるかに大きいからです。世界の先進国から、新興国への海外投資が増えている主因は投資対象国の所得税、および他の税の低さ、あるいは特典があるからです。こうした意味から、「異次元投資減税」がこれからの日本経済の成長、そしておなじことですが個人の実質所得の増加を果たす強い誘因になるはずです（図8-1のGDPの三面等価と生産性を参照）。

繰り返しますが、国家の経済全体で言えば、新鋭の民間設備投資が増えることが1人当たりの生産性を高めることです。民間設備投資が減っていく経済は、他の何を行っても衰退でしかないのです。

商品価格が2%上がるようになると前倒しの消費が増え、民間消費（名目291兆円：GDPの61%：13年3月）が伸びて、経済は成長に向かうという見解があります。これは1990年代までのことです。

2010年代は価格が上がることが原因で、民間消費額が増えることはありません。商品需要においては10年で成熟化が激しく進み、40代以下の世代はともかく、50代以上の世代（5550万人：2010年）は商品数量の需要を増加させる世代ではないからです。店頭で実際にみると、価格が上がると、急に購買数を減らす反応が出ます。

わが国の経済の条件として、人類の歴史で世界のどこも経験したことのない成熟化ということを頭に入れねばならないのです。

【個人には住宅ローン減税】

日本の新規の住宅ローン額を見ると、いちばん多かったのは1995年の36兆円でした。現在は3

分の1の10兆円水準です。2013年3月期の民間住宅購入額は14兆円に過ぎないからです。

2000年代の民間住宅購入を2年ごとに示すと、00年20兆円、02年18兆円、04年18兆円、06年18兆円、08年15兆円、10年12兆円、12年13兆円、13年3月14兆円です。

1980年代、欧米から「ウサギ小屋」と言われた時代からみれば、1人当たりの住宅面積と設備内容は改善されています。それでもまだ「住宅が豊かだ」と言えるレベルではありません。

広さの割に価格は高い。とりわけ6000万人が住む、土地・住宅価格の高い都市部では豊かな住まいのニーズが他よりはるかに高い。ニーズが高く、購入が可能になれば、購入数は増えます。住宅を購入すると、他の耐久財の購入も100万～200万円くらい増えます。

(注)米国では400万円も耐久財購入が増えます。

財務省は抵抗しますが、米国とおなじように住宅ローンの金利分を個人所得から控除する減税を特例として実施すべきと考えます。例えば1世帯1億円分のローンまで金利分を控除とすれば、大都市部でも2軒や3軒分になります。

現在でも個人が貸家を持てばローン金利は経費になります。建物の減価償却費も経費になるため、家賃の収入があっても貸家事業は普通は赤字になって個人の所得税は急減し、資産が残ります。これとおなじ考えで、ローン金利だけは貸家業ではなくても個人所得から控除できるという制度ですから、正当なものでしょう。

米国では住宅ローンがある間、金利を個人所得から控除できます（ローン額１００万ドル：1億円以内）。このローン減税額は1年に15兆円にものぼります。ローン減税により、米国では住宅をほぼ10年サイクルで家族構成と生活変化に合わせて大きなものに買い換え、資産を作っていく社会的な習慣ができています。日本では、住宅の買い換えは30年に1回です。米国の3分の1でしかない。

わが国では預貯金が世帯の貯蓄になっています。米国の世帯資産でもっとも大きなものは住宅です。米国の住宅ローン金利減税制度は、個人資産を作ることを政府が支援するというところからもきています。

住宅ローンの金利減税で現在14兆円水準（ＧＤＰの3％：２０００万円として70万戸）の住宅購入も、17兆円（ＧＤＰの3・5％：85万戸）、20兆円（ＧＤＰの4・2％：１００万戸）と増やすことができるでしょう。国家の目的は最終的に世帯を、人々を、豊かにするということでなければなりません。この観点で考えれば、住宅ローン減税は必須です。

2年後の副作用が大きな異次元緩和に代えて、①企業と個人事業への果敢な設備投資減税、②世帯の住宅ローンの金利減税が施行されれば、生産性を上昇させるために絶対的に必要な設備投資は盛り上がり、住宅購入も増え、ＧＤＰを長期で3％増やし続ける原動力になるでしょう。

可能な限り煩雑をいとわず定量的な検討と論理による思考を重ねてきた本書も結論に達したようです。これから2年の日本経済の運営は最も肝心な時期を迎えます。政策を誤ることは、けっしてあってはならないのです。

おわりに

本書は、わが国の経済が直面する最大の問題を検討したものです。政府債務の残高はＧＤＰの２・４倍で、イタリアやギリシャの１・３倍を超え、世界最大であることは誰でも知っています。第２次世界大戦後、戦費国債が積み上がっていた英国（ＧＤＰの２・４倍）に相当します。英国はその後、平均７％のインフレ（20年で物価は4倍）、ポンド安、財政では緊縮（社会保障のカット）を続け、１９６０年に国債をＧＤＰ比１００％にまで減少させ、名目ＧＤＰに対する債務残高を減らしています（２０１3年は1・1倍）。世界の歴史で最大級の政府債務がこれ以下はない低い金利（10年債：０・８％）なのに、わが国が波乱もなくファイナンスされてきたこと自体にも驚きます。

そして２０１３年４月から実行された異次元緩和は、インフレを誘発するための政策です。ところが実際に１％、１・５％、２％とインフレに向かうと、市場の期待長期金利は上がる傾向を示します。本書で繰り返し述べたように、国債が90年代までのように５００兆円規模でＧＤＰの１倍付近までのときなら、２％や３％の金利上昇によって国債価格が下がっても、それを保有する金融機関が蒙《こうむ》る損は小さくて負担可能なもので収まったでしょう。予想損が小さいときは、金融機関も売りに殺到することはありません。政府債務が少ない時期なら２％のインフレを達成しつつ、長期金利では２％や３

％を続けるということも可能でした。

しかし現在は、政府部門の債務が１１２１兆円です。そのうち国債が９５０兆円（名目ＧＤＰの2倍）。1％の期待金利上昇があっても、下落損が50兆円になるため、金融機関には先を争って売る行動が生じてしまいます。国債はその日の売りの量が買いの量を超えれば、下落して金利は上がります。このようなときの加速する売りでは、1％だった期待金利が短い期間に2％、3％と上がっていくため、国債の下落損も１００兆円、１５０兆円と大きくなります。

いったん国債価格に下落が生じると、金融市場は借り換えの都度、2％なら20兆円に、3％なら30兆円に利払いが増えていく政府財政のリスクを意識し始め、これが期待金利を一層上げることに向かいます。こうなると政府は長期債の発行ができなくなります。発行した長期債は価格が大きく下がって、金利がさらに高騰するからです。長期債が発行できなくなると、既発国債は満期の都度、短期国債に振り替わっていきます。このため意外に早く、政府は高くなった金利での利払いを迫られるのです。1％の金利上昇に対し、政府の利払いは10兆円（消費税の5％分）も増える方向になります。このため政府財政は金利が2ポイント上がると、破産状態に向かっていきます。

財政の破産を宣告するのは首相、財務省、日銀ではなく、国債を買う金融市場です。金融市場が国債を売る量が買う量より増やしたときが政府財政の破産です。銀行が企業に融資を停止し、返済を迫るのとおなじことが金融市場で国債が売り超《ちょう》を続けることです。ギリシャは、２０１１年10月に事実上、財政破産しています。長期金利を見ると２０１０年4月が10％、11年7月が15％、12年11月には

30％でした。この金利が示すのは、欧州の金融機関がギリシャ国債の売りに回ったということです。もちろん日本の経済は、これに比べれば、格段に次元が違って良好で強い。問題になるのは政府の債務が名目ＧＤＰの２・４倍もあることです。ギリシャの政府債務がひどく多いとされてもＧＤＰの１・３倍でしかないのです。

こんな負債をかかえつつインフレ策をとるのに、政府も日銀も異次元緩和の政策においては、金利上昇のプロセスを想定していません。驚くべきことですが、事実です。そしてもう１つ。期待金利が前記のようには上がらず、実質金利（名目金利－期待インフレ率）がマイナスのままでインフレ目標を達成したとすれば、今度は異次元緩和を停止する出口政策をとらねばなりません。早ければ、２０１４年末に来ます。遅くとも２０１５年です。そのとき日銀は買い込んできた国債を売り、マネーを絞らねばならない。当然、金利は急騰し、国債価格は下がります。「マネーを絞る」とは、金利を上げて国債価格を下げることだからです。これを金融市場の実際で言えば、出口政策に向かうと観測された時点から、金融機関による国債売りが始まります。このとき、前段に書いたことが起こります。

では、この異次元緩和を2年、3年、4年、5年……と続けるのか？　これは一層の円安、資産バブル（バブルはいずれ再崩壊）、7％を超えるインフレ、8％を超える金利に向かうことです。そして超高金利になって投資コストが上がり、実質ＧＤＰは成長しません。ただしインフレによって、物価上昇を含む名目ＧＤＰに対する国債残は減っていきます。インフレは金融資産の価値を下げると同時に、負債の価値も下げるからです。

以上は、第2次世界大戦後、現在の日本とまったくおなじ重みの政府債務をかかえた英国のプロセスです。英国ポンドは、戦後の1949年には固定相場で1008円でした。1967年から864円に下がり、2000年は200円、2013年7月は150円です。ポンドは円に対して60年間で15%に下がり、米ドルに対して54%に下がっています。この意味で言えば、1960年代からの日本経済は英米と比べて相対的に強いため、円はずいぶん高くなっています。スイスフランに似た強さを持っていたのが、戦後の円でした。

政府・日銀は異次元緩和を大きく実行すればするほど、やめる時期が極めて難しくなります。実際に金利上昇という副作用が生じる前に縮小せねばならない。1ヶ月に10兆円枠としている国債買い切りを8兆円、6兆円、4兆円、3兆円、2兆円と減らし、かつての年間20兆円枠に戻すことです。

同時に異次元の投資減税と住宅ローン減税を打ち出し、減ってきた民間投資と住宅購入を増やすための強力な支援策を打ち出すべきです。現在のような円安策で外需増をあてにした輸出振興は、けっしてGDP成長ではない。本来あるべきなのは、内需型での長期成長です。省庁は、従来から自分たちが関与できる公共投資には熱心でした。200兆円の国土強靭《きょうじん》化《か》政策を自民党は持っています。しかしすでに公共投資という方法では、今後のGDPの波及的な成長はありません。この政策は10年で10兆円、合計100兆円の最低限必要な規模に縮小せねばならない。代わりに政府は、企業と世帯が豊かになるための支援策にマネーを使うべきです。

260万社の民間企業が設備投資を増やして、5000万世帯が住宅ローン減税によって住宅を買い、資産で豊かになる経済を目指さねばならない。世帯を豊かにするための、政府支援政策でなければならない。ＧＤＰの成長とは働く人６０００万人の生産性（1人当たり付加価値額）が高くなり、その結果、企業収益が増えて賃金が上がり、賃金が上がった結果、消費や貯蓄が増えることでなければならない。生産性を上げるには、企業による新鋭の設備投資と技術革新が必要です。ところが日本はほぼ20年、設備投資を減らし続けています。民間の設備投資を増やすしか生産性を上げる方法はない。そしてこの内需型の実質ＧＤＰの成長こそが、政府の財政破産も防ぐ方法になります。

本書を書きながら参考にしたデータ、資料、ＵＲＬ、書籍は多数です。最初、巻末に一覧で示そうかと思っていたのですが、自分が読書をしているとき、本文中にあればいいなと感じることが多かったので、文中に文字のポイントを小さくして示しています。

吉田繁治

当方のＵＲＬにも本書に関連する論考を多数公開しています。

www.cool-knowledge.com

●著者略歴

吉田繁治（よしだ・しげはる）

1972年、東京大学仏文科卒業(専攻フランス哲学)。流通業勤務を経て、情報システムと経営のコンサルタント(システムズリサーチ チーフ・コンサルタント)。87年から住関連業界の店舗統合管理システムと受発注ネットワークのグランドデザイン、経営の指導に従事。95～2000年は旧通産省の公募における情報システムの受託開発で連続的に4つのシステムを開発。2000年秋、インターネットで論考の提供を開始。メールマガジンの週刊『ビジネス知識源プレミアム(有料)』、『ビジネス知識源(無料)』を合計4万名余の読者に配信。有料のビジネス部門で創刊以来1位を続ける。各地・各社での講演と、流通・製造・サービス・ITの経営指導。サプライチェーン、CRM、IT、経済、金融、時事分析の論考を公開し、好評を得る。月刊誌『販売革新』『商業界』等にも定期寄稿。近著に、『マネーの正体』（ビジネス社)、『国家破産・これから世界で起きること、ただちに日本がすべきこと』(ＰＨＰ研究所)、『利益経営の技術と精神』、『ザ・プリンシプル』(以上、商業界)等がある。

論考をビジネス知識源で公開→ http://www.cool-knowledge.com/
メールマガジン発行→ http://www.mag2.com/m/P0000018.html
e-mail : yoshida@cool-knowledge.com

マネーと経済　これからの5年

2013年9月1日　第１刷発行

著　者　吉田繁治
発行者　唐津　隆
発行所　株式会社ビジネス社
〒162－0805　東京都新宿区矢来町114番地
神楽坂高橋ビル5F
電話　03－5227－1602　FAX 03－5227－1603
URL　http://www.business-sha.co.jp/

〈印刷・製本〉モリモト印刷株式会社
〈カバーデザイン〉上田晃郷
〈本文組版〉エムアンドケイ
〈編集担当〉本田朋子〈営業担当〉山口健志

ISBN978-4-8284-1724-0